新时代爱国主义教育创新研究

XINSHIDAI AIGUOZHUYI JIAOYU CHUANGXIN YANJIU

◎张世明 著

本书为茅台学院高层次人才科研启动经费资助项目《新时代爱国主义教育研究》（项目编号 mygccrc[2022]148）阶段性研究成果

中央民族大学出版社
China Minzu University Press

图书在版编目（CIP）数据

新时代爱国主义教育创新研究／张世明著．—北京：中央民族大学出版社，2023.5

ISBN 978-7-5660-2226-4

Ⅰ.①新…　Ⅱ.①张…　Ⅲ.①爱国主义教育—研究—中国　Ⅳ.①D647

中国国家版本馆 CIP 数据核字（2023）第 088908 号

新时代爱国主义教育创新研究

作　　者	张世明
责任编辑	舒　松
封面设计	布拉格
出版发行	中央民族大学出版社
	北京市海淀区中关村南大街 27 号　邮编：100081
	电　话：(010)68472815(发行部)　传真：(010)68932751(发行部)
	(010)68932218(总编室)　(010)68932447(办公室)
经 销 者	全国各地新华书店
印 刷 厂	北京鑫宇图源印刷科技有限公司
开　　本	787×1092　1/16　印张：18.25
字　　数	265 千字
版　　次	2023 年 5 月第 1 版　2023 年 5 月第 1 次印刷
书　　号	ISBN 978-7-5660-2226-4
定　　价	58.00 元

前　言

爱国主义是中华民族精神的核心内容和集中体现，是中华民族一以贯之的宝贵传统，也是新时代推动中国发展进步的强大精神动力。中国共产党作为爱国主义的坚定传承者和忠诚实践者，始终高度重视爱国主义教育，提出要加强思想引领，聚焦青少年重点人群，优化教育传播体系，完善教育体制机制等应对策略。

在当代中国，爱国主义教育的重要性毋庸置疑。作为思想教育中的重要内容，爱国主义教育具有极强的号召力，因此通过深入开展爱国主义教育，能够推动我国经济、科技等领域的进一步发展。本文通过对新时代爱国主义教育进行分析，并结合实际从多维度进行深入研究。

本书共分为九章，第一章主要介绍了新时代爱国主义教育的理论基础，首先，论述了爱国主义的相关概念、内涵、特征以及与文化知识教育的关系。其次论述了新时代爱国主义教育的时代背景和思想渊源，为下文的论述奠定了理论基础。第二章叙述了新时代爱国主义教育的内在机制和基本原则。爱国主义教育不是一个抽象的概念，而是一项具体的实践活动，重点在于有效实施，因此本章对爱国主义教育的内在机制和基本原则进行了梳理和探讨。第三章探讨了新时代爱国主义教育面临的挑战以及应对挑战的相关对策等。当今世界既是全球化时代，也是知识经济时代和信息化时代，现代中国既面临着谋求发展的良好机遇，同时也面临着严峻的挑战。中国爱国主义教育不仅面临着要努力解决自身存在问题的艰巨任务，而且还必须全力应对全球化和市场经济的严峻挑战和冲击。第四章论述当代爱国主义的主题是实现中国梦，对中国梦进行解读，并重点强调深入理解和准确把握中国梦的内涵，对于我们践行爱国主义有着极为重要的作用。第五章从七个方面阐述了新时代爱国主义教育的基本内容，分别是把握习近平新时代中国特色社会主义思想，实现中国梦、深入开展国情教育和形势政策教育、大力弘扬民族精神和时代精神、开展四史教育、大力传承和弘扬中华优秀传统文化、不断强化祖国统一和民族团结以及加强国家安全教育和国防教育。第六章以新时代加强爱国主义教育为主要目标，分别从爱国主义教育所选择的方法和实施的途径两个方面进行深入细致的思考。第七章为社会层面的爱国主义教育，探讨了社会层面的爱国主义教育对象要面向全体人民、聚焦青少年和重视知识分子的作用，同时也对营造新时代爱国主义教育的浓厚氛围提出要求，把握时代背景、工作规律和发展要求，新时代爱国主义教育氛围营造应着力抓好五个方面。第八章从教育教学理论方面论述了新时代爱国主义教育，阐述了总体要求、实践载体、保障体系以及方法、途径和目标等，为新时代爱国主义教育教学提供了开展路径。第九章论述了新时代大学生爱国主义情怀的培育，从大学生爱国主义情怀培育的价值意蕴和内涵进行分析，提出大学生爱国主义情怀培育的路径。

本书在撰写上注重系统性、理论性以及前瞻性，以期达到良好的阅读效果。希望本书的出版，能够强化国人对新时代爱国主义的认同感，提升中华民族的凝聚力。

目　录

第一章　新时代爱国主义教育的内涵和思想渊源 …… 1

第一节　爱国主义概念分析 …… 1

第二节　爱国主义教育的内涵、特征与文化知识教育的联系 …… 23

第三节　新时代爱国主义教育的时代背景 …… 33

第四节　新时代爱国主义教育的思想渊源 …… 36

第二章　新时代爱国主义教育的内在机制和基本原则 …… 42

第一节　新时代爱国主义教育的内在机制 …… 42

第二节　新时代爱国主义教育的基本原则 …… 55

第三章　新时代爱国主义教育面临的挑战与对策 …… 72

第一节　新时代爱国主义教育面临的挑战 …… 72

第二节　新时代爱国主义教育面对挑战应采取的对策 …… 86

第四章　新时代爱国主义教育的主题——实现中国梦 …… 101

第一节　解读时代主题——中国梦 …… 101

第二节　中国梦背景下爱国主义教育的基本要求 …… 105

第三节　中国梦背景下爱国主义教育的时代价值 …………………… 108
第四节　实现中国梦需要弘扬爱国主义精神 …………………… 110

第五章　新时代爱国主义教育的基本内容 …………………… 116
第一节　把握习近平新时代中国特色社会主义思想，推进实现中国梦 …………………… 116
第二节　深入开展国情教育和形势政策教育 …………………… 128
第三节　大力弘扬民族精神和时代精神 …………………… 134
第四节　赓续红色基因开展四史教育 …………………… 138
第五节　大力传承和弘扬中华优秀传统文化 …………………… 141
第六节　不断强化祖国统一和民族团结进步教育 …………………… 145
第七节　加强国家安全教育和国防教育 …………………… 147

第六章　新时代加强爱国主义教育的方法与途径 …………………… 150
第一节　新时代加强爱国主义教育的方法 …………………… 150
第二节　新时代加强爱国主义教育的途径 …………………… 164

第七章　社会层面的爱国主义教育 …………………… 183
第一节　社会层面爱国主义教育对象 …………………… 183
第二节　营造新时代爱国主义教育的浓厚社会氛围 …………………… 193

第八章　新时代爱国主义教育教学 …………………… 209
第一节　新时代爱国主义教育教学的总体要求 …………………… 209
第二节　新时代爱国主义教育教学的实践载体 …………………… 215
第三节　新时代爱国主义教育教学的保障体系建设 …………………… 228
第四节　新时代爱国主义教育教学的目标、方法与途径 …………………… 235

第九章　新时代大学生爱国主义情怀的培育 ······ 245
第一节　大学生爱国主义情怀培育的价值意蕴及内涵 ······ 245
第二节　新时代大学生爱国主义情怀培育的路径分析 ······ 254

附录：《新时代爱国主义教育实施纲要》（2019 版） ······ 260
参考文献 ······ 273
后记 ······ 282

第一章　新时代爱国主义教育的内涵和思想渊源

第一节　爱国主义概念分析

在我国，学界对究竟什么是“爱国主义”始终没有一个规范、统一的定义。新中国成立以后，对什么是爱国主义，我国学者多引用列宁在 1918 年 11 月发表于俄罗斯《真理报》上的《皮梯利姆·索罗金的宝贵自供》一文中所讲的“爱国主义就是千百年来固定下来的对自己祖国的一种最深厚的感情”这句话，并将其作为爱国主义的权威定义来使用。但是，后来经过重新翻译校订发现完整准确的译文应该是：“爱国主义是由于千百年来各自的祖国彼此隔离而形成的一种极其深厚的感情。”①

一、分析爱国主义的词源

从词面意义讲，爱国主义是由表示主体情感价值取向的“爱”、作为客体对象的“国”和体现某种思想体系的“主义”组成。要科学把握爱国主义的内涵，就要从“爱”“国”和“主义”这三个组成要素进行分析。

---

① 中央编译局列宁斯大林著作编译室. 对列宁关于“爱国主义”的一处论述的译文的订正［N］. 人民日报，1985-10-25.

爱：表示主体的情感价值取向。人作为主体性的存在，在认识世界和改造世界的过程中展现着自身丰富多彩的情感因素。生活中我们常用的成语“七情六欲”中的“七情”（喜、怒、哀、惧、爱、恶、欲）就是人之情感的集中体现。其中，“爱”是人发自内心的一种情感，表示对人和事物具有的深厚感情，多见于人与人、人与物之间。人与人之间的爱是一种主体间的双向情感，人与物之间的爱是一种主体对客体的单向情感。爱作为人所具有的一种强烈的情感价值取向，有感性和理性之分，也有正确与错误之别。不仅人对人的爱是如此，而且人对国的爱也是如此。无论是从历史的实际发生来看，还是从现实的实际情况来看，人对国的爱在不同的主体间有着不同的表现形式。在我们的历史传统中，既有“位卑未敢忘忧国”“天下兴亡、匹夫有责”的为国担当之爱，也有“人生自古谁无死、留取丹心照汗青”“只解沙场为国死，何须马革裹尸还”的为国献身之爱。在我们的现实世界中，既有“我无所谓爱国、叛国，你要说我叛国，我就叛国！就承认自己是挖祖坟的不肖子孙，且以此为荣”的无耻言论，也有打着爱国的旗号在具体的爱国行动中采取一些违法乱纪的行为。在爱国的问题上，公民对所属国的热爱之情，都是值得肯定赞扬的。但要注意的是，个体在表达自我情感之时，不能以侵害他人、单位或国家的利益。也就是说，个体要以自觉的主体精神，理性合法有序地表达爱国情感。

祖国与国家：客体对象的“国”。对爱国主义的正确理解，一个重要的问题就是弄清楚“国”的准确含义。一般说来，对爱国主义中的“国”的理解，主要有两种，一个是祖国，另一个是国家。在日常生活中，人们往往把二者当作同义来使用。如当人们说“祝福祖国繁荣昌盛”“希望国家越来越强大”“为祖国争光”“为国家献身”等语言的时候，这种语境下祖国、国家意思基本上是一致的。但实际上，在阶级社会中，祖国与国家是两个既相互区别又相互联系的概念。“祖国”可翻译为“fatherland”或“motherland”，意思是“父母之邦”，是祖先共同生活的区域，是“祖籍所在的国家；自己的国家”①。它突出地域、人口等自然属性和民族属性，往往指居住在一定地域内单个民族或多个民族的居民经过长期共同生活、劳动而形成的社会共同体。现代意义上的祖国主要由下列几个要素组成：一是自然要素，这主要表现为本民族生存发展所需要的矿藏资源、国土疆域、森林湖泊、河流海洋、山川平原、生态气候等自然资源和地理风貌；二是社会要素，这主要包括居住在一定区域内由共同的经济生活、语言文字、心理特征等相互联系而成为一体的国民或人民；三是文化要素，这主要是一定疆域内的居民在长期的历史发展过程中积淀形成的语言符号、物质产品、历史传统、价值观念、风俗礼仪等；四是经济要素，这主要体现在一国之国民的生活质量和生产力发展水平上；五是政治要素，这主要是指统治阶级为了维护本阶级的根本利益而基于社会共同体的安全、秩序、稳定建立起来的一套政治权力机构即“国家”。因此，“祖国”是一个集人口、地域、心理、历史、文化、经济、政治等于一体的综合性概念。这种意义上的“爱国”是爱故土、爱人民、爱国家的有机统一。

“国家”往往突出鲜明的政治性和深刻的阶级性，主要是指经济上占统治地位的阶级为了维护和实现自身的阶级利益而组织起来的以暴力为后盾的政治权力机构。在中国古典书籍中，古汉字“國”包含着“一”（表示土地）、“口”（表示人口）、“戈”（表示武力）、“王”（表示王者）。由此可以看出，古代的“国”字内含有了国家的若干要素。秦汉以前，“国”与“家”有着不同的内涵，“国”是诸侯的封地，“家”是大夫的封地。秦统一中国后，“国家”与“天下”（天子的封地）通用。在西方，古希腊时期“国家”指的是“城邦”（polis），罗马时代的“国家”则指的是“共和国”（republic），意为一城市中的公众。后来，英文 state 成为政治意义上“国家”的专用概念，主要是指国家的某些构成要素，如人民、领土、政府和统治技术等。在政治学发展史上，很多思想家和学者对“国

---

① 商务印书馆辞书研究中心．古今汉语词典［M］．北京：商务印书馆，2000：1951.

家”做出了精辟的界定，出现了社会共同体说、国家契约说、国家统治说、国家要素说、国家神权说及国家有机体说等非马克思主义的国家观。而马克思主义国家观的出现，为我们理解众说纷纭的“国家”提供了新的视野，其科学地揭示了国家的本质。马克思主义认为，国家不是从来就有的，而是在社会分工、私有制和阶级的产生、发展的基础上产生的，是一个阶级对另一个阶级统治压迫的暴力机关或机器，其根本属性为阶级性。正如恩格斯所说：“国家是社会在一定发展阶段上的产物；国家是承认：这个社会陷入了不可解决的自我矛盾，分裂为不可调和的对立面而又无力摆脱这些对立面。而为了使这些对立面，这些经济利益互相冲突的阶级，不致在无谓的斗争中把自己和社会消灭，就需要有一种表面上凌驾于社会之上的力量，这种力量应当缓和冲突，把冲突保持在‘秩序’的范围以内；这种从社会中产生但又自居于社会之上并且日益同社会相异化的力量，就是国家。”① 列宁从国家和阶级矛盾之间的关系角度指出：“国家是阶级矛盾不可调和的产物和表现。在阶级矛盾客观上不能调和的地方、时候和条件下，便产生国家。反过来说，国家的存在证明阶级矛盾不可调和。”世界上存在各式各样的国家，由于其统治阶级的性质不同，也就决定了国家性质的不同。迄今为止，人类历史上出现了奴隶制、封建制、资本主义和社会主义等类型的国家，其中，前三种类型的国家属于剥削阶级统治的国家，社会主义国家是人民当家作主的新型国家。综上可以看出，一方面，不能把祖国和国家完全混同，国家的内涵小于祖国，国家是祖国的一个重要组成部分，不能误以为爱国家就是爱祖国的全部内容，而忽视对人民和故土的热爱；另一方面，祖国是国家和民族的哺育者，没有祖国就没有现实国家的一切，一国的分裂统一、兴盛衰落与该国的领土是否完整、国民是否幸福等密切相关。可以说，在一定历史条件下，祖国包含了一定的阶级关系，但往往能超越这种阶级关系。爱祖国和爱国家是不矛盾的，是有机统一的。因此，爱国主义中的“国”是指“祖国”，它内含着

---

① 马克思，恩格斯. 马克思恩格斯文集（第4卷）［M］. 北京：人民出版社，2009：189.

国家，是一国地域、资源、国民、政治、经济、文化、社会等要素彼此联系、相互作用的统一体。

主义：某种思想体系。在《现代汉语词典》中“主义”有三种解释：一是“对客观世界、社会生活以及学术问题等所持有的系统的理论和主张”，如马克思列宁主义、现实主义、浪漫主义等；二是“思想作风”，如本位主义、自由主义、主观主义等；三是“一定的社会制度；政治经济体系”，如社会主义、资本主义等。由此可见，爱国主义中“主义”显然是一种“理论和主张”，只不过这是一种人们围绕“爱国”这个核心词汇进行思考所持有的“系统的理论和主张”。虽然“主义”本身没有褒贬之分和正确与错误、先进与落后之别，但“爱国主义”则有正确与错误、先进与落后、高尚与庸俗、革命与反动等的差异。由于个体所处的时代背景、居住国度等不同，再加上自身的价值立场、思维方式、知识水平、道德素养、生活经验等相异，不同的个体对爱国具有不同的看法，由此形成不同的理论和主张。

综上所述，爱国主义是人们在千百年来的社会实践中形成的一种对自己祖国无比热爱和忠诚的积极、深厚、高尚的情感，是反映个人、集体与祖国关系的一种集情感意志、价值取向、道德原则、政治倾向、法律规范和行为准则于一体的系统的理论和主张，体现了人们对自己祖国深情的归属感、强烈的认同感、坚定的尊严感和高尚的荣誉感的有机统一。

二、爱国主义的历史梳理

虽然“爱国者”一词早已有之，但“爱国主义”一词的出现则相对较晚。在西方，“爱国主义”（patriotism）原本是一个文化、地理的词汇，是由“爱国者”（patriot）一词加后缀“ism”演变而来。而“patriot”则是来自于法语中“patriote”一词，意为“同胞”。16 世纪，英语中第一次出现“爱国主义”一词，也即是“同胞”之意，后来演变为“爱国者”。随着工业革命的发展，社会的转型，对国家的风俗习惯和文化传统的热爱、对自己国家国民的热爱、对国家历史的自豪感和为国家福祉的奉献等被纳入爱国主义的范围之内。17 世纪初，爱国主义开始具备了政治性的内涵。但这一时期“爱国主义”一词多用作贬义词，甚至被称作“无赖的最后一个庇护所”。19 世纪以后的时间里，随着民族国家的现实需要和民族主义的兴起，爱国主义逐渐被民族主义化，并成为服务于民族国家的工具。至今，爱国主义和民族主义的关系一直是学界探讨的重要热点问题。进入 21 世纪，主权国家在全球化的影响下，面临着许多新情况、新问题和新挑战，爱国主义被赋予了新的时代内容，出现了诸如“宪法爱国主义”“经济爱国主义”“民族主义化的爱国主义”等新的形式。

在我国，“爱国主义”一词虽然直到近代才出现，并且是以中华民族多元一体的民族国家观念的形成为前提的，但它是由“爱国”衍化而来的。“爱国”一词最早出现在《战国策·西周策》“国君岂能无爱国哉？恐一日之亡国而忧大王”，《战国策·秦策》有“明主爱其国，忠君爱其名”的表述，《汉纪》有“欲使亲民如子，爱国如家”的说法。与此同时，中国古代还有“忧国”“为国”“报国”“卫国”“殉国”等术语。但古代意义上的“国”和现代意义上的“国”有很大的区别。国的繁体字为“國”，在《说文解字》中解释为：“邦也，从口，从或”，“國之初字，从口，一为地区之通象，合之为有疆界之地区之意，益之以戈聲。”① 可见，在古代，“國、或、邦”三者可通用，意为一定的政治势力范围内的地域。到了近代，由于帝国主义惨无人道的疯狂侵略和封建统治阶级的腐朽统治，中华民族经历了历史上最黑暗、最屈辱的时期。在与西方列强的对抗中，中华民族作为一个整体逐渐成为与其他民族国家相对照的自觉整体。这正如费孝通所讲：“中华民族作为一个自觉的民族实体，是近百年来中国和西方列强对抗中出现的。”② 此后，国人的民族国家认同意识逐渐增

① 汤可敬. 说文解字今释［M］. 北京：人民出版社，1991：520.

② 费孝通. 中华民族多元一体格局［M］. 北京：中央民族学院出版社，1989：1.

强。于是，有了梁启超的“少年中国”①、李大钊的“青春之国家”② 等体现国家意识的名言警句。在近代，作为新文化运动的鼓手，陈独秀对爱国主义的理解有着典型的意义。他在《我们究竟应当不应当爱国》一文中指出：“我们爱的是人民拿出爱国心抵抗被人压迫的国家，不是政府利用人民爱国心压迫别人的国家。我们爱的是国家为人谋幸福的国家，不是人民为国家做牺牲的国家③。”又在《我之爱国主义》一文中强调“我之爱国主义，不在为国捐躯，而在笃行自好之士，为国家惜名誉，为国家弥乱源，为国家增实力。”④ 等等。陈独秀对爱国主义的理解不仅体现了近代中国的时代特征，而且也体现了受传统和西方爱国主义思想的影响。而作为影响中国历史走向的伟大人物，毛泽东对爱国主义有着自己的理解，这集中体现在《中国共产党在民族战争中的地位》一文中的论述。他提出爱国主义就是国际主义在民族解放战争中的实施，为此理由，每一个共产党员必须发挥其全部的积极性，英勇坚决地走上民族解放战争的战场，拿枪口瞄准侵略者。新中国成立以后，我们所讲的爱国主义是指社会主义条件下的爱国主义，和西方资本主义制度下的爱国主义有着本质的区别。改革开放以来，我们所提倡的爱国主义随着时代的变化发展而不断丰富、完善和提升。

从东西方爱国主义的发展历程来看，人类社会进入阶级社会以后，就一直存在着各式各样的爱国主义。但从阶级的观点来看，既有剥削阶级的爱国主义，也有无产阶级的爱国主义。社会发展的历史表明，无论哪个阶级，哪种社会，如果不能顺应历史发展的潮流，符合社会发展的客观规律，与广大人民的利益相一致，其爱国主义必然遭到历史的摒弃。在某个历史时期，当某个阶级处于上升阶段，其可能直接或间接地与人民的利益

---

① 王德峰. 国性与民德——梁启超文选［M］. 上海：上海远东出版社，1995：32.

② 李大钊. 李大钊文集（上卷）［M］. 北京：人民出版社，1984：194.

③ 陈独秀. 陈独秀文章选编（上卷）［M］. 北京：生活·读书·新知三联书店，1984：421.

④ 陈独秀. 陈独秀文章选编（上卷）［M］. 北京：生活·读书·新知三联书店，1984：131.

相一致，此时它就表现出强烈的民族自尊心、自信心和巨大的牺牲精神，为人民谋利益，为祖国做贡献；反之，当其处于腐朽没落阶段，其为了维护本阶级的统治，不惜失去尊严，出卖祖国利益，漠视人民利益，丧失民族精神，表现出极端的落后性；当祖国遭受外来势力侵略时，有些人为了民族大义，挺身而出，甚至舍生取义，表现出强烈的爱国精神。但无论哪种情况，与无产阶级的爱国主义相比，剥削阶级的爱国主义都有很多的局限性。这主要表现为：首先是盲目性，由于缺少先进的阶级力量和科学的理论指导，剥削阶级的爱国行为往往表现出盲目性，没有明确的目标指向，没有坚定的实践行为。而无产阶级的爱国主义是在马克思主义理论的科学指导下，在无产阶级革命战争和民族解放运动的实践中逐渐形成的，具有明确的奋斗目标——实现共产主义，具有深厚丰广的爱国主义内容，具有丰富多彩的爱国主义运动形式。其次是狭隘性，剥削阶级由于其自身的本质性规定，在处理民族、国家关系等问题上虽然在一定条件下有着进步意义，但更多的是以本阶级的私利冒充民族和国家的利益。其爱国主义实质上是狭隘的、充满民族和阶级私利的民族主义。剥削阶级对“祖国的关心”，绝不会超过对本阶级利益和统治地位的关心。为了谋取自身的私利，其往往打着“爱国”的旗帜，对内进行残酷的民族压迫和非人性的民族歧视，对外奉行野蛮的民族扩张和侵略，奴役其他民族。而无产阶级的爱国主义与国际主义紧密地结合在一起的，是阶级利益与人民利益、民族利益、国家利益的有机统一。它是从各国无产阶级的根本利益出发，建立在世界各国人民友好团结、相互交流、相互支援、互惠互利的基础上，表现为热爱自己的祖国，珍视自己的民族利益，同时尊重其他民族的利益，坚决摒弃剥削阶级的阶级私利和民族偏见。它把本民族的利益与全人类的利益看作一个整体，站在正义的立场上，从人民的根本利益出发，进行各种各样的斗争：当本民族处于外来势力压迫，其站在民族大义的立场上，团结一切力量，积极开展斗争，保卫祖国，争取民族独立与解放；当本国统治者对外进行侵略，其站在被侵略、被压迫民族的一边，以正义的行为反对本国统治阶级。再次是不彻底性，剥削阶级由于自我的阶级本性决定，其不可能有科学的指导理论和坚强的领导核心，其爱国主义必然具有明显的不彻底性。与之相对，无产阶级爱国主义代表着无产阶级和劳动人民的根本利益，具有深厚的群众基础，同时具有科学的理论——马克思主义的指导。无产阶级是新的生产力的代表，是人类历史上最先进最有远大前途的阶级，富有彻底的革命性和大公无私的精神。无产阶级的这种特性就决定了其爱国主义在科学理论的指导和共产党的坚强领导下，在谋取本国和世界各国人民的共同利益的过程中，展现出彻底性。

三、爱国主义的学理根据

爱国主义是个人对祖国的一种极其深厚的感情，但爱国不能仅仅停留在情感的层面，更为根本性地应该把其提升到一种系统的理论学说。这种理论学说有着自己的学理范围。因此，对爱国主义的理解应该自觉树立学说和学科的双重意识，站在学科立场上对爱国主义进行理论阐释，从而探寻爱国主义在不同学科领域中的个性特质。因此，从哲学、伦理学、政治学、法学、心理学等不同的学科领域对爱国主义进行不同的解读。

第一，爱国主义的哲学解读。爱国主义的哲学依据，强调的是在马克思主义哲学存在论、认识论和价值论的视野中，以辩证唯物主义和历史唯物主义的知识来考量爱国主义。

从存在论的角度看，爱国主义是对客观存在反映的一种思想意识。辩证唯物主义认为，世界的统一性在于其物质性。物质第一性，意识第二性，物质决定意识，意识是物质的反映。能正确反映客观存在、揭示客观存在内在特性的意识是科学正确的意识，其对事物的发展有着积极的促进作用；反之，不能正确反映或歪曲反映客观存在的意识是错误的意识，其对事物的发展起着消极的阻碍作用。因此，要自觉树立科学正确的意识，克服错误的意识，推动客观事物的发展。爱国主义作为一种思想意识，是对客观存在的一种反映，其属性必然由物质所决定。一方面，在人们是否爱国层面上，人们的意识中包含着对民族文化是否具有认同意识、对祖国利益是否具有保护意识、对人民权益是否具有维护意识，等等。另一方面，人都是生活在一定的环境中，人们爱国意识的形成与发展是对自己所处环境的一种客观投射，是由客观存在所决定的。在人类社会漫长发展过程中形成的爱国主义有各种各样的表现形式，不仅有正确与错误之分，也有先进与落后之别。正确的先进的爱国主义与历史的发展相适应、与社会的进步相承接、与人们的利益相契合，主要表现为对祖国的物质财富和精神财富的无限珍惜、对民族英雄和人民大众的无限热爱、对民族团结和祖国统一的无限维护、对民族压迫和外国侵略的无限反对、对历史发展和社会进步的无限推动。

从认识论的角度看，爱国主义是认识与实践彼此联系、相互作用的有机统一体。马克思主义哲学认为，实践是认识的基础，对认识起着决定作用，认识对实践具有反作用，并具有相对独立性。实践的观点是马克思主义哲学最基本的观点。列宁曾说过："实践高于（理论的）认识，因为它不仅具有普遍性的品格，而且还具有直接现实性的品格。"① "生活、实践的观点，应该是认识论的首要的和基本的观点。"② 爱国主义是人类社会在长期的生活实践中产生发展的。作为一种情感存在，爱国主义是在人类生活的早期，随着生活方式从游牧生活转变为定居生活，人们自然而然地产生出一种对"生于斯、长于斯"的土地和亲人的朴素感情。爱国主义作为一种信念存在，是随着民族和国家的产生，人们把原先那种热爱故土、热爱故乡人的朴素情感逐渐上升为一种维护民族团结和国家统一、珍视民族优秀历史文化传统、关心祖国现实和未来发展的坚强信念。爱国主义作为一种行为存在，是随着人们对本民族和国家的历史进程、传统文明、现实处境、未来期许以及人民利益等认知的基础上而形成的处理个人与祖国关系的一种道德规范和法律规范。以此，人们可以把炽热的爱国之情、远大的爱国之志自觉转化为具体持久的爱国之行。这是一个在人类社会生活实践中逐渐形成的"爱国情感—爱国理念—爱国行为"的由浅至深、由低到

① 列宁. 列宁全集（第55卷）[M]. 北京：人民出版社，1990：183.
② 列宁. 列宁全集（第2卷）[M]. 北京：人民出版社，1995：103.

高的逻辑过程。在这个过程中，人们对爱国主义的认识受到各种条件的制约。一方面，主体对爱国主义的认识不仅会受到具体的实践水平的限制，还会受到主体的立场观点、思维能力、生理素质、知识水平、方法技巧等条件的限制；另一方面，爱国主义这一客体本身就是复杂的、变化的，其本质的显现有一个过程。这就决定了人们对爱国主义的科学正确认识往往要经过一个“从实践到认识，再从认识到实践”的多次反复的过程才能完成。此外，人类的认识有感性和理性两种形式。与此相应，生活中亦有感性爱国主义和理性爱国主义两种。感性的爱国主义是人们通过感官直接感知的关于祖国的外在现象和片段的认识，表现在实践中是一种不自觉的爱国情感和行为。例如观看升国旗过程中对国旗所产生的一种敬重的情感；再如观看有中国队参加的各项比赛中，总希望中方获得胜利的心理和表现出来的行为取向。理性的爱国主义，是一种人们通过抽象思维所获得的关于祖国内在本质和整体的认识，表现在实践中是一种依法有序、求实奋进的理性自觉精神和行为。这种爱国主义是一种尊重历史发展规律的求实精神，是一种坚持民族利益至上的真诚觉悟，是一种保障国民权益的执着坚守，是一种维护国家核心利益的行动能力。如近年来，在一些重大涉外敏感事件中，国人所表现出来的那种坚持对国家人民负责的态度，自觉反对抵制有损于祖国利益的各种行为，把强烈的爱国热情转化为做好本职工作，维护来之不易的和谐稳定的局面等等。因此，实践中人们应该把感性的爱国主义上升到理性的爱国主义，从而更好地表达爱国热情，做出科学的爱国行为。

从价值论的角度看，爱国主义是主客体价值的辩证统一。价值作为一个关系范畴，表明的是“对象为人而存在”，“客体为主体而存在”。正如马克思所说：“‘价值’这个普遍的概念是从人们对待满足他们需要的外界物的关系中产生的。”① 要准确把握一事物的价值，必须从“对象的尺度”（客体尺度）和“人的内在尺度”（主体尺度）相结合的角度来综合评判。

① 马克思，恩格斯. 马克思恩格斯全集（第19卷）[M]. 北京：人民出版社，1963：406.

爱国主义价值，是由爱国主义的主体需要和爱国主义的客体属性两个方面构成，反映的是一种主体与客体之间相互依存、彼此影响的关系。爱国主义客体自身的属性成为爱国主义主体需要的价值对象，而爱国主义主体的需要则使爱国主义的客体属性得到价值认可。从爱国主义的客体——祖国来看，其具有内容的多样性（包括自然地理环境、历史文化、经济状况、国家政权、骨肉同胞等）、发展的复杂性（表现在机遇与挑战并存、成就与教训并存、优点与不足并存等）、过程的多变性（既有统一的时期，也有分裂的时刻）。从爱国主义的主体来看，有这样几个层次：一个是在总体的、最高的层次上，表现为把产生以来并不断发展的人、人类看作一个整体的爱国主义主体；第二个是把某一特定历史时期的人类（如古代人、近代人、现代人等）看作一个整体的爱国主义主体；第三个是把每一个时代的人类社会中包括的各种不同的人的社会群体（如民族、国家、地区、阶级、阶层、行政单位、各种社会团体等）看作爱国主义的主体；第四个是把每一个个体看作爱国主义的主体。无论哪一种意义上的爱国主义主体，都是由对象性行为中作为行为者的人组成。从主客体相结合的视角看，爱国主义是主体结合自身需要并在复杂多变的实践中逐渐形成的对客体的一种特殊的价值意识，这种意识是价值心理与价值观念的有机统一，并反映在人们的具体行为中。人（主体）总是生活在由自然环境和社会环境构成的祖国（客体）之疆域中，久而久之对祖国的认知就会发生变化：从情绪体验到感性认知，从理性分析到价值认同。这由此生成个人对祖国的无限热爱，并强烈感受到一种对祖国的归属感、自豪感和认同感。人们把这种至诚的情感内化为一种爱国主义精神并形成一种崇高的使命感和责任感，使个体人生价值的实现与国家的前途命运紧密结合起来，转化为自我品格的重要组成部分和实践中的具体行为，以此成为人们团结奋斗的一面伟大旗帜，成为维护民族团结、促进祖国统一的精神纽带，成为推动祖国进步发展、繁荣昌盛的强大动力。与此同时，国家要完善自身职能，规范自我行为，建立健全各种制度，保护本国人民的安全和利益，为国民才智的发挥创造良好的环境，使其感受到祖国的关心与关爱，进而使国人更加积极主动地热爱祖国、报效祖国。这样，在国人和国家之间就建立起了一种价值同构、良性互动的和谐关系。爱国主义是这种关系的价值整合与展现。

第二，爱国主义的伦理学解读。一般说来，伦理学作为一门科学，是以道德为研究对象。道德是人类社会生活中所特有的一种社会现象，是以善恶、荣辱、美丑等作为评价标准，靠人们的内心信念、风俗习惯和社会舆论等来发挥作用。

爱国主义作为一种调整个人与国家、民族之间关系的道德规范，是一个由道德认知、道德情感、道德意志和道德行为等因素构成的系统性范畴，其深深植根于人们长期的历史实践之中，是从各民族人民所处的经济、政治、文化和社会的环境中产生的，同时又给予这些环境重大的影响。早在原始社会，氏族、部落中成员之间、成员与集体之间的关系主要靠风俗习惯、社会舆论等道德规范来调整，而此时处于萌芽状态的爱国主义以道德的形式有效地协调着氏族成员与氏族、部落集体之间的关系。随着阶级的出现，民族、国家的形成，以道德的形式发挥作用的处于萌芽状态的爱国主义就逐渐转变为民族意识和国家意识，体现出对祖国的热爱，渐渐成为调整个人与国家、民族之间关系的道德规范。与法律规范相比，作为一种道德规范的爱国主义，其作用方式有着自身特点。它不像体现统治阶级意识和利益的法律规范那样由国家机关强制执行，而是一方面通过人的内心信念即通常所说的“良心”来起作用。在长期的历史实践中，人们形成了一种报效祖国、为国争光的道德信念。生活中的个体为国家、为人民尽到自己的责任，做出了一点好事，便感到一种良心的欣慰和精神上的满足，产生一种内在的自豪感；反之，当做出了不利于国家、民族和人民利益的事情，或错过了为祖国人民服务的时机时，内心就会产生一种愧疚之情。另一方面靠社会舆论、历史传统、风俗习惯等来发挥作用。当社会上出现某种有害于祖国利益的言行之时，社会舆论、历史传统或风俗习惯就会对此进行谴责鞭挞；与此相反，当出现一些有益于祖国的言行之时，就会受到广泛的褒扬。在中华民族悠久的历史长河中，“以热爱祖国为荣，以危害祖国为耻”已成为衡量人们言行的道德标准，已成为一种具有强大影响力的社会舆论。由此可见，人们把爱国、兴国、报国、强国、救国等看作高尚的道德观念和行为，把与之对立的卖国、辱国、祸国、乱国、叛国等看作丑恶耻辱的行为。

爱国主义作为调整个人与国家之间关系的道德规范有着双重要求。一方面从个体的角度来看：首先，个人要主动关心祖国的前途与命运，以此作为自己的神圣职责。国家的安危、兴衰、荣辱与个人的存在发展休戚与共，决定着个人地位的尊卑和命运的优劣。历史证明，当祖国处于团结统一、安定和谐、繁荣昌盛的时候，个人生存发展的情况就很好；当祖国面临外敌入侵、动乱频繁、国运衰微的时刻，个人的生存发展就面临着严峻的困境。因此，个人从自我的客观实际出发，主动关心祖国的前途与命运，培育担当祖国发展强盛的责任意识和能力，提高自身报效祖国的本领，并把其作为自我发展不可推卸、义不容辞的神圣使命。其次，个人要自觉使个人利益服从祖国利益，以此作为自我立身的道德义务。个人利益与祖国利益之间既具有对立性又具有统一性。从对立的角度看，个人利益不同于祖国利益。个人利益是个体的、局部的、暂时的、多元的，而祖国利益则是整体的、全局的、长远的和根本的。从统一的角度看，个人利益寓于祖国利益之中，祖国利益离不开个人利益，二者在根本上是一致的。现实中，当个人利益与祖国利益发生矛盾时，要自觉使个人利益服从祖国利益，甚至在极端情况下牺牲自我利益乃至生命以保全祖国利益。因此，个体作为祖国整体中的一员，应该积极主动自觉地践行个人利益服从祖国利益这一优秀传统道德，以此作为自身所必须遵循的价值取向、道德评价、行为规则的重要标准，作为自我必须履行的道德义务。最后，个人要坚守民族气节，执着行动，自觉维护祖国的尊严和荣誉，以此作为自我必须履行的一种重大使命。民族气节、祖国尊严是个人气节和尊严的外在延伸，而民族气节的坚守和祖国尊严的维护是需要众多个人来推进的。试想，一个没有高尚气节和独立尊严的个人，怎能赢得他人的尊重，又怎能去维护国家的荣誉和尊严；一个没有高尚气节和独立尊严的民族和国家，怎能屹立于世界民族之林，又怎能保护每个国民的尊严？因此，就个人而言，要自觉树立民族自尊心、自信心，坚持民族气节，维护祖国尊严，绝不做有损人格和国格的事情。另一方面从国家的角度来看：国家应该自觉树立并积极践行真善美的伦理道德精神。这就要求，无论哪种阶级居于统治地位的国家，都应该顺应时代潮流，遵循历史发展的规律，代表广大人民的根本利益，坚持以人为本，积极为人民谋福利，在公平正义的法律中行使各项权力，保护国民的生命财产安全、经济安全、政治安全，保护并利用好各种自然资源和社会资源，防止暴力战争的发生，这彰显的是国家精神，体现的是同胞情怀，显示的是民族意志。当代中国，在无产阶级先锋队组织——中国共产党的领导下，更应该在这些方面做得出色，显示出社会主义制度的优越性，发扬光大中华民族优秀的伦理道德精神，这也是新时代爱国主义的新要求。

爱国主义是一种美德，是一种善的力量，这已是大家的共识。但共识之下亦有不同意见：在多元化的时代，有人认为爱国主义是一种私德而非公德问题。那么，爱国主义到底是私德还是公德呢？一般而言，私人领域中的道德称之为私德，公共领域中的道德称为公德。自从民族国家形成以来，“个体—国家”这一重要的伦理关系一直是个人需要面对和处理的重大问题。在当今的时代，个体的存在发展依存且推动着民族国家的存在发展，当然，民族国家的发展也离不开个体，是由众多的个体组成的，但这种构成不是个体的任意组合，而是一种民族普遍性与整体性的集中体现，是一种按照伦理秩序组成的共同体。在这个共同体中，个体具有了现实性和伦理性。作为一种调节个体与国家之间关系的道德规范—爱国主义，只有在某种条件限制下的某些国家类型的国家共同体中才有可能，人们一旦获得理性的价值认同，就必然会自觉遵守并积极践行。

第三，爱国主义的政治学解读。爱国主义不仅是一个基本的道德规范，也是一项十分重要的政治原则。作为政治原则的爱国主义，与其所依附的国家政权、社会制度等密切相关，强调的是公民对国家的基本政治态度、政治责任和政治义务，要求人们维护社会制度的稳定发展，服从国家权威力量，信奉社会核心价值观，突出表现在阶级性、国家主权神圣不可侵犯和民族利益至高无上三个方面。

阶级性是爱国主义的本质属性之一。自从人类社会进入阶级社会以来，不同阶级有着不同的阶级立场和阶级利益，不同历史时期有着不同类型的爱国主义，有奴隶阶级的爱国主义和奴隶主阶级的爱国主义，有农民阶级的爱国主义和地主阶级的爱国主义，有无产阶级的爱国主义和资产阶级的爱国主义。在阶级社会中，剥削阶级常常利用“热爱祖国”“保卫祖国”等各种各样的爱国主义口号，要求人们去爱其统治的国家，以维护和巩固自己的统治地位，这实质上是自身阶级利益和意志的体现。虽然有些时候，剥削阶级所提倡的爱国主义有一定的进步意义，起到一定的进步作用，但囿于剥削阶级的阶级地位和阶级利益，决定了其有很大的局限性。与之相对，处于被剥削地位的广大劳动人民，作为历史的推动者，其爱国思想是坚定的、忠诚的。他们是爱国主义的主体力量，是爱国主义传统的主要体现者；他们痛恨剥削，反对压迫，期望祖国更加美好。无产阶级作为人类历史上最先进的阶级，以马克思主义理论作为科学指导，继承和发扬历史上的爱国主义，尤其是劳动人民爱国主义的优良传统，并使之成为一种新型的爱国主义。这种爱国主义与历史发展潮流相统一，与国际主义相统一，与人民根本利益相统一、与各民族平等相统一。虽然不同阶级对爱国主义的理解、态度和认识存在着许多差异甚至对立，但这并不等于说作为政治原则的爱国主义在阶级社会里不存在统一性。事实上，当国家遭到外敌入侵、民族矛盾突出时，统治阶级和被统治阶级的爱国内容就会出现某些暂时的统一，阶级利益就会服从于民族利益，阶级矛盾就会让位于民族斗争，民族矛盾就会上升为主要矛盾，从而建立起爱国统一战线。但我们要看到，在奴隶社会、封建社会和资本主义社会等剥削阶级形态社会中，处于腐朽没落阶段的统治阶级居于统治地位时，爱国主义和爱国家往往显示出极端对立的境况。只有在社会主义社会中，爱国主义和爱国家才能实现真正的、有机的统一。这是由于社会主义制度的国家代表着人类社会的发展方向，体现着广大人民群众的根本利益，符合社会历史发展的规律。

主权神圣不可侵犯，是任何一个主权国家立足于世界的前提性条件，也是作为政治原则的爱国主义的最重要部分。主权即国家主权，是国家享有的独立处理对内对外事务的统一而不可分割的最高权力，是一个国家的生命和灵魂，对内的至高无上性和对外的独立性是其两个特征。这种最高权力是国家固有的，不是国际法所赋予的，国际法只不过以法律的形式对这些权力予以确认和保护。主权和人口、领土、政权一起共同构成了主权国家的基本要素，其中最重要的是主权。在国际社会中，主权国家享有独立权、平等权、管辖权和自卫权等权利。对任何一个民族国家来说，其主权都是神圣的、独立的、不可侵犯的，具有排他性。一个国家，能否根据本国人民的意愿来选择符合本国国情的社会制度、国家形式、法律法规、方针政策等，首要的问题是本国要享有独立完整的主权。这就要求，主权国家在发展交往的过程中，要保持领土完整，保持政治独立，保持经济自由，保持在国际上与他国享有一样的平等权。当今世界，有许多种不同类型的主权国家，但无论哪一种类型，国家主权神圣不可侵犯且不可分割。无数历史证明，国家主权独立、完整，则国泰民安，国运昌盛；国家主权欠缺、丧失，则受制于人，国运衰微。因此，每个主权国家都把国家主权神圣不可侵犯视为最重要的政治原则，并以此作为区分、判断和评价爱国与卖国、叛国的重要标准，认为凡是维护、捍卫国家主权的言论和行为便是爱国言行，应该给予讴歌赞扬，作为正面典型；凡是损害、出卖国家主权的言行便是卖国、叛国的言行，应该给予无情鞭挞，作为反面教训。另外，我们应该看到，伴随着全球化的深入发展和科学技术的不断进步，尤其是互联网的迅猛发展，国家主权神圣不可侵犯遇到一些前所未有的挑战，出现了诸如主权演变论、主权可分论、主权弱化论、主权让渡论、人权高于主权论等言论。对此，应该树立高度理性的精神，深入分析这些言论背后的真实目的，防止陷入歧途，采取多种措施，主动把握良好机遇，规避风险，维护、捍卫国家主权不受侵犯。

民族利益至高无上。这里的民族不是指一个具体的民族，而是一个整体，是包括众多民族在内的总称，如中华民族、法兰西民族、日耳曼民族等等。民族利益至高无上，可以从两个方面来理解，一方面，在个人与民族的关系上，个人要从国家、民族和人民整体利益出发，不计较个人得失，主动承担民族复兴、国家富强的使命。甚至当个人受到各种各样的诬陷、排挤和打击时，处于不利境地，也应该不计较个人恩怨，从民族大义出发，为祖国和人民做出应有的牺牲。另一个方面，在阶级和民族的关系上，要妥善处理阶级矛盾与民族矛盾的关系，自觉执行民族利益至高无上的准则。当国家面临外敌入侵，民不聊生，民族矛盾成为主要矛盾的时候，各阶级应使自身的阶级利益服从民族利益，放弃或缓和阶级之间的冲突和斗争，联合起来，一致对外，争取民族自由和国家独立。当然，在民族矛盾成为主要矛盾，共同抗击外敌的情况下，并不意味着阶级矛盾的消失，只不过此时，阶级矛盾让位于民族矛盾，以次要矛盾的形式存在着。

第四，爱国主义的法学解读。爱国主义在作为道德规范、政治原则的同时，还是一项基本的法律规范，他们共同组成了爱国主义的行为准则系统。作为法律规范而存在的爱国主义，突出的是爱国主义的法治意蕴。我们知道，法律是由国家制定或认可的并靠国家强制力保证实施的行为准则。与道德等其他规范相比，法律规范是统治阶级意志和利益的体现，具有特定的形式，靠国家强制力保证实施，是最基本的社会行为规范。作为法律规范的爱国主义，主要是以法律的形式来调整个人与国家的关系，强调个人对国家的法定责任与义务，其基本要求是个人的爱国行为必须符合这些法律规范，否则就会受到法律的制裁，这体现了依法治国的基本方略。作为法律规范的爱国主义，在规范个体的爱国行为、提升个体的法律素养、惩戒危害祖国的行为等方面具有十分重要的作用。

爱国主义作为一项重要的法律规范，在我国的法律体系中都有着明显的体现。宪法作为国家的根本大法，对爱国有着明确的规定。《宪法》的第一章“总纲”对我国所有公民和组织提出了“爱祖国”的要求，并指出要在“人民中进行爱国主义”教育；第二章“公民的基本权利和义务”强调，中华人民共和国公民“必须遵守宪法和法律，保守国家秘密”“有维护国家统一和全国各民族团结的义务”“有维护祖国的安全、荣誉和利益的义务，不得有危害祖国的安全、荣誉和利益的行为”“保卫祖国、抵抗侵略是中华人民共和国每一个公民的神圣职责。”① 对于任何一个中华人民共和国公民来说，这些规定都是必须遵守且无条件履行的义务。

与此同时，我国《刑法》专门以“危害国家安全罪”为第一章对个人危害祖国的行为做出了明确详细的定义。如对“勾结外国，危害中华人民共和国的主权、领土完整和安全”“组织、策划、实施分裂国家、破坏国家统一”“组织、策划、实施颠覆国家政权、推翻社会主义制度”等重大违法犯罪行为做出了具体的刑事处罚；对国家机关工作人员在履行公务期间危害国家安全的行为根据导致后果的不同做出了不同的惩罚规定②等等。这些法律条款告诉我们，任何人只要做出危害祖国的行为，都要为自己的行为付出代价，受到法律的严惩。

上述体现爱国主义的法律规范，以禁止性的规定为个体指明了在表达爱国情感、实施具体爱国行为的时候什么该做，什么不该做。这是作为国家公民必须要遵守的法定义务，也是法治化时代爱国主义表达的基本基点。即使是基于公意和正义，也应该是一种合法、合情、合理、合序的理性表达方式，而不能超越法律的限制。

第五，爱国主义的心理学解读。爱国主义的心理学解读，主要从心理学视角来探究人们爱国的心理过程。爱国主义作为一个心理过程，是人们在长期的社会实践中形成的一种知、情、意、行的有机统一体。这个统一体可以概括为由“爱国心—爱国情—爱国志—爱国行”构成的由浅入深、由低到高、依次转化、循环反复的相互联系、相互作用的过程整体。

爱国心的形成是个体通过感觉、知觉、注意、记忆、思维和想象等方式对祖国认知的过程。人们既可以通过感觉、知觉等较为形象的方式对祖国的山川河流、骨肉同胞、国旗、国徽、国歌等获取最基本的感性认知，也可以通过思维、记忆等较为抽象的方式对祖国的历史传统、社会制度、

---

① 周叶中．宪法［M］．北京：高等教育出版社、北京大学出版社，2000：286—290.
② 高铭暄，马克昌．刑法［M］．北京：北京大学出版社，2000：341—352.

环境资源、国民素养、未来发展等进行科学客观的思考，以达到理性的认知。当然，由于个体的年龄、智力的差异，未成年人一般是侧重于感性认知，成年人侧重于理性认知。感性认知和理性认知的双重结合，人们便会在个人身上表现出对祖国的忠诚热爱之心，这即是爱国心。人们的爱国心存在于日常生活中。这种爱国心是爱国情、树立爱国志、落实爱国行的前提和基础。

情感是人之主体对客体的一种特殊反应形式，是人的一种主观体验，属于反映特殊客观存在的主观意识范畴。“爱国主义实质上是一种感情”①，这种情感不是人生来就有的，而是经过千百年来的社会历史实践形成的一种对祖国的归属挚爱之情。爱国之情是民族自豪感、民族自尊心和民族自信心的统一，是道德感和价值感的统一，是归属感、认同感和荣誉感的统一，其主要体现为热爱祖国的物质资源、关心血脉相连的骨肉同胞、珍视祖国的精神财富、认同国家的政权结构、担当强国富民的责任使命以及献身祖国的崇高行为。人们的爱国之情是建立在爱国之心的基础上，并能提升爱国之心，同时也能有助于坚定爱国之志，推动爱国之行的落实。

意志是人类特有的一种为实现确定目的而有意识、有计划地调节和支配自己行动的心理状态。爱国之志是人的一种主观态度和心理意向，是由爱国之情上升而来的一种炽热坚定的报国之志，并通过自觉的、理性的行动表现出来。坚定的报国之志不因时代的变幻莫测、好坏优劣而有所变化，也不因祖国的富强贫弱、兴衰荣辱而有所差异，更不因个体的生死福祸、褒扬贬抑而有所区别。自古以来，持有坚定报国之志的志士仁人不胜枚举。如高唱“长太息以掩涕兮，哀民生之多艰”的屈原、领导广东禁烟运动的林则徐、为变法强国而奔走呼号的维新人士、享有“导弹之父”美誉的钱学森等等，无不体现着强烈的报国之志。

爱国行是在爱国志的指引下把爱国心和爱国情转化为实际行动的过程，是爱国主义的最终展现。爱国不是口头说说而已，必须身体力行，落

① ［英］米勒、波格丹诺．布莱克维尔政治学百科全书［M］．邓正来译，北京：中国政法大学出版社，1992：30.

实在具体的实践中。这就要求每一个个体从自己做起，从每一件事情做起，从平凡的工作做起。尽管个体具有丰富的多元差异性，但只要其在自己的本职工作中恪尽职守、尽心尽力，争取把工作做精做细做优，这是和平时期个体最坚实的爱国之行。

四、爱国主义与民族主义的联系

要全面理解爱国主义，必须科学把握民族主义和爱国主义之间的关系。这就首先需要弄清民族主义的内涵，在此基础上梳理爱国主义与民族主义的关系，进而自觉划清爱国主义与极端民族主义的界限。

民族主义是一个内涵十分丰富的概念，学界对此也是见仁见智，莫衷一是。有的认为，民族主义是一种思想状态，有的认为民族主义是一种意识、一种愿望，有的认为民族主义是一种意识形态运动，有的认为民族主义是一种政治原则，等等。而经典作家对民族主义大多持有一种否定性的态度，如伟大的马克思主义者列宁所秉承的观点。在我国，中国社会科学院2005年编辑的《现代汉语词典》认为：民族主义是“资产阶级对于民族的看法及其处理民族问题的纲领和政策。在资本主义上升时期的民族运动中，在殖民地、半殖民地争取国家独立和民族解放的运动中，民族主义具有一定的进步性。”①

按照不同的标准，民族主义有不同的分类。国内研究者认为：按照强调的重点，可以分为经济民族主义、政治民族主义和文化民族主义；按照地域范围，可以分为泛民族主义、国家民族主义和国内民族主义；按照归属感和对自由平等的认识，可以分为进攻性民族主义和非进攻性民族主义；按照发生学角度，可以分为内生型的西方民族主义和外生型的东方民族主义；按照国家实力的强弱，可以分为强势民族主义和弱势民族主义；

① 中国社会科学院语言研究所词典编辑室. 现代汉语词典［M］. 北京：商务印书馆，2005：952.

按照面临的任务，可以分为建国民族主义和立国民族主义。[①] 国外学者针对民族主义的发展情况，按照一定的标准做了经典性的分类，如卡尔顿·海斯把民族主义分为人道主义的民族主义、雅各宾民族主义、传统民族主义、自由主义的民族主义、整合的民族主义和经济民族主义六种类型，汉斯·科恩以地理的界限为依据，把民族主义分为西方世界的民族主义和非西方世界的民族主义两种类型，马克斯·汉德曼把民族主义分为压迫型的民族主义、领土收复型的民族主义、预防型的民族主义和威望型的民族主义四种类型[②]。无论哪种类型的民族主义，都有着具体的表现。

爱国主义和民族主义息息相关。二者之间的关系是比较复杂的，理论界也有不同的观点。但从党和国家颁布实施的法规文件来看，爱国主义是常见的一个词，而民族主义则很少见，往往以"极端的民族主义"出现。在学术研究中，民族主义和爱国主义都是学界研究的热点，形成了丰硕的成果。具体来看，爱国主义与民族主义之间既有交叉也有分野，对此要以具体的历史的眼光来看待二者之间的关系。一般说来，爱国主义是国家意识的最高体现，民族主义是民族意识的最高体现。在当今这样一个绝大多数国家都是由多民族构成的世界里，主权国家成为国际关系的主要组成部分，爱国主义往往比民族主义的使用范围更加广泛，作用更加突出。爱国主义内含着对国内各民族的热爱和国外民族的尊重，对民族文化的认同。民族主义往往从本民族的利益出发来评判一切事情并做出相应行动。这样，它在尊重保护本民族利益的同时，容易导致对其他民族利益的忽视甚至侵犯。由此，可以看出民族主义的两面性：一方面，民族主义有着积极的作用。在封建社会中，当国家遭受外敌入侵或异族边寇，统治阶级用民族主义动员人民进行抵抗，维护国家主权和民族利益，这有着进步意义；在封建社会向资本主义社会过渡时期，资产阶级作为当时处于先进性的阶级，利用民族主义动员人民群众去推翻腐朽的封建专制统治，反对民族压

① 宋新伟．民族主义在中国的嬗变［M］．北京：社会科学文献出版社，2010：32—36.

② 王联．世界民族主义论［M］．北京：北京大学出版社，2002：21.

迫和侵略，这也有着进步意义；在帝国主义时代，由于处于强势地位的压迫民族对处于弱势境遇中的被压迫民族的侵略、压迫和掠夺，由此造成了被压迫民族的民族主义的强烈反抗。而被压迫民族的民族主义在反抗侵略，捍卫国家主权，追求民族独立等方面起着重要的作用，这更有着进步意义。在一定意义上说，上述情况的民族主义就是一种爱国主义，起着积极作用。另一方面，民族主义往往对内表现出大民族主义或地方民族主义、极端民族主义或民族分裂主义、民族保守主义或民族虚无主义等非理性民族主义形式，对外往往显示出沙文主义、种族主义等形式，歧视、压迫、侵略是其特有的行为，体现了民族主义的反动性和残暴性。从这个角度来看，要用爱国主义引领、反对甚至否定民族主义。此外，还应看到，民族主义和爱国主义的语义色彩不同。在我们常用的语境中，民族主义是一个中性之词，爱国主义则是褒义之词。当前，在建设中国特色社会主义、实现中华民族伟大复兴的伟大征程中，需要我们“在处理国内民族关系时，坚持各民族一律平等和各民族团结统一的原则；在处理同别国民族的关系时，坚持无产阶级国际主义；在发扬爱国主义的同时要坚决反对狭隘民族主义”①，要正确认识和处理民族主义和爱国主义之间的辩证关系，用爱国主义引领民族主义。

第二节　爱国主义教育的内涵、特征与文化知识教育的联系

一、爱国主义教育的内涵

对“爱国主义教育是什么”，理论界有不同的看法。归纳起来主要有

① 罗国杰. 中国伦理学百科全书·伦理学原理卷［M］. 长春：吉林人民出版社，1993：247.

以下三种观点，第一种是情感意志论：爱国主义教育是指对人民进行一种对自己国家热爱观念和情感培养的实践活动，它能培养人民对自己国家的忠诚和坚定的信念感。[①] 从爱国主义情感意志教育角度出发，对爱国主义的感情和意志力的培养具有一定的指导意义，但将爱国主义单纯地看作情感和意志力就有些偏颇了；第二种观点是“情感—观念—行为”的综合论：爱国主义教育是一种以培养爱国情感、爱国意识，开展爱国行动为目标的具体实践活动。爱国主义教育是培养人们的爱国情感、增强人们的爱国观念、开展爱国行为的一种实践活动。这种观点从教育过程角度概括指出爱国主义教育主要包括爱国情感、爱国意识、爱国行为三个方面，符合个人思想品德的形成发展规律，但其未能体现出爱国主义教育的具体特征。目前，学界大多认同这种观点。第三种是内容论：一些学者把爱国主义教育看作是“爱祖国教育”与“爱国家教育”的结合体，“爱祖国教育”是对自然环境、对家庭、对社会、对人类、对中国历史、对中国传统文化等的教育，“爱国家教育”则是对现实社会、政治制度的教育。[②] 有些学者将爱国主义教育定义为“包括政治、道德、世界观、人生观、价值观等在内的一种意识形态教育”，是“通过对所有公民特别是青年进行的爱国教育，使所有公民都具备一种爱国情怀认识的社会实践活动。”[③] 这种观点突出爱国主义教育的内容，彰显了爱国主义的时代性和阶级性，在某种程度上是科学的，但也是不全面的。

上述几种观点虽然各有所侧重，但有一个共同之处，这就是承认爱国主义教育是一种教育实践活动。这也是目前学术理论界的共识。我们认为应该在教育的大视野下，根据爱国主义的定义，秉承以人为本的原则，克服单一“施加论”的影响，来界定爱国主义教育。

由此，爱国主义教育应是指社会教育者通过多样的方式与方法，对受

① 裴娣娜，刘翔平．中国女性百科全书·文化教育卷［M］．沈阳：东北大学出版社，1995：213.

② 曹延汹．中美爱国主义教育比较［M］．沈阳：辽宁大学出版社，2006：29-33.

③ 朱桂莲．爱国主义教育研究［M］．北京：中国社会科学出版社，2008：10.

教育者展开爱国情感、规范、精神的交流和互动，并指导受教育者对一定社会的爱国情感、规范和精神进行吸收和认同，从而推动受教育者在爱国认知、情感、信念、意志、行为等方面的平衡、协调发展，以及进行自我建构的一项教育实践活动。这样的实践活动，是从其出现到现在的一种普遍存在的活动。进一步来看，可从以下几点来理解。

首先，这种定义克服了以往爱国主义教育“单一主体性”的弊端，体现了主体双向互动的现代理念；把对爱国主义教育的理解从“施加论”提升到“互动论”的层面，进一步深化了对此核心概念的理解；体现了现代社会以人为本的原则，有利于教育者与受教育者的爱国品德的形成发展与巩固，有利于爱国主义教育的科学发展。

其次，这种定义体现了系统论的观点。爱国主义教育本身就是一个系统性很强的教育实践活动。从内容系统角度来看，爱国主义教育是由情感教育系统、行为准则教育系统和精神教育系统组成的大系统，其中行为准则教育系统包括道德规范教育、政治原则教育和法律规范教育三个方面的内容，精神教育系统包括个体精神教育、民族精神教育和时代精神教育三个方面；从要素系统角度来看，爱国主义教育是由教育者、受教育者、教育内容、教育手段组成的系统；从过程系统角度来看，爱国主义教育是培育人们的爱国认知、爱国情感、爱国信念、爱国意志和爱国行为的心理过程系统；从领域系统教育来看，爱国主义教育是由家庭教育、学校教育和社会教育三个维度组成的系统。

最后，这种定义鲜明地体现了爱国主义教育的阶级性、时代性、民族性、客观性和实践性等特征。这部分内容将在接下来的一个子目录中进行详细论述。

二、爱国主义教育的特征

爱国主义教育作为教育的一种存在形态，除了具备教育的一般特征外，还具有自身鲜明的特征，如民族性、阶级性、时代性、客观性和实践性等。

（一）民族性

爱国主义教育具有鲜明的民族性。国家是由民族构成的共同体。事实表明，组成国家的民族不是单一的，而是多民族的集合体，如我们常说的中华民族、日耳曼民族、法兰西民族等等。每一个国家的发展进步都离不开该国各民族的团结互助，离不开各族人民的共同奋斗。爱国主义作为民族意识的最高体现和民族精神的核心，始终是引导各族人民开拓进取的伟大旗帜，始终是维系民族团结的精神纽带，始终是推动国家发展的精神动力。当民族之间发生矛盾，一国遭遇外敌入侵，人民处于苦难之际，该国各族人民就会在爱国主义精神的感召下，团结起来，共同抵御外敌的入侵，维护祖国的主权独立和领土完整，真正实现祖国领土主权的完整性；当一国之民族内部发生矛盾，该国各族人民就会在爱国主义精神的凝聚下，从国家民族的大局出发，维护民族团结，征讨内乱，反对民族分裂，实现各民族的团结统一，推进国家的发展进步；当各民族相互平等、和谐稳定之际，各民族就会在爱国主义精神的影响下，进一步发挥自我的聪明才智，珍视祖国的各种宝贵资源，共同推进祖国的繁荣昌盛。这共同构成了一国之特定的民族自尊心、民族自信心、民族自豪感和民族责任感。基于此，爱国主义教育作为一种关于爱国主义的教育活动，必然要体现这些内容。但要注意的是，在推进爱国主义教育的过程中，要进行民族正义观教育，反对狭隘的民族主义，反对以爱国主义为借口的民族利己主义和民族沙文主义。就我国来说，中华民族是富有爱国主义优良传统的伟大民族。因此，当代中国爱国主义教育要批判继承爱国主义传统，大力弘扬在长期历史实践中形成的以爱国主义为核心的团结统一、爱好和平、勤劳勇敢、自强不息的伟大民族精神；热情讴歌中国共产党人为国家独立富强、社会发展进步和人民幸福安康所做出的巨大贡献；极力赞颂为新中国的成立和改革开放的发展做出巨大贡献的先进人物。

（二）阶级性

爱国主义教育具有鲜明的阶级性。自从阶级和国家产生以来，无论哪一种社会类型的爱国主义教育都明显地具有阶级性的特质。奴隶社会的爱国主义教育强调作为“会说话的工具”的奴隶对奴隶主掌握的国家政权必须报以绝对忠诚，无条件地服从奴隶主的要求；封建社会的爱国主义教育要求臣民“忠君报国”，让人们无限忠诚和维护地主阶级的利益；资产阶级社会的爱国主义教育实质上是教育人民热爱资产阶级所掌握的国家政权，维护资产阶级的切身利益。上述三种类型的爱国主义教育统称为剥削阶级的爱国主义教育，都是建立在私有制基础之上的意识形态教育，都强调维护当权者的阶级利益，都强调维护代表统治阶级利益的剥削制度。总体看，由于剥削阶级自身的狭隘性，决定了其爱国主义教育自身不可克服的不彻底性、侵略性、反人民性和动摇性，这也是其局限性之所在。但我们也要看到，处于阶级社会中的一些进步集团和个人，在维护统治者利益的前提下，关心祖国的发展，维护人民的利益，甚至不惜牺牲生命来拯救民族危亡，保卫祖国安全，被视为民族英雄，受到世世代代人民的敬仰和爱戴。这些体现伟大爱国主义精神的事迹和人物值得肯定，值得后世人民学习。与剥削阶级的爱国主义教育相反，无产阶级的爱国主义教育是迄今为止人类历史发展阶段上最高阶段的爱国主义教育，它是建立在公有制的经济基础之上，以马克思主义为指导，坚持用历史唯物主义来观察世界发展的趋势，审视国家和民族的命运，站在广大人民群众的立场处理个人与祖国之间的关系，真正实现了国家利益、集体利益和个人利益的有机统一。这种类型的爱国主义教育内含强烈的热爱祖国、热爱人民的情感因子，反对种族歧视、民族压迫，与国际主义相联系，与实现共产主义相联系。正处于社会主义初级阶段的中国，阶级矛盾虽然存在且有可能在一定条件下被激化，但已不是社会的主要矛盾。所以，当代中国的爱国主义教育要有鲜明的阶级立场，要着力加强意识形态安全教育，对赞成什么、反对什么要有清晰的阐释，对真善美和假恶丑要给予旗帜鲜明的讴歌和批判，真正体现维护国家和人民的根本利益。

（三）时代性

爱国主义教育具有鲜明的时代性。一个时代有一个时代的物质展现和精神特质，对此任何一国爱国主义教育都应有所体现。从社会历史发展的角度看，人类社会经历了原始时代、奴隶时代、封建主义时代、资本主义时代和社会主义时代五个阶段，与此相对应的就有原始时代的爱国主义教育、奴隶时代的爱国主义教育、封建主义时代的爱国主义教育、资本主义时代的爱国主义教育和社会主义时代的爱国主义教育等五种类型。原始时代，重在强调人们爱乡土、爱氏族、爱部落的思想意识；奴隶时代、封建主义时代和资本主义时代，主要是要求人们热爱统治阶级掌握的国家政权和社会制度；社会主义时代，强调广大人民群众的利益，紧密与国际主义相结合。从具体微观的角度看，每一个大的时代分为一些具体的小时代，这可以称之为“时期”。改革开放以来，当代爱国主义教育大力进行热爱祖国与热爱社会主义制度、热爱中国共产党相统一的教育，紧紧围绕建设和发展中国特色社会主义、实现中国梦这一伟大主题，大力倡导一切有利于国家富强、民族平等、人民幸福的思想和精神，高擎爱国主义、社会主义和集体主义主旋律，积极提倡有利于祖国统一、民族团结、人心凝聚的各种观念和精神，弘扬以爱国主义为主要内容的民族精神，和以改革创新为主要内容的时代精神，将社会主义核心价值理念融入国民教育、社会主义精神文明及党的建设的各个方面，凝聚起全国各族群众的智慧和力量，为实现中华民族伟大复兴做出自己的努力。与此同时，我们积极关注时代的新变化，并把其纳入爱国主义教育的视野中，如在全球化、信息化和市场经济条件下爱国主义教育面临哪些良好的机遇，遇到什么样的严峻挑战等。

（四）客观性

爱国主义教育具有鲜明的客观性。爱国主义教育的客观性源于实践的客观性，意为爱国主义教育在某种程度上是不以人的意志为转移的。爱国主义教育的客观性可以从三个角度来理解：一是爱国主义教育的内容上看，爱国主义教育的内容虽然可以由教育者进行有目的有计划的选择，但无论选择什么样的内容，都是不以人的意志为转移的客观存在，不能否定，也不能删除。如中华民族伟大的象征——长城，作为爱国主义教育的内容，是一种客观的存在；再如，中国共产党在长期的革命、建设和改革实践中所积淀的道德素质和精神风貌；等等。作为新时代爱国主义教育的重要内容，也是不容否定的客观存在。二是从爱国主义教育的方法手段上看，每一个时代有每一个时代的方法手段，这是受社会总体发展水平制约的。农业社会条件下爱国主义教育所使用的方法手段不可能达到工业社会的水平，工业社会条件下所使用的方法也不可能达到信息化社会的水平。例如，建立在现代科学技术发展之上的以互联网、移动通信为代表的新手段，对古代、近代社会来说，是不可思议的。三是从爱国主义教育的评判标准来看，实践是检验评判其科学、正确与否的唯一标准。这种实践必须顺应时代发展的趋势，符合社会历史发展的潮流，始终站在广大人民群众的立场上。否则，谈爱国主义教育，无论是对一个团体、政党来说，还是对一个国家、民族来讲，就是一种最大的欺骗。在当代中国，中国共产党作为以为人民服务为宗旨的执政党，是中国特色社会主义事业的领导核心，始终代表着中国最广大人民的根本利益，肩负着我国爱国主义教育的领导责任，应顺应时代的趋势，秉承为人民服务的立场，恰当选择科学的内容和手段，尊重爱国主义教育的客观性。

（五）实践性

爱国主义教育具有鲜明的实践性。爱国主义教育属于教育的一种形态，不是空洞的说教，而是具体的实践。从理论维度来看，爱国主义教育不是思辨的产物，也不是推理的结果，而是随着人类社会的产生发展而不断产生发展的。进一步来看，爱国主义教育的基本理论内含着强烈的实践性：其重要性是在具体的实践中体现出来的，其本质功能是在具体的实践中加以认知的，其基本内容是在具体的实践中形成起来的，其方法手段是在具体的实践中加以应用的，其目的任务是在具体的实践中加以制定并逐步实现的，其经验教训是在具体的实践中加以总结的，其领导管理是在具体的实践中。这些基本的理论一刻也离不开实践，它是在爱国主义教育实践中形成发展起来的，并指导着爱国主义教育实践的发展。更为重要的是，爱国主义教育的落脚点是要求人们把对祖国所持有的那份炽热之情、道德精神、政治态度和法律规范真正落实到自己的实际行动中，并在自己所从事的岗位上做好自己的本职工作。这本身就是一项伟大的实践。爱国主义教育的真正魅力是在科学理论指导下的具体爱国主义教育实践中彰显的。在当代中国，爱国主义教育要在具体的实践中提升国民的爱国情感，强化国民的爱国意志，将其外化为国民的爱国行为；要在具体的实践中让人们懂得如何认知经济全球化、信息化和市场经济带来的挑战和应对西方敌对势力对我国持续进行的思想文化渗透，在实践中要有坚定意识形态斗争意识并努力提升意识形态斗争本领。

三、爱国主义教育与文化知识教育的联系

爱国主义教育与文化知识教育作为教育的具体存在形态，二者存在着紧密的联系。从目前学术理论界对二者关系的研究来看，这方面几乎是空白。但部分学者探讨了思想政治教育与德育、思想政治教育与文化知识教育的关系，如北京大学祖嘉合教授在《思想教育研究》上发表的《略论德育和思想政治教育的适度区分》、武汉大学沈壮海教授在《中国教育报》上发表的《把知识教育与思想政治教育结合起来》、河海大学孙其昂教授在《中国青年政治学院学报》上发表的《思想政治教育过程中知识作用规律的研究》等等，这些研究为爱国主义教育与文化知识教育的比较奠定了基础。总体上看，爱国主义教育与文化知识教育是既相互联系又相互区别。

二者的联系。爱国主义教育与文化知识教育的对象都是现实生活中的

人，都离不开当时社会发展的条件，都需要国家来重点推进。仔细考量二者之间的联系，内在的统一性是其重要特征。一方面，文化知识教育是爱国主义教育的基础和前提。一般说来，文化知识包括自然科学知识和人文社会科学知识。只有在文化知识教育的基础上开展爱国主义教育，才能使受教育者在吸收内化一定文化知识的同时，增强热爱祖国的情感，理解爱国的意义和报国行为的价值取向。离开一定的文化知识教育，爱国主义教育就会失去存在的根基，丧失自身的功能价值，就会缺乏吸引力、说服力，生命力，就更谈不上有效性。因此，开展爱国主义教育，一定要从文化知识教育中汲取营养，重视氛围熏陶，吸纳知识载体，借鉴方法手段，优化主体素养，进而奠定坚实的基础。另一方面，爱国主义教育既是对文化教育的深入，又是对文化知识的延伸。在文化知识教育的过程中，本身就蕴含着一些爱国主义的教育资源，但是这些资源还不够系统，也不够深入。而爱国主义教育则是对这一点进行了归纳和提高，并对其进行了更深入的拓展，从而让它变得更加综合性和系统性。如自然科学知识中物理、生物、化学等学科，传授的是一些基础知识，本身不具有意识形态性的特征，但理论发明者的身上则体现着阶级、政治的价值取向。被人们广为传颂的科学家钱学森的事例就是一个典型的例子。伟大的科学家爱因斯坦曾言："科学虽然伟大，但它只能回答'世界是什么'的问题，'应当如何'的价值目标，却在它的视野和职能的范围之外。"① 爱国为民应该是科学"应当如何"的价值目标，引导着科学往正确的方向发展，而这则取决于对那些使用科学技术的人所进行的爱国主义教育是否有效。所以，在开展文化知识教育的过程中，要自觉地引进爱国主义教育，并对它加以深入和延伸，重视用科学文化知识来培养人们的爱国情怀，并将它内化为人们的爱国信仰，外化为人们的爱国行为。与此同时，要反对只讲知识性、趣味性而不谈思想性、价值性的教育倾向，也要反对抽象地谈价值性、思想性而偏离知识性的教育倾向，真正做到在具体的教育实践中实现知识性与价

① 爱因斯坦．爱因斯坦文集（第3册）［M］．北京：商务印书馆，1979：182.

值性的有机统一。二者的区别：一是发生时间不同。文化知识教育伴随着人类社会的生产劳动和社会生活的需要而产生，在原始社会就已经存在；爱国主义教育虽然在原始社会有着相应的痕迹，但真正的爱国主义教育是到了奴隶社会，随着阶级、国家的产生而发生。二是性质归属不同。总体上看，文化知识教育属于智育，侧重于解决人的科学基础知识、技能和智力素养，其实质是提升受教育者的自我素养；爱国主义教育隶属于德育，重在关注个人与祖国的关系，其实质是意识形态教育。三是空间范围不同。文化知识教育主要集中在学校教育范围之内，通过不同层级的学校教育这个主渠道来进行；爱国主义教育不仅存在于学校教育，而且还存在于社会教育和家庭教育之中，范围更加广泛。四是功能价值不同。文化知识教育的功能价值不仅表现在对促进个体生活质量的提高、实现个人的全面发展具有重要意义，而且对推动科技进步、生产力发展、社会前进等方面起着重要作用；爱国主义教育的功能价值，一方面表现为培养个体的爱国情感、爱国意志、爱国信念和爱国行为，另一方面则在于传承优秀文化传统，弘扬伟大民族精神，增强国家和民族认同，凝聚推动社会发展、国家富强的精神力量，引导人们特别是青少年树立正确的理想、信念、人生观和价值观。五是理论基础不同。在我国，文化知识教育的理论基础是古今中外所有文化教育知识的综合，既包括传统社会积淀下来的文化教育知识，也包括现代社会所形成的文化教育知识，既有中国本土的文化教育知识，也有借鉴国外的文化教育知识，既有马克思主义的文化教育知识，也有非马克思主义的文化教育知识；爱国主义教育的理论基础仅在于马克思主义，这包括马克思列宁主义、毛泽东思想和中国特色社会主义理论体系。六是课程设置不同。文化知识教育和爱国主义教育虽然在学校教育中有所交叉融合，但课程设置上有很大不同。文化知识教育主要集中在学校开设的由基础科学（数学、天文学、地学、物理学、化学、生物学等）、技术科学（电子技术、激光技术、能源技术、空间技术等）、应用科学（电子计算机工程、遗传工程等）等组成的自然科学课程和人文社会科学课程中（哲学、美学、伦理学、历史学、政治学、语言学、文艺学、经济学、军事学、法学、教育学、宗教学、民族学等）；爱国主义教育主要体现在学校开设的政治课程中，如低年级开设的《品德与生活》《品德与社会》，初中开设的《思想品德》，高中开设的《思想政治》，大学开设的《思想道德修养与法律基础》《毛泽东思想和中国特色社会主义理论体系概论》《中国近现代史纲要》《马克思主义基本原理概论》《习近平新时代中国特色社会主义思想概论》等课程，这形成了一个由浅入深、循环上升、有机统一的大中小学爱国主义教育课程体系。

第三节　新时代爱国主义教育的时代背景

新时代爱国主义教育是当代的爱国主义教育，具有鲜明的当代时代背景。当前，中国特色社会主义进入了新时代，爱国主义教育也进入了新时代。认识新时代爱国主义教育的时代背景要从两个维度来理解，一是要深刻理解中国特色社会主义进入新时代的历史方位，二是要深刻理解世界处于百年未有之大变局的国际环境。

一、历史定位——中国特色社会主义进入新时代

意识形态是指一种观念的结合，是一定的政治共同体或社会共同体主张的精神形式。社会意识由社会存在决定又反作用于社会存在。某一时期的思想理论，既是某一时期的一种必然，又是某一时期社会活动的一种结果。任何一种思想理论，其内涵都是根据社会的发展与时期的改变而发展的，包括“爱国主义”内涵。“今天的中国是历史的中国的一个发展”①，当代爱国主义也必然具有其独特的时代气息。

在党的十九大报告中，习近平总书记首次指出：“经过长期努力，中

① 毛泽东．毛泽东选集（第2卷）［M］．北京：人民出版社，1991：534.

国特色社会主义进入了新时代，这是我国发展新的历史方位。”[①]。我们的国家取得了巨大的跨越式发展，进一步推动了为实现中国梦而奋斗的历史进程，中国特色社会主义的道路、理论、制度、文化焕发出蓬勃的生命力。[②] 在十九届六中全会上，《中共中央关于党的百年奋斗重大成就和历史经验的决议》明确提出：中国特色社会主义在十八大以后开启了新的篇章。党的首要任务是，完成第一个一百年奋斗目标，开启第二个一百年新征程，向着中华民族伟大复兴不断迈进。新时期是我们国家发展的转折点，也是我们国家发展的最佳时期，更是我国实现中华民族伟大复兴的重要时期。新时期的中国特色社会主义，将会在新的历史时期继往开来，不断取得新的成就、新的辉煌，不断地创造新的小康社会，实现人民的美好生活的愿望，逐步地实现全体人民的共同繁荣，中华人民齐心协力，将为实现中华民族的复兴梦，为中国特色社会主义的新历史方位，为中华民族的发展以及世界人民的发展做出更多的贡献。[③] 在新时期，中华民族伟大复兴进入了一个新的阶段，也是一个不可逆的阶段，我们的距离实现中华民族伟大复兴的目标更近、更有信心，也更有可能实现这个目标，但也要做好付出更多、更艰苦工作的准备。

在唯物辩证法中，对同一件事情，其内部的对立关系，中国共产党在发展的各个时期都是不一样的。中国特色社会主义步入新的时期，是对当前中国社会主要矛盾不断发展的特点进行深入剖析后，作出的一个重要的、根本性的判断。这个判断既有扎实的理论根据，也有现实的实践根据。新时代体现出一些新的、根本性的特点：一是，在新的时期，社会主要矛盾已经出现了变化，从过去的表现形式向新的表现形式转变，它主要体现为，人们不断增长的美好生活需求和不平衡不充分的发展之间的冲突。二是党在新时期肩负着完成中华民族伟大复兴中国梦的重大历史任

① 习近平．习近平谈治国理政（第3卷）［M］．北京：外文出版社，2020：8.

② 习近平．在第十三届全国人民代表大会第一次会议上的讲话（2018年3月20日）［N］．人民日报，2018-3-21.

③ 新华社．中共中央关于党的百年奋斗重大成就和历史经验的决议（2021年11月11日中国共产党第十九届中央委员会第六次全体会议通过）［N］．人民日报，2021-11-17.

务。三是新时期我国的发展使命是，在决胜全面建成小康社会的基础上，继续推进中国社会主义现代化事业建设。四是在新的历史条件下，人们面临着新的历史任务，也就是要成为新历史条件下的奋斗者、追梦人。上述新的特征表明，我们迈入了一个新的时期，中国的社会主义建设事业面临着前所未有的发展机遇。这为爱国主义理论创新和实践创新提供了条件。特色社会主义迈入新时代，是正确理解新时期爱国主义教育的重要时代因素。

二、国际环境——世界处于百年未有之大变局

爱国主义思想是由国内、国外因素的共同影响而形成的。历史表明，一个国家的发展，要紧跟世界发展的趋势，否则将会被历史所抛弃，只有坚持对外开放，才能实现繁荣富强。在当前的时代背景下，世界正在进行着一场历史性的大变革，在这场变革的背景下，传统的秩序与管理体制发生了显著的变化，新的国际格局与国际环境正在加速构建，对我国的爱国主义理念与行动造成了深远的影响。

在新的历史时期，国际关系发生深刻变化，单边主义、保护主义、霸权主义以及强权政治等对世界安全与发展造成了更大的影响，同时，反全球化的思想也在不断增强，整个世界都处于一个动荡不安的转型时期。习近平总书记在深入了解人类社会发展过程，对国际形势的变化进行深入研究的基础上，针对当前的国际形势作出了重要的判定：当前国际形势正在经历前所未有的变革。世界形势“东升西降”，新旧势力此消彼长的情况下，必须团结各方的智慧和力量，中国人民团结一致尤为重要。中华民族既是一个爱国的民族，又拥有世界性的眼光和国际胸怀。在实践过程中，中国从全面把握世界发展形势和中华民族伟大复兴战略全局的基础上，将弘扬国家主义与扩大开放相统一，坚定地抵制单边主义、保护主义、霸权主义、强权政治，以建立新的国际关系和人类命运共同体为目标，以开放、普惠、共赢的方式，大力弘扬和平、公平、民主等全人类的共同价值

观，为全球和平与发展献出中国智慧、中国方案、中国力量。中国在国际上已被认可为“维护国际和平、促进全球发展、维护国际秩序”的典范。另一方面，一些西方世界则呈现“逆全球化”趋势，保护主义、单边主义日益增多，“退群”“筑墙”“制裁”频频发生，世界局势变得更加复杂、不明朗。再加上互联网的全球化和开放性，深刻地冲击着国家主权、国家治理和国际秩序。国际形势的不断变化，为中国爱国主义教育的理论创新与实践带来了前所未有的机遇与挑战。当前，国际社会正处在变革之中，这对于正确理解新时期的爱国精神具有十分重大的时代意义。

第四节　新时代爱国主义教育的思想渊源

爱国主义是一个世界性的现象，爱国主义教育是一个世界性的话题。无论是从世界历史上看还是从中国历史上看，爱国主义教育都具有长期的演进和发展过程。新时代爱国主义教育是爱国主义教育的一个新阶段，是在以往理论政策和实践基础上适应新的时代要求而实施的一项战略工程。从历史发展的角度看，新时代爱国主义教育具有深厚的思想理论渊源，其理论根基在于马克思主义的爱国主义思想和中国共产党人的爱国主义思想，历史渊源在于中华民族爱国主义优良传统。新时代爱国主义教育正是在深厚的理论根基和历史渊源的基础上，逐渐形成和持续发展的当代的爱国主义教育理论和爱国主义教育实践。

一、理论基础——马克思主义的爱国主义思想和中国共产党人的爱国主义思想

爱国就是一个人或者一个团体，对自己的国家抱有一种积极的、正面的、拥护的心态。爱国主义的根本要求是从心底里捍卫国家的主权、统一和尊严，并将其与促进国家经济社会发展的实践相结合。马克思主义，是

近代以来最科学、最严谨、最富有生命力的一种思想体系，是在人类社会全球大视野下、近代社会化大生产中形成的一种世界性的、全局性的思想。在马克思主义的世界观、方法论基础上，产生了国家观念——对国家的基本看法与观点。爱国主义和马克思主义国家观是两个相互关联、紧密联系的思想，是马克思主义理论的一个重大命题。马克思、恩格斯、列宁和其他一些马克思主义经典作家，以及中国共产党历代领袖，都曾在各个历史阶段，对爱国主义的科学含义及时代特点进行了深刻的论述，形成了马克思主义爱国主义思想和丰富的、具有中国鲜明特点的、中国共产党人爱国主义思想。

在马克思主义的爱国主义观中，没有明确界定爱国主义概念的定义，但其对阶级、民族、国家、无产阶级历史使命的论述中，无不体现出其对于爱国主义的观点。马克思和恩格斯认为，国家的概念也有其形成、发展和消亡的过程。在有等级和等级冲突的地方，就有彼此对立的国家观念。在无产阶级政权尚未建立之前，一般情况下，国家属于异己的力量，当它变成了一个无产阶级掌握政权的国家后，才能成为真正的无产阶级主体国家。① 马克思、恩格斯，这两位马克思主义理论的创始人，在领导无产阶级解放运动的宏伟实践中，把民族独立与解放作为被压制民族人民爱国主义观念与行为的第一位，恩格斯曾提出："一个民族，如果尚未获得民族的独立自主，则从历史上讲，连内部政务都不能进行较为认真的探讨。"② 给爱国主义赋予了鲜明的政治性与阶级性，并给被入侵、被奴役的国家和民族的爱国主义者指明了前进的道路。列宁对爱国主义作出了清晰的界定，他认为："爱国是在悠久的历史进程中，因为各个国家相互隔离而产生的一种非常深刻的情感。"③ 他还说："国家的政治、文化和社会条件，是进行无产阶级斗争最强大的力量。"④ 同时，他也对帝国主义时代的基本

---

① 佘双好，陈君．科学认识爱国主义的内涵和特征，思想理论教育导刊［J］，2016（10）：5.

② 马克思，恩格斯．马克思恩格斯文集（第10卷）［M］．北京：人民出版社，2009：471.

③ 列宁．列宁选集（第3卷）［M］．北京：人民出版社，2012：579—580.

④ 列宁．列宁全集（第17卷）［M］．北京：人民出版社，1988：170.

特点有了较为透彻的认识，把注意力集中在世界性的爱国主义上，着重强调了“无产阶级的国际主义”才是爱国主义的真谛。在新时代，我国社会主义建设事业发展的新阶段，要从马克思主义爱国观的高度来把握和认识新时代爱国主义教育理念。

中国共产党是爱国主义坚定的倡导者，也是爱国主义精神的践行者。中国共产党在中国革命、建设、改革的历史进程中，不断地充实和发展着马克思主义的爱国主义思想。毛泽东将爱国主义与国际主义、爱人民和拥护社会主义有机地联系在一起，他抓住了爱国主义的本质特征，即时代性、历史性和阶级性，并提出爱国主义的确切内涵取决于它所处的历史环境，中国共产党应当将爱国主义与国际主义相联系。兼顾爱国主义与全心全意为人民服务，在《论十大关系》中提出，要“兼顾国家、集体、个人”，并倡导以个人与集体利益的统一为准则，作为言行的准则。① 邓小平把爱国主义同发展中国特色社会主义相结合，他认为唯有社会主义能拯救中国，唯有社会主义能够使中国发展。② 他着重强调了爱国主义就是热爱社会主义中国、建设中国特色社会主义事业，并提出了中国人民应以对自己国家的热爱为荣，将自己的一切力量奉献给中国特色社会主义建设事业，从而得到了一个重大的认识，那就是要弘扬爱国主义，没有它，就没有社会主义建设。

党的十八大以来，习近平总书记对爱国主义的重要意义、时代价值、基本内涵、重点内容、重点群体、工作原则等若干重大问题做了一系列深刻论述，对爱国主义的时代特征进行了科学定位，对爱国主义的具体内涵进行了明确阐释，对爱国主义教育提出了明确要求，形成了新时代爱国主义教育理论的核心思想和新时代爱国主义教育实践的行动指南。中国共产党人的爱国主义思想，是新时代爱国主义教育理论形成、发展的根本遵循。

在新时代，爱国主义教育思想理念的理论基础较为坚实。它根植于马

① 毛泽东. 毛泽东文集（第7卷）[M]. 北京：人民出版社，1999：28.

② 邓小平. 邓小平文选（第2卷）[M]. 北京：人民出版社，1994：369.

克思主义的爱国主义思想和中国共产党的爱国主义思想，不仅是在马克思主义的立场、观点和方法上，继承马克思主义的爱国主义思想历史思维、国际视野，而且是在继承中国共产党爱国主义思想的基础上，根据新情况和新的实践，对其进行了多个层面的理论创新，使其具有全新的时代内涵、多维的思想内涵，也具有更多的现实意义和实践内涵，从而使马克思主义爱国思想的中国化、时代化和体系化不断向前推进。

二、历史根源——中华民族爱国主义优良传统

爱国主义是在人类社会漫长的发展历程中形成的，是一种客观的必然。从一个国家诞生开始，爱国就是一种普遍的价值观念。在中国漫长的五千年发展史上，爱国主义是一根红色的线贯穿其中。在历史长河里，中华民族在面对各种无法想象的危险与挑战时，依然能够保持着强大的活力，并且不断地发展壮大，这与中华民族有着悠久而深刻的爱国传统有着密切的关系。中华民族有着伟大的爱国主义传统，直到今天，爱国主义精神仍然在继续传承。中华民族爱国主义优良传统的形成过程，大体经历了三个时期，即：古代形成发展过程、近代对其进行传承升华、现代对其进行发扬光大，这三个时期里，爱国主义优良传统得到了不断的延续和发扬。

中国古代是我国优良的爱国主义文化的萌芽和成长时期。秦朝时期《尚书·五子之歌》中的“民惟邦本”、《左传·襄公三十一年》中的“保族宜家”、《晏子春秋·内篇谏上》第七篇中的“利于国者爱之，害于国者恶之”、《孟子·离娄上》中的“天下之本在国，国之本在家”、《诗经·小雅·瞻彼洛矣》中的“保其家邦”、《论语·微子》中的“父母之邦”、《尚书·周书·立政》中的“用劢相我国家”等，都使中华民族的国家观念逐渐确立，使中华民族的爱国主义观念初步形成。从汉到唐，注重国家的大一统，产生了《晋书·列传第十六》和《北史·颜之仪传》的“上下一心，爱国如家”和“尽忠报国”的爱国思想，“爱国”和“报国”的

价值得到了普遍认同，成为中华民族爱国主义意识确立的重要标志。从宋朝到清朝，注重“爱国”和“爱民”“忠君”之间的联系，文天祥《过零丁洋》有“人生自古谁无死，留取丹心照汗青”，于谦在《立春日感怀》有“一寸丹心图报国”，陆游《示儿》有“死去元知万事空，但悲不见九州同”，罗从彦在《豫章文集卷十一·杂著》有“当爱君如爱父、爱国如爱家、爱民如爱子”，朱熹《楚辞集注序》有“皆出于忠君爱国之诚心”，宋濂《朱元璋奉天讨元北伐檄文》有“驱逐胡虏，恢复中华，立纲陈纪，救济斯民”，林则徐在《赴戍登程口占示家人》有“苟利国家生死以，岂因祸福避趋之”等，爱国精神、意识在中国有了越来越广泛的社会根基，这是中国爱国精神走向完善和成熟的一个重要历史时期。

近代是中国爱国主义精神在继承和发展过程中不断提高和发展的时期。梁启超在《论中国学术思想变迁之大势》中指出，这一阶段的爱国主义在继承了我国古代爱国传统的基础上，进一步突出了“兴国”“强国”“救国”等观念。随着中国人民对帝国主义、殖民列强的抗争不断加剧，对国家、民族的认识逐渐上升到“民族国家”“中华民族”的高度。梁启超等人提出了“实业救国”、黄炎培提出了“教育救国”、孙中山在《檀香山兴中会章程》中提出了“振兴中华”，在《中国同盟会宣言》中提出“恢复中华”等爱国主义思想，使维护国家主权、统一、领土的完整、民族团结成了鲜明的爱国主义内涵。孙中山先生提出，一个人最重要的是懂得如何去爱自己的国家。① 蔡元培认为，爱国主义精神，是一个国家的生命之源。反对列强、捍卫国家主权、拯救民族，是中国近代爱国思想的核心。中国共产党自成立以来，一直在坚持爱国主义，是中国爱国运动的领导者、政策的制定者、理论与行动的奠基者②，领导着数以百万计的中国人民，经过长期而艰苦的奋斗与实践，最终创立了中华人民共和国，书写了中华民族近代历史上爱国主义最为辉煌的一页。

当代，是中国人民爱国主义精神发扬光大的时代。自中华人民共和国

---

① 孙中山．孙中山选集（下）［M］．北京：人民出版社，2011：923.

② 温静．中国共产党爱国主义思想史略［M］．北京：人民出版社，2019：4.

建立以后，以维护国家的公共利益为核心，以实现国家的繁荣、民族的振兴、人民的幸福为奋斗目标，在中国共产党的带领下，中国人民把自己的爱国情怀融入社会主义的建设之中，缔造了举世闻名的“中国奇迹”，使一面爱国主义大旗在天空中高高飘扬，谱写出了中华民族的爱国情怀。一本中国近现代史，即一部中国人民的爱国奋斗历史。

新时代的爱国主义教育的伟大实践，拥有着极为深厚的历史根源，它与中华民族的爱国主义优良传统同根同源，吸收了中国几千年来的爱国主义的思想精华、理论精华，并与新的历史使命和新的时代要求相结合，让中国的爱国主义优良传统中所包含的先进思想，得以创造性的转化和创新性的发展，同时还展现出了不忘本来、吸收外来、面向未来的理论风范，它具有底蕴厚重、源远流长、博大开放的价值特质。

第二章　新时代爱国主义教育的内在机制和基本原则

爱国主义教育不是一个抽象的概念，而是一项具体的实践活动，重点在于有效实施。当我们从实践的领域来考察爱国主义教育的实施问题时，必然要涉及教育过程的内在机制和实施的基本原则问题。因此，本章试图对爱国主义教育的内在机制和基本原则，做一些梳理和探讨。

第一节　新时代爱国主义教育的内在机制

爱国主义教育作为培养爱国者和“四有”社会主义公民的一项特殊的社会教育实践活动，实质上是构成这一实践活动的诸多要素的共同作用、相互影响的结果。其中既有教育者、教育对象和教育观念的直接互动，也有教育环境、教育载体、教育媒介等的间接影响。这种对爱国主义规律性影响的多种要素之间是相互关系、相互作用的，这就形成了爱国主义教育的内在机制。爱国主义教育内部机制是对爱国教育规律的一种体现，还是进行爱国主义教育的前提和基础。

一、教育主体与客体双向互动机制

双向互动，是指共同完成某一实践过程的矛盾双方所表现出来的带有规律性的相互运动、不断发展的过程。爱国主义教育的双向互动，首先体现在爱国主义教育主客体的互动关系。爱国主义教育的主体，即指以特定的社会或阶级要求，对受教育者开展有目的性、计划性、组织性的爱国主义影响的教育者、组织者。在当代中国，爱国主义教育主体具有广泛性，凡是有目的、自觉地影响人们爱国主义思想的组织和个人，都属于爱国主义教育的主体。《爱国主义教育实施纲要》要求学校、部队、乡镇、街道、机关、企事业等部门，特别是共青团、少先队及其他团体，将爱国主义教育融入思想教育中去。爱国主义教育的客体也就是爱国主义教育主体认识和施加爱国主义影响的对象，主要包括教育对象、教育要求。针对爱国主义教育对象的范围，《爱国主义教育实施纲要》明确指出，爱国主义教育是以青少年为核心而开展的全民教育，爱国主义教育的主客体共同组成了爱国主义的基础，两者缺一不可。二者以教育活动为纽带，相互影响，最终实现教育的目的。

人的主体性是教育主客体双向互动的前提。爱国主义教育的对象是现实的人，即“感性的活动”的人。而感性的活动，不是指人的感官的享受或是感官的经验的活动，现实中的人要求从感性的方面理解世界、理解对象，把人的活动理解为对象性的活动，在活动中展现改造主观世界和客观世界的人的主体性。关于这一点，马克思在对费尔巴哈的批判中进行了说明。所谓人的主体性，就是“人在认识世界和改造外部世界和人本身并创造自己历史的活动中所表现出来的能动性、创造性和自主性”①。这种主动性是爱国主义教育主客体实现双向互动的前提。人的能动性决定了爱国主义教育不可能单方面进行。能动性是人与其他物质客体的根本区别。毛泽东曾指出，思想是一种主观的事物，行为是一种主观见之于客观的东西，这都是人的一种特殊能动性。这种能动性叫作“自觉的能动性”，这就是人和其他事物的区别。② 能动性是指人的所有活动都是有目的性的，使人

① 张耀灿. 现代思想政治教育学［M］. 北京：人民出版社，2006：198.

② 中共中央文献编辑委员会. 毛泽东著作选读（上册）［M］. 北京：人民出版社，1986：228—229.

根据自己的目标与需求，进行自主的思考与选择。马克思认为："蜜蜂建造蜂巢的能力，足以让地球上的很多建筑师自愧不如。不过，一个最拙劣的建筑师，一开头就胜过一只最聪明的蜜蜂，因为他在用蜂蜡造出一个蜂巢之前，就先在脑子里造出了这个蜂巢。"① 人的能动性，决定了他们能够借助感觉、知觉、表象等认知形式进行感性认识，并能应用概念、判断、推理等逻辑形式进行理性思维，对教育主体所传授的教育信息进行选择、接受，对自己的思想活动进行认识，从而形成自己的思想观点。这些思想观点可能与教育主体传递的教育要求相一致而促进教育目标的实现，也可能不一致甚至相反而阻碍爱国主义教育目标的实现。因此，在进行爱国主义教育的时候，如果不重视对教育对象关于爱国主义原有的观点和思想实际的尊重，也就是忽视了人的主观能动性的发挥，就会犯错误。这已是为实践所证实了的客观真理。

同时，在人的能动性基础上所表现出来的自主性和创造性，也使爱国主义教育主客体必须双向互动。人的自主性，是指人们在接受教育主体施加的爱国主义教育影响时，不是全盘吸收教育的所有内容，而是表现为"自主认知、自主选择、自主思维、自主控制以及自主完善"②。这种自主性，使教育主体不能单方面地强制灌输或迫使人们接受爱国主义思想的教育。人的创造性是其能动性最突出的表现，是人对现实的超越，它表现为在认识自身和外部世界的基础上具有创造性的精神产品。这种创造性不仅迫使教育主体必须进行爱国主义教育方法创新，同时还必须不断实现自身知识更新。通过以上的分析，人的能动性基础上所表现出来的自主性和创造性，决定了爱国主义教育是一个双向互动过程。

教育主客体双向互动的矛盾运动。教育主客体之间的双向互动，实际上也是爱国主义教育活动过程中基本的矛盾运动。爱国主义教育活动从其过程本质上说，是一个矛盾的产生和解决的过程。而构成这个过程中的矛盾运动的最基本的要素就是教育主体、教育对象和教育要求。在这三要素

① 马克思，恩格斯．马克思恩格斯全集（第23卷）[M]．北京：人民出版社，1972：202.
② 张耀灿．现代思想政治教育学 [M]．北京：人民出版社，2006：198.

之间，构成了两对矛盾运动或双向互动：一是教育主体、教育对象与教育要求之间的双向互动；二是教育主体与教育对象之间的双向互动。

教育主体和教育对象与教育要求之间的双向互动是由教育主体和教育对象认识事物的一般规律决定的。爱国主义教育的要求是一定社会的统治阶级根据社会的发展需要和政治统治需要，提出的需要其社会成员服从和遵守的爱国主义的政治原则和道德要求。爱国主义教育要求一旦提出，就需要通过教育主体的教育活动向全社会传播。在爱国主义教育过程的构成中，教育主体和教育对象是现实的人，具有现实的人所特有的主体性和认识世界、改造世界的能力。然而，人认识世界和改造世界的能力是受其认识事物的一般规律制约的。从认识论的角度来看，人的认识呈现这样一种规律性的特点，即由浅入深、由表及里、由感性到理性、由抽象到具体，并且是反复重复，螺旋上升。在爱国主义教育过程中，教育主体、教育对象对教育要求理解和认识，也必然遵循这一认识规律。就教育主体来说，要把一定社会的爱国主义教育要求传递给教育对象，首先自己必须全面把握爱国主义教育要求。教育主体对教育要求的全面把握，是一个认识不断深化的双向互动的矛盾运动过程。随着教育主体对教育要求的初步认识和把握，新的教育要求又会需要教育主体重新认识、选择和接受；随着认识的一个阶段的完成，另一个新的阶段又会出现。就这样周而复始，连续不断，在相互影响和作用中达成教育主体对教育要求的全面掌握，并内化为他们的基本素质。教育对象与教育要求之间的双向互动过程也是如此。

爱国主义教育的教育主体与教育对象之间的双向互动是由二者的主体性共同决定的。爱国主义教育是教育主体将教育要求作用于教育对象，以期教育对象向爱国主义教育目标达成的活动。在这一活动中，教育主体是教育的主导，具有主体性。一方面它必须能动地认识和把握教育要求，另一方面还要能动地认识和了解教育对象，并针对不同的教育对象实施不同的教育。同时，在这一教育活动中，教育对象处于从属地位，也具有主体性。一方面他们根据自己的需要认识、选择和接受教育要求，另一方面也在能动地认识、接受和适应教育主体。这样，教育主体和教育对象的相互认识、选择和适应的过程，也就是一个互动发展的过程。

二、社会影响和学校教育双向互动机制

爱国主义教育的社会影响和学校教育的双向互动，是指社会影响和学校教育这两种重要的教育途径和方式，在促使人们的爱国主义品德形成过程中的矛盾运动相互影响和相互制约。研究社会影响和学校教育的双向互动机制，也是我们有效进行爱国主义教育不可或缺的前提条件之一。

学校教育和社会影响在爱国主义品德形成过程中的互动及表现。爱国主义教育是为了培养人们的爱国主义思想，并使之成为人内在的品德。爱国主义品德的形成不是天生的，而是在后天接受教育培养的基础上形成的。教育的途径有很多种，其中最主要的就是学校教育和社会影响。《爱国主义教育实施纲要》指出，“学校是针对青少年进行爱国主义教育的重要场所”，同时又指出，“机关、企事业、乡村等基层单位直接负有培养社会主义‘四有’新人的责任，要特别重视和加强对青年干部、职工、农民的爱国主义教育”，“城镇的街道居民委员会，农村的村民委员会，各级工会、共青团、妇联等人民团体……把热爱祖国作为开展五好家庭、文明市（村）民教育的重要内容。”这充分表明了学校教育和社会影响都是爱国主义品德形成的主要方式和途径，但又有不同的适用范围和作用。

学校教育对于一个社会来说，它的教育对象主要是针对青少年学生；而对于一个人的生命过程而言，学校教育主要集中在青少年时期。对于一个民族国家来说，青少年是希望和未来，肩负着建设祖国和民族复兴的历史重任；而对于一个人来说，青少年时期就像早晨的太阳，是学习和接受教育的最佳时期，也是人生观、价值观形成的重要阶段。所以，无论是对社会，还是对个体，学校都是进行爱国主义教育的主要场所，学校教育也是进行爱国主义道德培养的主要方式。然而，在我国，由于社会快速变革和迅猛发展，仅在学校开展爱国主义教育已不能满足需要。就学校本身而言，随着改革开放也在日益与社会发生互动，随着象牙塔的推倒，过去那

种“两耳不闻窗外事，一心只读圣贤书”的情形已成为不可能。青少年学生除了接受学校的教育外，正日益受着社会的影响。就个人来说，除了接受学校教育的阶段外，人生的大部分时间都是在社会上经历着，在社会中实现自身的价值并受社会的影响和制约。因而，学校教育和社会影响的双向互动随着社会的变革和时代的发展正表现得越来越突出。

学校教育和社会影响的双向互动，主要表现在两个方面。一是学校教育促进爱国主义教育的社会环境的好转；二是社会影响对学校爱国主义教育成果或促进或消解。学校教育主要是通过课堂教学直接进行爱国主义知识教育、情感教育及行为教育，并通过校园文化、学校日常服务、管理等营造良好的爱国主义教育氛围。在这种集中的、系统的教育中，不仅学生很容易接受爱国主义的思想，而且也会由点及面，对社会的爱国主义教育带来深刻影响。同时，社会是一个大熔炉，不同的文化价值观念、社会思潮和利益选择，通过人们的具体行为和生活方式表现出来，给人带来更具体、更直接地触动和感受。这些可能会巩固学校爱国主义教育的效果，也可能会消解学校爱国主义教育的效果。不论是巩固还是消解，社会环境的变化都会促使爱国主义教育不断地调整和改进教育目标、内容和方法，以适应新的社会现实需要。所以，学校教育和社会影响就是在这样一种矛盾的互动中，共同完成爱国主义教育的目的，促进人们的爱国主义品德的形成。

学校教育和社会影响的双向互动是人们爱国主义品德形成中客观存在的规律。如果我们忽视了这一规律，同样会使爱国主义教育的效果大打折扣，这一方面我们也是有深刻的经验教训的。过去我们忽视爱国主义教育的社会环境的营造，结果导致学生“在学校进一步，回到家里退两步，到社会上退三步”的情形。可见，把握爱国主义教育的学校教育和社会影响的双向互动规律是多么的重要。然而，要把握学校教育和社会影响双向互动的规律，就需要我们树立大教育观念，把爱国主义教育放在一个大的环境中进行。即在学校教育为主的前提下，注重社会力量的协调一致，组成社会教育网络结构，使爱国主义教育跳出平面教育的框架，在时间不断推移、空间不断拓宽的多种世界中，以立体的形式进行。同时，还要积极观察、分析和预测社会环境的变化特点和趋势，增强学校爱国主义教育的社会环境适应性和对社会环境改造的创造性。

三、爱国主义教育整合协调机制

恩格斯曾说过，“任何事情的发生都不是没有自觉的意图，没有预期的目的的”①，“动物仅仅利用外部自然界，简单地通过自身存在在自然界中引起变化；而人则通过他所作出的改变来使自然界为自己的目的服务”②。爱国主义教育作为人类一项特殊的实践活动，有非常明确的目的性，可以说，它所开展的所有一切活动都是为了实现一定阶段的发展目标。对目标的实现程度进行定性的评价，就是我们通常所说的教育效果。由于爱国主义教育涉及面广，情况复杂，所以爱国主义教育效果的取得绝不是单纯一个因素就能决定的，而应该是整合多因素作用的结果。在爱国主义教育过程中，对所有影响爱国主义教育的因素进行协调与控制，使之同向发挥作用，促进教育目标的实现，就是所谓的爱国主义教育的效果整合。实践中影响爱国主义教育的因素很多，我们主要是从宏观和微观两个方面对其进行分析。

从宏观的方面来讲，对爱国主义教育过程产生重大影响的因素有三个：一是爱国主义教育主体施加的各种爱国主义教育影响，包括教师、家长、其他社会群体的教育者和一些社会组织等施加的影响。在正常的情况下，这些影响是一致的，有相互补充、相互强化的作用。但是由于不同的教育主体的思想水平和认识能力的差异，他们所施加的影响也可能出现差异，甚至冲突和对立。这就需要我们对不同的教育主体的影响进行自觉的协调和整合，使之同向发挥作用，共同指向爱国主义教育的目标。二是社会环境的自发影响，爱国主义教育过程不是封闭的、孤立的，而是处于纷

---

① 马克思，恩格斯．马克思恩格斯选集（第4卷）［M］．北京：人民出版社，1995：247.

② 马克思，恩格斯．马克思恩格斯选集（第4卷）［M］．北京：人民出版社，1995：383.

繁复杂的社会环境中。社会的政治、经济、文化环境都对爱国主义教育起着正面的或负面的影响，特别是其负面的影响往往会对教育主体所施加的自觉教育产生消解的作用。所以，在爱国主义教育过程中，必须抑制和消除其负面的影响，利用和强化其正面的影响，使之与教育主体施加的教育影响一致，为爱国主义教育营造良好的社会氛围，促进爱国主义教育目标的实现。三是规范与管理的强制约束。爱国主义作为一种政治原则和道德要求，常常被写进一些规范和管理制度中。如宪法规定了国旗、国徽、国歌、服兵役等爱国主义要求，《学生守则》也把“爱祖国、爱人民、爱社会主义”作为道德要求进行了规范。这些以具体的规范和制度确定下来的内容，使人们明确地知道不能违背这些爱国主义的原则和要求，从而约束自己的行为。但是在具体的实践中，由于教育者和管理者素质不高，不能做到以身作则，或者传授的内容与规范制度确定的内容不符或矛盾，也会产生消解爱国主义教育效果的作用。所以，我们还必须重视发挥规范制度的育人功能，使之与教育和谐一致，真正做到教育育人、管理育人。

爱国主义教育过程从微观的层面来说，又可以分为许多不同的教育过程和教育方式，这些教育过程和教育方式以不同的形式实现着不同的爱国主义教育阶段性目标。在一般情况下，这些阶段性目标具有相同的指向性，各教育过程和教育方式也会相互补充、相互促进。但是，由于教育过程和教育方式的相对独立性以及教育主体的差异性，也会出现不一致的状况，因而也需要我们进行协调和控制，整合各种教育力量，促进爱国主义教育目标的最终实现。

（一）整合认知教育与情感教育的力量，形成有效合力

爱国主义教育不是单纯的认知教育，其最终的落脚点是情感的培育。在过去的爱国主义教育中，我们不是偏重于认知教育，忽视人的情感培育，就是把认知教育与情感教育截然对立起来，从而使爱国主义教育的效果不佳。事实上，在爱国主义教育过程中，认知的目标并不只是为了了解爱国主义的含义，更重要的是要把爱国主义的认识融入受教育对象的情感

系统和个性中去，只有变成受教育者自己的价值、态度、信念的爱国主义知识，才能实现自己情感的安定，从而变成受教育者的爱国主义知识。因此，在此意义上，爱国主义教育的基本目的就是对学生进行情感教育。但是，情感教育是建立在认知教育的基础上的，认知不但给情感教育以理性的、道德的意义，还能对各种情感进行科学的调整，将情感“知识化”，进而确保情感能够达到自身的目标。但是，认知教育与情感教育之间也会存在诸多的矛盾和冲突。如当认知教育认为要延迟反应时，就会遭到人们想做及时反应的情感的抵制；当认知教育要顾及全局利益时，人们的个别区域的情感冲动就会带来矛盾，这就需要我们对二者进行调节和控制，使之达成一致，协调发展。

（二）整合自我修养和教育的力量，形成有效合力

在爱国主义教育过程中，教育者进行带有目的性和计划性的自觉性教育，以及受教育者的自我教育，是实现爱国主义教育的两大要素。在理论上，爱国主义教育的进程是这样的：教育者将一定的社会的爱国主义需求传达给受教育者，受教育者按照自己的需求对教育需求进行判断和选择，并将其内在化到自己的信念和价值体系中，最终将其付诸实践。教育者实施教育过程属于一个外部灌输的过程，它是在教育者的引导下进行的。但是，受教育者的内化和接受的过程，则是由受教育者的主观能动性和内心需求所决定的，因此，它对于实现爱国主义教育的目的有着更加重要的作用。实践也表明，脱离了受教育者内在的接受，爱国主义教育就成了一种空洞的道德教育。爱国主义教育的需求内化接受的程度，是受教育者自身修养的体现。然而，受教育者的自我修养，会被整个社会的环境以及自己的文化素质、心理发展水平、价值观念等多个方面的因素所影响，他们的自我修养表现出自发性，甚至是盲目性，就会对教育者所进行的教育影响产生抵触和冲突，进而对爱国主义教育的成效造成不利的影响。这就要求对它们加以协调与调控，让其能够相辅相成、相互补充、相互融合，共同发挥它们的作用，更好地实现爱国主义教育目的。

爱国主义教育目标的实现程度是多种教育和影响共同决定的，这是一个不争的事实，这也同时要求我们必须了解和把握爱国主义教育效果整合性规律。要了解和把握爱国主义教育效果整合性规律，最重要的是要我们从全局出发，树立整体教育观念。这种整体教育观念表现在爱国主义教育中，从宏观上要求我们树立全员育人的意识，把爱国主义教育作为一项社会工程来抓，要求我们突出学校教育的作用的同时，充分发挥社会教育、家庭教育和自我教育的作用，形成有序的教育网络，形成教育合力；从微观层面上，要求我们整体把握爱国主义教育的全过程，充分协调好各阶段教育和教育形式在爱国主义教育目标实践中的作用，使之形成合力，共同指向爱国主义教育的目标实现。

四、多重需要行为引导机制

人作为能动的、自觉的动物，具有对意识、精神的绝对需要。不论是马克思主义经典作家还是西方的行为科学家都承认这一点。人的精神需要也具有多样性，从种类上分，“既有理论的需要，又有情感的需要，还有意志的需要”①。人的理论需要是人对理论思维及其成果的需要，是人的最深层、最本质的精神需要；人的情感需要是人们正常形成、发展和表达情感的需要；而意志需要则是使自己在实现既定目标的过程中具有坚定持久的精神的需要。这些精神需要都是伴随着人们的需要不断满足和层次的不断提高而逐步发展的。

接受爱国主义教育，既是人的情感需要，又是人的理论需要，也是人的意志需要。由于爱国是一种情感，一种对养育他们的国家的强烈情感。因为有了爱，人们就有了把每件事都做好的动机和欲望。正像邓小平能够带领全党和全国人民大胆变革、奋发有为一样，把我们的国家推向了一个新的高度，一个最重要的原因就是，他是中国人民的儿子，他深情地爱着

① 骆郁廷．精神动力论［M］．武汉：武汉大学出版社，2003：90.

自己的祖国和人民。也正是因为有爱国的需要，人们才会想去了解自己祖国的一切，包括祖国的自然资源、文化历史、基本国情、政治制度、经济发展、国际地位，等等。而关于祖国的一切知识，都必须以理论认知教育的方式传递给人们，即通过爱国主义教育来完成。因为爱国主义作为一种理性行为，本身也需要理论指导。列宁就曾指出，“没有革命的理论，就不会有革命的运动”①。但是，爱国主义的理论，是不可能自发地形成和掌握的，也需要通过爱国主义教育从外部灌输到人们的头脑中去，也就是列宁曾指出的“工人本来也不可能有社会民主主义意识。这种意识只能从外面灌输进去”②。

爱国主义的“爱”是一种意志的行为，只有长期的、一贯的爱国主义行为才是真正的爱国主义行为。马克思认为在工作中，除这些机械上的疲劳以外，还要求在工作中有一种自觉的意愿，以一种意志力的形式出现。工作的内容和方式对工人的吸引力越小，工人对它的兴趣也就越小，它对工人自己的身心和精神的乐趣就越小，这时便需要这种意志力。③ 爱国主义行为需要坚定的意志和信念的支撑，当爱国主义还没有内化为人的信念或价值理念时，更要加强对他们的爱国主义精神培养。

在一定程度上，民众对爱国主义教育的需求能够促使民众对爱国主义教育行为的认同。但是，二者之间并不存在一种必然的联系，因为有需要不一定有行为，而且，如果是仅限于思想的需要，行为也不一定产生于自身的需要，如被迫作出的行为。所以，在人们接受爱国主义教育的需要和行为之间存在着矛盾和冲突的一面，需要我们进行正确的引导，产生有益的行为。

人们接受爱国主义教育的需要，首先必须从人们的利益中去考察。因为“人们所奋斗争取的一切，都同他们的利益有关”④。事实上，人们对爱

① 列宁．列宁选集（第1卷）[M]．北京：人民出版社，1995：311.
② 列宁．列宁选集（第1卷）[M]．北京：人民出版社，1995：317.
③ 马克思，恩格斯．马克思恩格斯全集（第23卷）[M]．北京：人民出版社，1972：202.
④ 马克思，恩格斯．马克思恩格斯全集（第1卷）[M]．北京：人民出版社，1956：82.

国主义需要，首先也是基于个人与祖国的一种利益关系。祖国生养了自己，给了自己特定的种族遗传、生活基础、社会关系、价值观念、文化修养，使自己与国家的命运和利益紧紧连在一起。一方面只有祖国繁荣昌盛，个人才可能得到充分发展和生活幸福；另一方面，为了国家的利益，和国家的繁荣，也要靠每个人的奋斗和创造。然而在某些时候，由于人们的各种需求，既有合理的部分，又有不合理的部分，因此，在个体与国家的利益关系上，也可能产生某些矛盾与冲突。在这种情况下，为了保护自己的利益，有的人会选择牺牲国家利益、牺牲他人利益，而这正是爱国主义所强烈抗拒的。从一般的角度来说，要使人民群众的需求得到充分的解决，就要使人民群众的积极性得到充分发挥。因此，为了激发人们的参与热情，爱国主义教育不仅要尽可能地解决人们的合理需求，还要对他们的不合理需求进行适当的疏导，调动他们的积极因素，从而使他们的观念和行动发生变化。

五、建立爱国主义教育宣传机制

进行爱国主义教育必不可少的方式就是宣传。在进行爱国主义教育的过程中，可以借助各类媒体、报纸杂志等多种方式开展这方面的宣传，将其重点放在爱国主义的话题上，并在方式上进行一些有生机的、接地气的、有情感的、有深度的、有温度的创新。

将爱国主义的主题与整个媒体的整合发展相结合，利用网络、线下的互动宣传，来提高爱国主义的教育效果。讲述爱国主义的历史，弘扬主流社会价值，高唱爱国主义旋律。如今，这个世界已经步入了互联网时代，随着互联网的迅速发展，互联网用户的人数也得到了极大的提高，因此可以将爱国主义教育的内容，融入这些平台的宣传中，并不仅仅限于老师们在课堂中使用 ppt 进行教学、播放相关视频，还可以让学生们通过一些先进的方法来寻找到相关的信息，进而对学生产生一种潜在的引导和影响。但也不能忽略这样一个事实，即互联网具有虚拟性、开放性和匿名性，这就造成了某些不良信息在各个互联网上横行，有些居心叵测的人还利用互联网的舆论导向，对人们的思想进行了误导，挑起了人们的情绪，对整个社会的持续平稳发展造成了严重的危害。为此，要重视网络安全，加强对网络的监管。在舆论事件中，借助主流思想引导民众，使民众能够理性地表达自己的要求，并与错误的思想进行抗争，这也是爱国主义教育的一个主要方面。要用好“学习强国”这一学习平台的爱国教育宣传功能，引导广大人民群众进行“自律性”的学习，同时要对那些有损于国家荣誉和否定中华优秀文化的不良言论进行坚决的反击，凝聚网络社会的正面力量。

要充分利用好先进的示范带动效应，采取各种群众喜爱的文化方式开展广泛的宣传。要使受教育对象将对楷模的崇敬与情感化为干事创业、忠于国家的行为。在进行全民爱国主义教育的过程中，模范的力量是无限的，要以已经有的每个时代的爱国志士宣传为依据，深入发掘受教育者的生活中的事例，利用主题报告、情景剧、文艺汇演等方法，来让受教育者从自己的生活中去向榜样学习，逐步地去影响他们，从而让他们的爱国情感得到充分的培育，充分地发挥出爱国主义教育的效果。

优秀文艺作品的创造、制作。以爱国为题材常写常新。在新的时期，主题影片以更广泛的题材、更多元化的叙述、更丰富的人物和影像表达，传达中国精神。爱国题材的文学作品、影视创作、词曲创作等都能反映出实际情况，具有为时代画像、为时代立传、为时代明德的显著特点，要进行深度发掘和创新，唱响爱国主义正气歌曲。

六、完善爱国主义教育保障机制

建立健全法规体系和法制保证体系。规章制度和法律保障是确保一切工作顺利进行的关键，一些学者认为，制度是一种价值的载体，可以传递思想。进行爱国主义教育，对构建完善的高校章程也有了明显的要求。应将爱国观念纳入团体守则、团体章程中，以充分发挥其引导、约束、规范的功能。从整体上来讲，一个价值要素能够起到影响的一个关键条件就是制度，而规章制度也是爱国主义教育不可或缺的一部分，要在整个社会中，对与爱国主义有关的法律和法规进行全面的学习，比如宪法、文物保护法等，将法制的文化和爱国主义教育融合在一起，实现全民守法的进程就是爱国主义的进程。针对不尊重国歌、国旗和国徽的国家象征和标志，对爱国主义教育场所设施进行破坏，美化侵略战争和侵略行为的个人和团体，要运用法律的武器对违法行为，依法严厉惩罚，做到法律面前没有特权，每个人都一样，人人平等。

建立健全制度保证体系。各级机关单位要担负起政治责任和领导职责，要将爱国精神的培养列入意识形态工作责任制，并列入重大议程，形成党委统一领导、党政齐抓共管、宣传部门统筹协调、相关部门分工负责的工作机制。在高校的教育活动中，要主动地调整学校各个方面的联系，通过各种形式的组织结构，对高校的教育资源进行整合，运用“全员育人、全方位育人、全过程育人”的组织格局，实现教学、科研、管理齐抓共管，对爱国主义教育进行科学的规划，保证日常教育的顺利开展。

建立物质条件的保证体系。想要发展，就要有最基本的物质保证。没有足够的物质，任何远大的目标都是徒劳的。进行爱国精神的培养也是一样，要有资金和物质上的支援。各级领导对爱国教育的关注程度，将直接影响到爱国主义教育能否得到充分的资金和物质上的支撑。为保证爱国主义教育能够成功地进行，并能够获得有效的成果，相关的职能部门要主动地对经费和物质进行统筹，切实地为公民提供必需的教育设施和教学场地。

第二节　新时代爱国主义教育的基本原则

在进行爱国主义的培养时，应当遵守的一些基本准则，这是爱国主义教育规律的必然。爱国主义教育的原则是主体在实施爱国主义教育的过程中应该坚持的基本法则，是爱国主义教育内在本质和规律的体现。能否坚持爱国主义教育原则，不但直接影响到爱国主义教育的发展方向，还直接影响到其教育影响力和作用力的发挥。因此，当代中国爱国主义教育要增强有效性，就必须坚持爱国主义教育的原则，这是一个关键性条件。新时代爱国主义教育的原则比较丰富，不同的研究者从不同的角度进行了归纳梳理。新时代爱国主义教育的原则包括科学性原则、建设性原则、开放性原则和时代性原则、现实适应性原则、层次性原则等六个方面。

一、科学性原则

科学性原则是新时代爱国主义教育的首要原则和根本原则，决定和影响着其他原则。这个原则是科学的理念、科学的指导思想、科学的目标、科学的内容、科学的载体形式、科学的方法手段、科学的过程等要素的有机统一体。具体说来，在科学的理念上，要坚持目的性与价值性的有机统一。爱国主义教育具有意识形态属性，这是毋庸置疑的。同时，爱国主义教育也具有人本价值的属性。因此，在新的历史时期，爱国主义教育要在目的性与价值性之间达到一种平衡，实现有机的统一，而不能突出一方面而弱化甚至忽视另一方面。新时代爱国主义教育要坚持社会主义核心价值观。在社会主义核心价值观上要求新时代的爱国主义要始终遵循中国特色社会主义的理论和党的基本路线，新时代的爱国主义教育要对推进社会主义的现代化建设，推进我国的改革和开放，对促进各民族大团结有利，对推进祖国统一事业有益。①

在科学的目标上，要根据不同教育对象的思维水平、接受能力和兴趣爱好而制定由低到高、由浅入深的预期标准。这个标准应该是情感目标、知识目标与能力目标的统一。在科学的内容上，要从历史与现实、自然与社会、精神与物质、理论与实践、成就与不足、经验与教训等方面甄别素材，确定内容。基于此，新时代爱国主义教育的内容既包括中华民族悠久

① 中共中央文献研究室．社会主义精神文明建设文献选编［M］．北京：中央文献出版社，1996：514—515.

历史教育，也包括伟大祖国的基本国情和形势政策教育；既包括中华民族优秀传统文化教育，也包括社会主义先进文化教育，更包括对腐朽文化、落后文化的批判教育；既包括社会主义民主法治教育，也包括道德情感教育，还包括国家安全和国防教育；既包括民族团结教育，也包括国家统一教育；既包括新中国成立以来特别是改革开放以来所取得的巨大成就和积累的基本经验的宣传教育，也包括党和国家所经历的挫折教育；既包括热爱中国共产党的宣传教育，也包括热爱社会主义的教育；既包括热爱人民群众的教育，也包括开展社会主义核心价值观的教育，等等。在科学的载体形式上，要适应社会生活的实际和受教育者的接受特点，多采用人们喜闻乐见、便于接受的教育载体形式，如鲜活生动的先进典型、意蕴丰厚的理论和社会课堂、丰富多彩的群众性活动、多姿多彩的爱国主义教育基地、内涵丰富的红色旅游等等。这些载体形式的选择使用，要充分考虑地区、受众以及载体形式本身的特质，使这些因素能够有机结合起来，避免形式化和空洞化，实现有效真实的教育意义。在科学的方法手段上，要根据社会条件、教育内容、主体素养、对象认知水平等制约因素选择富有可操作性和针对性的方法手段，如理论灌输法、实践锻炼法、榜样示范法、自我教育法等等。这些方法的选择使用，是爱国主义教育过程中一个重要的环节，直接与教育效果相联系。在科学的过程上，教育者在尊重教育规律的前提下，根据一定目的，借助一定的方式手段对受教育者进行教育影响。这种教育影响是一种主体与客体彼此共同参与、相互作用、双向互动的过程。这个过程是一种动态的持续性的过程，是爱国主义教育主体、客体、内容与方法等要素构成的有机整体，也是一个由“确定目标一制订计划一实施计划一总结评估一反馈调节”等环节构成的若干阶段的统一体。相对来说，爱国主义教育的过程是一个比较复杂的系统过程，具有诸如明确的目的性、主题的鲜明性、广泛的社会性、突出的实践性、内容的丰富性、强烈的正面性和明显的长期性等特点。可以说，新时代爱国主义教育过程是否科学，是决定整个教育效果的根本性问题。

二、建设性原则

建设性原则是新时代爱国主义教育的一个关键原则。这一原则是“爱国主义教育必须坚持重在建设的方针”① 的具体展现。在新的历史时期，坚持爱国主义教育建设性原则，是由其地位和作用决定的。一方面，爱国主义教育作为社会主义精神文明建设的基础性工程和我国思想政治教育的重要内容，是我国社会所高扬的“三大主旋律”之一，是一项长期的战略任务。另一方面，爱国主义教育的对象是全体人民，它对引导人们树立科学的世界观、价值观、人生观和坚定的理想信念，提升国民文明素养，继承和弘扬中华民族爱国主义传统，维护国家安全、荣誉和利益，增强民族凝聚力和向心力，推动社会历史前进等方面都具有十分重要的意义。因此，坚持爱国主义教育的建设性原则必须要把爱国主义教育“融入国民教育、精神文明建设和党的建设全过程，贯穿改革开放和社会主义现代化建设各领域。”② 爱国主义教育的建设，要以中国特色社会主义理论体系和党的基本路线为指导，以经典作家关于爱国主义的一系列重要论述为具体理论依据，依据加强领导、科学谋划、精心组织、系统推进、打造精品的要求，从爱国主义教育理论建设、爱国主义教育队伍建设、爱国主义教育教材建设、爱国主义教育基地建设和相关制度保障建设等五大方面坚定不移、长期不懈地抓下去。具体来说，加强爱国主义教育的理论建设，即全面、深入、持久地开展爱国主义教育的理论研究和实验，建立科学合理、行之有效的理论体系，这包括内涵特征、本质功能、指导思想、基本要素、原则方针、过程规律、内容体系、目的任务、作用意义、历史梳理、中外比较、载体手段、方法途径等各个方面。加强爱国主义教育的教材建

① 中共中央文献研究室．社会主义精神文明建设文献选编［M］．北京：中央文献出版社，1996：515．

② 中共中央关于深化文化体制改革推动社会主义文化大发展大繁荣若干重大问题的决定［N］．光明日报，2011-10-26．

设，即充分利用数量丰厚、题材各异的素材编写出内容丰富、资料翔实、形式多样、语言活泼的各种教材以满足不同年龄层次、文化层次受众的需要。因此，这就要求我们以高度的责任感打造一些观点正确、理论性强、内容深刻的专业教材和理论读本，出版一些内容浅显、文字生动、图文并茂的通俗读物，编写一些反映不同地域、不同单位特色的乡土教材，发行一些群众喜闻乐见、乐于接受、质量上佳的音像教材。加强爱国主义教育的制度建设，即建立健全持续有效推进爱国主义教育的各种规范性章程。这既包括加强完善各级党委和人民政府对爱国主义教育的领导制度，也包括建立健全爱国主义教育的宣传落实制度；既包括建立完善爱国主义教育的投入机制，也包括建立健全爱国主义教育的人才培养制度。此外，还包括建立完善爱国主义教育的评价反馈机制。加强爱国主义教育的基地建设，即不断提高爱国主义教育基地的建设、使用和管理的科学化水平，以更好地服务于人民、服务于国家和社会。当前，我国拥有数量众多的博物馆、纪念馆、科技馆、革命遗址、烈士陵园、名胜古迹、风景胜地以及两个文明建设成果的重大建设工程等爱国主义教育基地。这些爱国主义教育基地工作的加强和改进，对传播优秀文化、弘扬社会正气、抵制腐朽落后思想文化的侵蚀，增强民族自尊心、自信心和自豪感，提高全民族的文明素质，促进人的全面发展，弘扬民族精神，增强国家和民族认同感等，具有相当重要的意义。因此，加强和改进爱国主义教育基地工作，需要优化内部管理，强化服务意识，充分发挥爱国主义教育基地的社会效益；需要坚持思想教育和实践活动相结合，把馆内固定陈列和馆外流动展出相结合，多组织符合实际、特色鲜明、丰富多彩的主题教育活动，让更多的人受教育；需要综合运用现代技术改进陈列方式、创新展示手段，充分利用互联网的传播优势，提高基地的影响力；需要充分发挥基地自身的资源优势，通过各种手段、途径生产出更多富有教育意义的诸如文艺节目、公益广告、文字图书、影视作品等优秀的文化产品和文化服务，增强基地的覆盖面；需要加强基地精神文化内涵的挖掘，达到见人、见物、见景、见思想和见精神的有机统一，更好地弘扬和培育爱国主义精神，更好地激励今人、教育后人，鼓舞后代。加强爱国主义教育的队伍建设，即建设一支素质较高、能力出众、结构优化、数量合适、专兼结合、相对稳定的爱国主义教育队伍。这里的队伍应该包括领导者和从事者两个方面。队伍建设在爱国主义教育建设中起着举足轻重的作用，其自身素质状况直接关系到爱国主义教育作用能否发挥以及发挥的程度如何。因此，加强爱国主义教育的队伍建设，需要领导者提高认识，加强修养，以身作则，率先垂范；需要一般的工作者增强责任心和使命感，提升自我的综合素养，完善工作方法技巧，增强工作的针对性、有效性。

三、开放性原则

开放性原则是新时代爱国主义教育的一个重要原则。爱国主义教育本身是一个开放的系统，而不是封闭的，它时刻与外界发生着紧密的联系。但这种开放不是无条件的开放，受特定因素的制约。从国家层面来看，我们提倡爱国主义的开放性是在维护国家主权、国家安全、国家荣誉、国家利益的前提下的开放性。这种意义上的爱国主义与对外开放是辩证统一的。爱国主义要求对外开放，借鉴一切人类优秀文明成果，爱国离不开对外开放，只有对外开放，才能学习世界上其他国家的先进技术和管理经验，为我所用。因此对外开放是服从服务于爱国。在当今这样一个国与国之间联系更加紧密的时代，中国的发展和进步离不开世界。因此，在社会主义现代化建设的征程中，我们不仅需要汲取中华民族传统中的智慧、经验和教训，而且也需要学习、借鉴和吸收世界各国先进的文明成果。但这种学习要立足于中国的实际，既要坚持独立自主、自力更生的原则，又要反对狭隘的民族主义。只有这样，中国才能真正与世界各国一道为世界的和平与发展做出更大更有建设性的贡献。因此，我们在坚持爱国主义与对外开放统一的过程中，必须坚决反对狭隘的民族主义，反对民族虚无主义，树立并坚持科学的价值观，增强民族自尊心、自信心和自豪感，以最大的热情和最高的责任为祖国发展、人民幸福贡献力量。从学科层面来看，爱国主义教育是一门学科，可以称之为“爱国主义教育学”。这方面已出现一些独立的成果，如陕西人民出版社于2002年出版的由庞士让教授等著的《爱国主义教育学》。爱国主义教育是一个相对独立的学科系统，它包括爱国主义教育基本理论、爱国主义教育发展史以及由爱国主义教育比较论、爱国主义教育方法论、爱国主义教育管理论和爱国主义心理学等组成的爱国主义教育学分支学科等几个相对独立的小系统。无论是大系统，还是小系统，本身都是相对开放的系统，需要随着时代的变化、社会的发展、理论的进展而不断丰富完善。在这个意义上讲，爱国主义教育的开放性就意味着要拓展爱国主义教育的时空领域，借鉴教育学、心理学、政治学、伦理学、历史学、法学、社会学等学科知识，在不断变化发展的实践中完善自身的理论系统。

四、时代性原则

时代性原则是新时代爱国主义教育的一个标志性原则。它要求在爱国主义教育过程中必须体现时代特征。每一个社会阶段和社会历史时期，爱国主义都有着自己独特的历史规定性，这些规定性构成了特定历史时期爱国主义的基本特征，这也是和其他历史时期爱国主义相区别的主要标志。就中国来说，人们所说的爱国主义，是一种反映了人民对自己祖国深切情感的高尚精神，它与推动历史发展紧密相连，与保护国家独立和最广大人民的根本利益紧密相连。在新的历史时期，爱国主义的实质是将自己的一切奉献给建设、维护社会主义现代化事业，奉献给实现国家的统一事业。[①]党的十一届三中全会以来，党和国家的工作重心从先前的“以阶级斗争为纲”转为“以经济建设为中心”，实行了伟大的改革开放政策。自此，建设中国特色社会主义成为新时期爱国主义理论和实践的鲜明主题。当代中国爱国主义教育具有新的时代性特质。这主要表现在以下几个方面。

---

① 江泽民．江泽民文选（第1卷）［M］．北京：人民出版社，1996：121.

第一，爱国主义与爱社会主义的统一。在当代中国，爱国主义和社会主义在本质上是统一的。社会主义为爱国主义赋予了更高的理想目标和鲜明的时代内容，爱国主义为社会主义提供了强大的精神动力和广泛的阶级基础。实践证明："走社会主义道路，是中国人民唯一正确的选择。没有社会主义，就没有中华民族的独立和国家主权，就没有中国各民族的平等和中国人民当家作主的民主权利，就没有中国今天的成就和光明的前景。"① 社会主义在我国的确立、巩固、发展和壮大，是历史的选择，是人民的选择，是中国近代社会历史发展规律的客观体现。实践证明，改革开放以来，我国的综合国力大幅度提高，人民的生活水平显著提升，民主法治建设不断完善，文化建设大力推进，社会建设全面展开，这些充分反映爱国主义的时代特征——建设中国特色社会主义。因此，在当代中国，爱国就是爱社会主义中国，就是爱中国特色社会主义中国，就是爱中华人民共和国。这是一个公民应有的政治立场，也是应有的道德水准，更应该是应有的法治素养。

第二，爱国主义与热爱中国共产党的统一。中国共产党在中国特色社会主义建设中起着领导作用，中国共产党的领导是中国特色社会主义的本质特征。中国共产党在凝聚全国力量中发挥着主心骨的作用，中国特色社会主义具有集中力量办大事的制度优势。那么谁能够把力量给集中起来？毫无疑问是中国共产党，中国共产党是中国的最高政治领导力量，代表着中华民族中国人民的根本利益。中国共产党人既是马克思主义者，又是爱国主义传统最忠诚的继承者，也是新时代爱国主义的最坚定最彻底的践行者。中国共产党的爱国主义，是中华民族、中国人民爱国主义的最高典范。在新的历史时期，之所以强调热爱祖国就要热爱中国共产党，是因为中国共产党是一个伟大、光荣、正确的马克思主义政党。中国共产党成立100多年来，团结带领广大人民开创了惊天地、泣鬼神的伟业：经过28年的浴血奋战成功地完成了新民主主义革命，实现了民族独立和人民解放，

① 中共中央文献研究室．十三大以来重要文献选编（中）［M］．北京：人民出版社，1991：1214.

新中国成立后经过三大改造成功地进行了社会主义革命，建立起了社会主义基本制度，1978 年后又实现了改革开放伟大革命，开创了中国特色社会主义，并一直在坚持和发展。这些从根本上改变了中华民族和中国人民的历史命运，具有划时代的意义。简单来说，党改革开放以来取得的成就，开创了中国特色社会主义道路，创造了中国特色社会主义理论体系，制定了中国特色社会主义制度。

总的来说，中国共产党代表着广大中国人民的利益，他们艰苦奋斗，与时俱进，开拓创新，站在时代的前沿，顺应世界发展大势，遵循社会发展规律，为实现民族独立、人民解放、祖国富强和中华民族的伟大复兴做出了巨大贡献，谱写了中国历史上彪炳史册的爱国主义篇章。在当代中国，爱国就要热爱中国共产党，这是历史和现实、理论和实践证明的必然结论，历史和实践都已经证明：没有中国共产党就没有新中国，没有中国共产党就不可能有今天中国所取得的历史性成就和突破性进展。

第三，爱国主义与坚持改革开放的统一。1978 年召开的党的十一届三中全会，开启了我国改革开放历史新时期。自此以后，中国人民的面貌、社会主义中国的面貌和中国共产党的面貌都发生了历史性的变化。我们实现了从计划经济体制到社会主义市场经济体制和从封闭半封闭到全方位开放的伟大历史转折，国家、社会与人民都有很大的进步。实践表明：当今时代，中国只有通过实行改革开放，才能实现中国特色社会主义的发展、实现中华民族的伟大复兴；中国特色社会主义是发展中国的唯一正确道路，只有改革开放才能推动中国、社会主义、马克思主义的进一步发展。在经济全球化日益加深、中国与世界联系更加紧密的新形势下，如何更好地保持和发展党的先进性，解放和发展生产力，实现社会主义现代化和中华民族的伟大复兴，必须以更大的理论勇气和政治勇气，进一步加强和扩大改革开放。只有这样，一个富强、民主、文明、和谐的社会主义中国才能巍然屹立于世界东方。因此，坚持新时期最鲜明的特点——改革开放，是当代爱国主义的内在要求，是新时代爱国主义的突出特征。

值得注意的是，上述三个统一是一个不可分割的有机整体，坚持爱国主义与社会主义的统一是方向问题，坚持爱国主义与热爱中国共产党的统一是领导核心问题，坚持爱国主义与改革开放的统一是动力问题，三者在中国特色社会主义伟大实践中得到有机地结合。但是，我们不能简单地认为二者的统一就是彼此的等同，更不能武断地认为爱国主义就是统治者为统治阶级服务的工具。虽然热爱社会主义、热爱中国共产党和坚持改革开放是新时代爱国主义教育时代性原则的集中体现，但我们要从历史和现实的比较中进行解读，以理论和实践的魅力给予阐释，用成就和经验的事实做出回答，从而使广大老百姓明白其中的道理，践行爱国主义的时代性要求。

综合看来，上述谈到的爱国主义教育原则是一个相互联系、相互贯通、不可分割的有机整体。其中，科学性原则是最根本性的原则，处于基础性地位，是一个总的纲领性原则，其他几个原则是对科学性原则的展开与深化；层次性原则是科学性原则在把握教育对象、内容和方法等方面的具体落实；建设性原则是科学性原则在实施过程中的具体要求；开放性原则是科学性原则在处理内与外方面的体现；时代性原则是科学性原则在当代时空境遇中的必然要求。

五、现实适应性原则

马克思在他的《〈政治经济学〉序言》中指出，在他对黑格尔的哲学观进行了批判之后，他对自己的研究思路进行了一次反思，认为：法的联系，如同国家的各种形态，并不是由他们自身或人精神的一般发展来理解的，而是由他们的一系列物质的生活联系而产生的。黑格尔根据18世纪英国与法国的一些例子，把这些物质生活关系的综合叫作“市民社会”，而要揭开这个“市民社会”的内在，就要从政治经济学的角度来看，即人类所有的行为都具有现实性，而这个现实性又取决于人类的物质生产模式。爱国主义教育的实践适应是在教育冲突的斗争中产生的需要，这是爱国主义教育过程受到社会现实条件制约的客观规律体现。爱国主义的现实适应性原则是爱国主义教育的根本原则之一，它包含了三个基本内容，社会发展的现实适应性、社会热点问题的现实适应性和受教育者的现实适应性。

（一）社会发展的现实适应性

社会发展的现实适应性，就是爱国主义教育要与一定的社会政治、经济和文化的发展相适应，并受到这个社会政治、经济和文化的制约。将爱国主义教育视为培养人们的爱国主义品质的政治教育和道德教育，同时也是一种建立以国家利益为重的价值观念的思想教育，它应该与这个时期的特点相适应，并以特定的社会政治制度、政治目标为基础，确立正确的发展道路，遵循国家制度、方针和培养目标，展开对爱国主义的意识形态的教育，进而将它的内容反映出来——爱国主义教育服从并服务于这个社会的特定政治要求。然而，在特定的社会经济、文化环境下，爱国主义教育是一种具体的、具有历史意义的教育实践，它不可避免地受到了社会经济、文化发展状况的约束和影响，无论过去还是现在，无论在哪个社会形式的国家，都是这样。在现代中国，党始终以经济发展和建设为核心，坚定不移地推进改革和对外开放，走中国特色社会主义道路，这是首要的政治使命。爱国主义教育要与这个时代的政治要求相适应，把坚持开放的原则，适应改革开放的形势，服从和服务于建设中国特色社会主义的伟大事业当作教育的神圣使命。同时，社会主义市场经济的发展所带来的社会生产力和科技水平的巨大进步，不仅丰富了自身的内容，也创新了教育的手段。伴随经济全球化的趋势，中国思想文化也遭遇了西化、分化和消解的挑战，社会共同价值观日渐多样化的复杂局面。当今的爱国主义教育，要在这种新的经济和文化条件下，不断地弘扬蕴涵着丰富、优良的民族精神的中国传统文化，以及能够展现出时代精神的先进社会主义文化，同时，还要不断地培养和增强民族的自信和自尊，调动广大人民群众的热情和创造力，为祖国的统一、繁荣和富强做出自己的努力。

（二）社会热点问题的适应性

所谓的社会热点问题，是指一定社会的特定时期所发生的，经过现代传播媒介的渲染和造势而形成的，在当时社会最具有吸引人们眼球和注意力的某些历史事件。一般来说，社会热点问题可以分为两种情形，一种是由政党和政府根据政治利益和社会发展的需要，采用各种手段干预形成的热点，如改革开放初期，党和政府就利用各种形式进行导势，使改革开放成为人人关心的社会热点问题；另一种是造成重大社会影响的突发事件，如国际恐怖主义事件、中美关系、中日关系等。爱国主义教育作为一种特殊的教育活动，是社会的统治者凝聚人心，保持社会稳定的重要手段，因而，服从和服务于统治阶级的政治利益需要，是爱国主义教育的根本属性之一。因为不论是哪一种情形的社会热点问题，相对于其他事件而言，有这样一些特点：一是高关注性，社会热点之所以产生，最关键的是该事件成功地吸引了人们的眼球，获得了人们的普遍关注。对于一些带有社会历史意义的问题，政党和政府通过有意引导和宣传，使之成为社会的热点，是希望获得社会民众的理解、支持和参与；对于那些突然发生的社会热点，社会民众则会因为自身的求知、求新的心理而自觉地给予关注。因此，社会热点一旦形成，便会引起社会成员的高度关注。二是煽情性。一个事件能成为社会热点，被社会民众所关注，还有一个重要的原因，就是它能激起普遍的社会心理反应。这种社会心理的反应具有很大的煽动性，特别是在社会矛盾和民族敌视情绪比较集中的时候，很容易造成巨大的社会动乱。因此，爱国主义教育必须适时地针对社会热点问题进行教育，引导人们客观地认识这些热点事件本身，并作出理性的行为选择。在当代中国，建设中国特色社会主义和改革开放既是时代的主题，也是这一时期社会的热点问题，爱国主义教育必须突出中国特色社会主义和改革开放的特点和要求。除此之外，还有许多因国际环境的变化而产生的社会热点，如国际恐怖主义事件、中美关系、台湾问题等，爱国主义教育也必须作出适时的反应，抓住教育的契机，因势利导，帮助人们树立理性的爱国主义。

（三）爱国主义教育对象的现实适应性

爱国主义教育对象的适应性实际上是爱国主义教育过程中教育要求与

教育对象的实际情况之间的矛盾运动特性的具体反映。爱国主义教育是教育者把一定的教育要求施加给教育对象的过程，教育对象的实际情况不仅决定了他们对教育要求的理解和接受程度，而且也决定了他们对不同的教育内容的需要和关注。对当代中国爱国主义教育来说，它是一个具有广泛的群众性的活动，涉及各个部门、各个单位和各个领域。可以说，爱国主义教育的对象十分广泛，《爱国主义教育实施纲要》指出，“爱国主义教育是全民教育，重点是广大青少年”。爱国主义教育的对象，从不同的标准可以划分为不同的类型。例如，按照年龄层次可分为儿童、少年、青年、中年和老年；按其职业可分为工人、农民、干部、军人、教师、学生等；按其文化程度，可分为大学、中学、小学、文盲等；根据生活工作地区可分为城市、农村等，而且随着社会改革的深入发展和社会阶层的分化，还出现了社会强势群体和社会弱势群体等。面对这样一个范围宽广的教育对象，爱国主义教育只有遵循一切从实际出发的原则，针对不同的教育对象的实际来展开教育，才可能取得良好的教育效果。但是，爱国主义教育要适应教育对象的实际情况，并不是被动消极地适应，而是具有一定张力的积极适应，也就是爱国主义教育要求的提出要适当地超越教育对象的实际爱国主义的思想水平，但又不能高到教育对象经过努力也难以达到的水平。这样，才有利于爱国主义教育要求与教育对象的实际情况之间的矛盾运动螺旋上升。

六、层次性原则

在爱国主义教育中，层次性原则，就是要坚持爱国主义教育层次性的特征。爱国主义教育是一项育人的教学行为，它不仅是一个“灌输”的过程，更是一项培养的过程。无论进行灌输或培养，都要按照受教育者的年龄、文化、思想、心理等特点，进行分层的教育。正像《爱国主义教育实施纲要》所要求的那样，要针对受教育人的年龄层次、心理特征、认识水平、心理状态等，进行科学的教育活动。坚持爱国主义教育的层次性，并不是人们的主观设定，它是一种规律的、客观的存在，这体现出了在爱国主义教育进程中，教育的需要与其教育对象的冲突运动特点。爱国主义教育的层次性是一种不以人的意志为转移的客观存在，从表现形式上，有三个方面的内容，即教育对象的层次性、教育内容的层次性和教育目标的层次性。

（一）教育对象的层次性

爱国主义教育对象的层次性划分是提升爱国主义教育实效性和提高爱国主义教育的针对性、可操作性的基础，也是其教育目标、教育内容层次性划分及教育方法选择的重要依据。爱国主义教育的对象不仅范围十分宽泛，而且实际情况也非常复杂。一方面，每个教育对象因为先天和后天的条件不同，使他们在知识水平、思想认识、自我监督和控制能力、自我完善和自我发展的要求等各方面存在巨大差异，个性和态度也有所不同；另一方面，由于改革开放时期社会利益结构和利益分配不均衡，导致社会成员对改革及改革带来的社会层次结构变迁的心理体验也大相径庭；使教育对象的价值取向复杂、政治评价系统和利益评价系统相生共存，理想追求出现多样化、差异性和思想复杂性。这些都决定了我们不能用同一的模式、相同的内容去教育他们，而是要对爱国主义教育对象进行科学的层次划分。爱国主义教育对象的层次性划分有很多种方法。在此，我们选择一种最常用、最容易操作的方法，即根据教育对象实际的认识水平来进行划分。之所以这样选择，是因为教育对象的实际认识水平是决定爱国主义教育成效的最关键的因素。教育对象的实际认识水平，不仅与人的年龄、心理有关系，而且也与人的认知思维发展程度、知识结构、个性和态度等相关，它是教育对象的爱国主义认识由感性向理性飞跃的决定性条件。

根据爱国主义教育对象的实际认识水平，我们可以把教育对象抽象地分为三大类：一是高认识水平的人。所谓高认识水平的人是指那些心智发育非常成熟、具备了理性思维能力和认知能力、掌握了全面分析事物的方法并具有一定的文化知识水平的人。从年龄上来说，这类人大都是成年人；从身份上来说，包含了大学生、共产党员、领导干部、知识分子以及有较高爱国觉悟的华人华侨和港、澳、台同胞等。二是中等认识水平的人。所谓中等认识水平的人，是指具备了一定的抽象思维能力和认知能力，能对一些事情进行正确地分析的人。这类人大致包括中学生、小学高年级学生和一些中等文化水平的社会成员。三是认识水平相对较低的人。这一类人不具备理性思维能力和认知能力，缺乏对事物进行客观分析能力的人。这类人主要包括幼儿和小学低年级学生。上述爱国主义教育对象的不同层次中，教育的侧重点又有不同。对于高认识水平的教育对象而言，大学生和共产党员是爱国主义教育的重点；对于中等认识水平的教育对象而言，教育的重点是中小学生；而对于认识水平相对较低的教育对象而言，教育的重点则是小学生。针对不同层次的教育对象，重点做好共产党员和青少年学生的爱国主义教育，构成爱国主义教育对象层次遵循性规律的重要内容。

（二）教育内容的层次性

爱国主义教育内容层次的划分，也是一个可以多标准进行的过程。如果将爱国主义看作是一种让人对自己的国家充满无限热爱的道德情感，并将其分成三个层面——直觉的、想象的、伦理的爱国主义情感，那么这种道德情感就可以将爱国主义教育分为三个层次：一是能够让人产生直接的爱国主义情感内容，比如，祖国的广阔的土地、自然环境等；二是可以培养人想象的爱国情怀，包括祖国悠久的历史、国家的基础等等；三是可以培育公民道德的爱国情怀，例如：国家的统一，国家的责任感与使命感，以及对社会主义理想与信仰。如果我们把爱国主义视为爱国主义政治原则和道德要求，那么爱国主义教育的内容又可以分为四个层次，一是政治内容，如“一国两制”、祖国统一和“四信”教育等；二是思想内容，即“三观”：世界观、人生观和价值观；三是道德内容，即“三德”：社会公德、职业道德、家庭美德等；四是爱国主义教育的活动内容，如升国旗、唱国歌等。

以上对爱国主义教育内容的抽象划分，虽然达成了使爱国主义教育内容具有体系性的目的，但却无法解决应该如何具体地应用到教育对象的教育中的问题，缺乏可操作性。如果我们以上文对教育对象的层次划分为依据对爱国主义教育的内容进行层次划分，便可弥补这一不足。

在知识层次较高的受教育者中，应当以世界观、人生观和价值观的教育为主。让他们有系统性地学一点哲学、文化史，最主要的是学习一点马克思主义、毛泽东思想和中国特色社会主义的基本原理，尤其是学习习近平新时代中国特色社会主义的思想，以此来增强他们对社会主义的信仰和信心，做到爱国、爱党、爱社会主义相统一。在文化程度中等的人群中，应加强爱国主义责任感的培养。开展中国历史与中国地理，世界历史与世界地理相结合的教育，使其对中国的历史有一个较为全面的认识，从而提高他们的民族自信心和自尊心；让他们认识到中华民族屹立于世界国家间的历史与现状，认识到中华民族曾经取得的光辉业绩与遭受的种种磨难，认识到中国在世界舞台上所处的位置与角色以及所面对的机会、挑战，从而增强其对国家的责任感与使命感。就普通层次的教育对象而言，重点是培养爱国情怀。重点是通过敬老爱幼、爱劳动、爱家乡等的教育来培养其爱家乡、爱身边人的情感。

（三）教育目标的层次性

爱国主义教育的目标是一定时期内实施爱国主义教育活动所要达到的预期结果。爱国主义教育目标不是单一的，而是一个由许多子目标构成的目标体系，具有内在的层次性。爱国主义教育的最基本层次是社会目标和培养目标。爱国主义教育的社会目标就是要振奋民族精神，增强民族凝聚力，树立民族自尊心和自豪感，使人们为实现四化、振兴中华，以中国式现代化推进中华民族伟大复兴的共同理想而奋斗。这是我们进行爱国主义教育所最终要达到的目的，也是我们制定爱国主义教育培养目标的重要依据。尽管爱国主义教育的社会目标也可以进行层次划分，但我们在此所要探讨的不是这个问题，而是把爱国主义教育作为一项培育人的教育活动所要达到的培养目标的层次性问题。

爱国主义教育的培养目标的层次性划分，也是一个可以根据多标准进行的过程。如根据教育对象的居住地不同，可把爱国主义教育目标分为两个层次，即对祖国大陆地区人民，必须把爱国主义与爱社会主义、爱共产党统一起来；但对华侨和港澳台同胞，要求他们爱祖国，拥护祖国的统一，力所能及地支援祖国的建设事业，不参与分裂祖国的活动，不做任何不利于祖国的事。也有学者主张根据爱国主义内涵对其教育目标进行层次性划分，这主要有两种类型：一是纵向划分，即爱国主义教育目标包含认知目标、情感目标和行为目标；二是横向划分，即爱国主义教育目标可分为情感目标、政治目标和道德目标。这些划分都有合理的地方，但是都有一个共同的缺憾，就是不能体现出不同的教育对象的适应性特点，因而缺乏具体性和可操作性，弄得不好就会出现教育的无针对性。为了避免这种情况的出现，我们依然根据教育对象的层次划分对爱国主义教育培养目标层次进行探讨。

根据爱国主义教育对象的层次划分，我们将爱国主义教育培养目标划分为高层次培养目标、中等层次培养目标、低层次培养目标。具体来说，高层次培养目标是针对党员干部和知识分子提出来的，总体上来说，是使他们成为坚定的社会主义者、共产主义者；中等层次的培养目标是针对中等层次的教育对象提出来的，总体上来说，是使他们成为坚定的爱国者；低层次的培养目标是针对低层次的教育对象提出来的，主要是针对幼儿及小学低年级的学生。总体上来说就是要使他们成为社会的好公民。不论是高层次培养目标、中等层次培养目标，还是低层次培养目标，最终都指向一个基本目标，那就是培养“四有”社会主义事业的建设者和接班人。

第三章　新时代爱国主义教育面临的挑战与对策

第一节　新时代爱国主义教育面临的挑战

爱国主义教育是个与时俱进的范畴。随着时代的变迁而出现了许多新问题、新现象，爱国主义教育也必然会受到这些新问题、新现象的影响，受到它们的挑战。在进入21世纪的中国爱国主义教育，受到的主要是来自市场经济、全球化和网络科技的挑战。具体来说，有以下表现。

一、市场经济对爱国主义教育的挑战

自20世纪80年代以来，中国正处于由传统的计划经济体制向社会主义市场经济体制转变，由传统农业社会向现代工业社会转型的双重变革时期。在这一时期，建设中国特色社会主义是时代的主题，以经济建设为中心，坚持改革开放是其最主要的时代特征。在新形势下，如何根据中国的实际情况，构建和发展新的、有中国特色的、符合我国国情的社会主义市场经济体制，成为我国社会主义改革的一项重大课题。但是，随着我国社会主义市场经济体制的确立，将不可避免地引发一系列的政治体制甚至是一系列的社会制度变迁，这些变迁将会为社会带来大量的不确定因素。托夫勒在其《第三次浪潮》一书中指出，在每一个重大的社会变革中，部分

人都会失去三样东西——共识、秩序和意义，而这三样东西的缺失将导致冲突、混乱和迷惘。事实上，在我国的社会主义市场经济体制下，中国社会呈现出利益多元化等一系列新的社会问题，这些问题不但使得社会失去了对事物价值的正确判断，也使得民众的意识形态陷入了一种迷茫的境地，对当前中国的爱国主义教育提出了考验。综观市场经济对当代爱国主义教育的挑战，主要有以下几个方面。

（一）利益格局的改变对爱国主义教育提出的挑战

从最基本的角度来看，爱国主义教育是一种通过对人民进行思想教育来统一社会的价值理念，对人民的利益导向进行调整，从而将人民的力量集中在一起，实现共同的社会理想和国家繁荣发展目的而开展的一种实践活动。而伴随改革开放和社会主义市场经济的发展，我国社会主义经济体制也在不断地调整和改革，尤其是所有制关系的调整和分配体制的改革，打破了平均主义的分配模式，随之而出现的是一种新的经济利益格局。然而，经济基础决定上层建筑，经济利益结构的改变必然会导致政治和意识形态领域的诉求变化，使人们的社会心理、政治认同特别是价值取向上也呈现出多元化的趋势。这种社会利益结构的改变尤其是其带来的价值取向的多元化，使当代中国爱国主义教育的形势变得异常复杂。

1. 利益格局的改变直接挑战了爱国主义教育的集体主义观念教育

在中国，爱国主义教育从深层意义上说，是一种强调集体主义为本位的价值观教育。由于爱国主义教育最基本的目标就是要凝聚社会力量，团结所有人民，为了民族的伟大复兴而一起努力，所以，只有当大家都将国家利益、集体利益作为重点实现目标时，才能够真正凝聚社会的共同力量。不过，尽管社会主义市场经济建立在公有制之上，但其本质却是一种商品生产者和买方之间的一种物质利益关系，因此，在参加市场的活动过程中，经济主体的所有经济行为都会以追求最小的劳动消耗，来获取最大的利润和最大的收益为目的。这种追求利润的目标常常体现为追求个体和局部的利益上，所以市场经济所要求的价值判断准则是等价交换和自我利益的实现。在此基础上，原本以“集体主义”为中心的社会主义核心价值观逐渐被“个人利益本位”所取代。这种个人利益本位的价值倾向，对于自主经营、自负盈亏的相对独立的经济实体来说，往往把本单位、本部门甚至个人利益放在首位，以追求自身的微观效益、局部效益为主。而对于个人来说，则表现为把社会生活商品化，有实际而无理念，有索取而无奉献，有财而无德。更为重要的是，由于“个人利益本位”取向的存在，使得“金钱至上”的现象更加普遍。人们在追求金钱和利益的时候，一些人赋予金钱“万能”的含义，“一切向钱看”“只要能致富，管走什么路”，并以此为自己的谋利行为作出注解。他们忘掉了自己的社会职责和良好的人格，不择手段地追逐金钱，沦为拜金主义的奴隶。这些以个人利益为本位的价值观念的盛行，直接冲击着原有的社会本位的价值观念，使当代中国爱国主义教育在如何引导人们树立集体主义观念方面面临着严重的挑战。

2. 利益多元化带来了一些弊端，影响爱国主义教育的艰苦奋斗和民族自强精神教育

爱国主义的终极目标就是要实现国家的伟大复兴和富强，而这个目标，是要依靠世世代代的人，通过不断的自强不息、艰苦奋斗才能获得的。为此，在我国的爱国主义教育中，突出了民族自强和艰苦奋斗的精神教育。但是，由于受到市场经济的冲击，在社会中出现了一批具有畸形人格的人，比如崇尚及时行乐、贪图享受的享乐主义者；追求名利双收的人；追求极端自我利益的人；以及没有道德感的非道德派者，更有甚者，伴随着经济的蓬勃发展，“躺平”“摆烂”“丧”文化的流行，这些都对民族自强、艰苦奋斗的优秀传统和民族品格造成了严重的冲击，给现代中国的爱国主义教育提出了较高的要求。

3. 利益的最大化催生了无政府主义思想和自由化思潮，严重影响爱国主义教育的社会团结教育

爱国主义教育是要凝聚社会力量，使人们团结在党中央的周围，为实现中华民族的伟大复兴而奋斗，其基本的前提就是要有一个安定团结的社

会环境。然而，市场经济体制的建立与市场的运行是以独立利益主体的确立为前提的，它首先承认个体利益的优先性、正当性、合理性，个体地位的独立性，个体发展的积极性、主动性和创造性，要求经济活动主体在经济活动中必须具备很强的适应能力和应变能力，或者说充分的自主性。这种自主性对于加快改革，转变职能，改进作风，提高效率和增强自强、自立和自主精神有着积极的促进作用。但是，这种自主性也否定和破除了人的依赖性，建立了在物的依赖基础上人的独立性。这样，各经济实体、业务单位等利益主体在进行自主决策、自行选择、自我约束、自我发展的同时，都把效益最大化作为追求的直接目标。为获取最大利益，各利益主体都希望拥有更大的自主权，以在激烈的竞争中占有优势。这样，就很容易导致一些人组织纪律观念淡化，只要个人自由，不要组织纪律，自以为是，各行其是，上有政策下有对策，有令不行，有禁不止；容易导致一些人法治观念淡薄，只要个人利益，不管利益获取的手段，不讲道德，目无法纪，投机取巧。这些都是无政府主义思潮和自由化思潮的表现，对社会的安定团结造成极大的破坏，对爱国主义教育提出严峻的挑战。

（二）社会弱势群体的产生对爱国主义教育提出的挑战

不可否认，中国的改革开放和社会主义市场经济的发展，使中国在短短的时间内取得了令世界各国叹为观止的成就。但同时，在市场经济特别是在社会主义市场经济体制还不健全的条件下，由于社会资源分配不均等，那些对社会资源占有相对较少的绝大多数普通百姓始终处于不利的境地，并形成一个特殊的社会群体，即社会弱势群体。而且这个群体的数量随着改革开放的深入还将进一步增加。从实质上讲，爱国主义教育是一项对人进行塑造的社会实践活动，目的是要对人们进行有关国家历史与现状的教育，让他们对自己的国家有一种深刻的热爱之情，并建立起民族自尊心、自信心和自豪感，将这些感情和信仰转变为自己为国家做出贡献的行为。但弱势群体的出现、发展、形成的特定的历史环境与其本身所具有的独特性，对我国当前的爱国主义教育提出了新的要求。

1. 怎样增强弱势群体参与和社会改革的意愿与能力

针对当前我国处于转型期的特点，加强弱势人群对社会改革的认识，提高其对社会变革的积极适应性和应对能力，成为当前我国对其进行爱国主义教育所面临的一个特别问题。爱国主义是一个对国家和民族的忠诚、热爱和报效的思想、行为有机统一的整体系统，它对国家的热爱，最后要实现到报效国家的行动上。这种行为，不但体现在当国家受到侵略和侮辱时，每一个公民都作出的巨大贡献，而且还体现在人们为国家的发展而进行艰苦的建设上。在现代，建设中国特色社会主义已经成为国家建设的主题，改革开放是基本特征。要实现社会主义现代化，就要有广大人民群众的积极参与、拥护和奉献。而人们参与和支持改革的本质动力是改革所能带来的利益，因为一个人若不能既满足自己的需求，又不能满足他人的需求做事，那么他将一事无成。[①] 社会主义市场经济以及改革开放为人们的获得收益最大化提供了机遇，然而，因为受到所占用的资源的制约，社会中的弱势人群不但难以享有社会变革的好处，甚至可能面临着失业等不利后果。这些矛盾若不能得到解决和疏导，将不利于他们参加、拥护改革，也不利于他们工作的积极性，也不利于他们通过努力提升能力。像其他社会群体那样，这些人也是我国社会主义建设的主体，没有他们的参加，没有他们的帮助，就不能使社会主义建设的伟大事业得以顺利地进行下去。当前，我国的爱国主义教育建设要抓住这一时期的根本特点，有效地消除社会弱势群体对改革开放的矛盾情绪，提高他们对社会改革的参与、支持、奉献积极性与能力。

2. 怎样引导社会弱势群体正确认识利益受损的原因

根据这些特点，要让这些弱势人群建立起对党和国家的信心和信任感，怎样让他们对自己的利益受损有一个准确的认知，这同样也是一个需要在进行社会弱势人群的爱国主义教育时要特别注意的问题。中国共产党不但是引领人们走向美好生活的领袖，而且还是代表中国先进生产力发展

① 马克思，恩格斯．马克思恩格斯全集（第3卷）［M］．北京：人民出版社，1960：286.

的根本要求、代表先进文化的前进方向、代表最广大人民根本利益的政党。在现代中国，对中国共产党的爱是一种很好的爱国表达方式。中国共产党是否能够赢得人民的信赖与热爱，取决于其是否能够继续坚持自己的先进理念，并永远保证最广大民众的根本利益。

社会中的弱势群体是客观存在的一类人，他们在社会改革浪潮中，往往处于相对贫困的状态。造成这种现象的原因虽有社会、个人等方面的原因，但大部分社会学者认为，这种现象是由于社会利益分配不均造成的，而这种不均衡又与国家的政策以及对利益分配不均衡的调节有很大关系。尤其是在社会主义市场经济的发展过程中，所产生的以强凌弱、拜金主义等不道德的现象和不合理的行为，还有某些贪污腐败分子，利用手中掌握的国家资源，运用自己的权利对分配领域进行干涉，导致了政策实施和资源分配的不公，贫富差距的拉大等问题，这些都进一步深化并证实以上的原因的影响因素。如果将损害社会弱势群体利益的影响因素，直接归咎到了党和政府的问题，都将会让弱势群体对党领导改革的根本理论产生怀疑，比如先富帮助后富，最后达到共同富裕的政策，“效率优先，兼顾公正”的原则等，从而慢慢降低了他们对党和国家的信任和信心。如果在一定条件下，这些弱势人群对党、对国家的信任、信心程度降低，甚至丧失，将造成无法想象的影响。因此，如何帮助弱势人群理解其在国家发展过程中所遭受的利益损失，提高其对国家和党的信任与信心，是当前我国爱国主义教育中亟待解决的一个重大课题。

3. 怎样将爱国和爱社会主义统一起来的挑战

针对当前我国弱势人群的实际情况，对其进行一系列的爱国主义教育，其中最为困难的一项就是要对其进行社会主义信仰的培养，让他们真正做到爱国与爱社会主义相结合。爱国主义是一种阶级的、历史的、具体的范畴。“爱国主义的具体内容，看在什么样的历史条件之下来决定的”①。在现代中国，爱国主义和爱社会主义具有内在的统一性。邓小平对社会主

① 毛泽东. 毛泽东选集（第2卷）[M]. 北京：人民出版社，1991：520.

义的含义说得很清楚——“贫穷不是社会主义”①。其实质是为了“解放和发展生产力，消灭剥削和消除两极分化，最后达到共同富裕”②。但是，改革开放之后，在互联网、传媒等高科技的应用之下，很多老百姓发现，原来资本主义并不都是腐朽、没落的。与此恰恰相反，它拥有丰富的物质生活，先进的管理经验、民主政治，还有对弱势群体的福利制度保障等，这些因素都容易让人民有一种“资本主义要优于社会主义”的错觉。尤其是在我国经济体制变革过程中，我国的社会弱势群体不断增多，贫富分化不断加剧，各种社会问题不断凸显，使人民群众对社会主义的优越性产生了怀疑。因其自身的特性，使社会弱势群体的情绪在心理上表现得更加明显。他们可以冠冕堂皇地说很爱自己的国家，但是他们并不是真的热爱社会主义，而是将爱国主义和爱社会主义完全对立。这样的认识、想法，如果被别有用心的人利用，那将是一股影响社会安定的强大力量。为此，要进一步强化对弱势人群的社会主义信念的教育，使其做到爱国与热爱社会主义相结合，这也是爱国主义教育必须解决的艰巨特殊课题。

二、全球化对爱国主义教育的挑战

全球化的本质就是经济全球化，是指一种打破民族、国家、政治、疆界壁垒的经济活动，推动了世界各国的经济开放速度与依赖关系的深化，重点是促进生产要素在世界范围内的自由流动与合理配置，最终实现各国之间的各种壁垒完全消除，相互影响，实现经济上的世界一体化。③

经济决定了政治、文化、教育等的基础，在经济全球化背景下，各国家、民族的政治、文化、教育等必然会受到影响。爱国主义教育是人们弘扬历史文化、民族精神的必然趋势和要求，同样，也会受到全球化的影响，从总体上看，全球化给当前中国的爱国主义教育带来了巨大的挑战，

① 邓小平．邓小平文选（第2卷）［M］．北京：人民出版社，1993：225.

② 邓小平．邓小平文选（第2卷）［M］．北京：人民出版社，1993：373

③ 韩保江．全球化时代［M］．四川：四川人民出版社，2000：6.

其中最重要的就是意识形态层面的冲击，具体内容如下。

（一）全球化消解人们对民族国家的认同感

伴随着全球化的不断深化，我国的民族、国家认同感正面临着前所未有的危机。在中国，有相当一部分人越来越倾向于把自己的民族主权放在一边，支持全球认同。他们相信，现在世界市场已被构建起来，各个地区、各个国家和民族之间的相互依存、相互联系变得更加密切，跨国企业在国际上扮演着的角色也变得更加重要，并且，互联网也已突破了国家的边界，使得全球的资源可以共享，因此，国家主权和民族意识已没有了存在的必要，国家民族意识应该被全球化意识所替代。这样的民族、国家认同危机情况，对当今中国的爱国主义教育产生了重大的冲击。因为与民族国家的认同危机直接相联系，最少从三个方面影响着人们的爱国主义情感的形成。

1. 会动摇人们长期以来忠于民族国家的观念

所有国家的爱国主义核心价值观都是忠于国家民族。这里的忠于国家，指的不仅仅是要站在国家、民族的大局上，来处理个人与国家、民族的利益、需要关系。而且更为重要的是，在处理国际关系时要时刻维护民族国家的根本利益，表现出强烈的民族自尊心。这就是近代以来激励着中国各族人民为实现中华民族的伟大复兴梦而抛头颅、洒热血的根本所在。然而，关于全球化的一些观点，比如“现在世界已经成为‘地球村’，各国都是这个‘村庄’的一个家庭，一个成员”①。“这些大型的跨国企业和它们的国际管理机构，这些大型的国际组织包括 WTO、IMF、世界银行等等，组成了一个真实的、无形的世界政府”②。“全球治理”等，这些观点都似乎表明，人们不需要忠诚于一个民族国家，也不需要效命于一个民族国家的利益，相反，应该效命于这些国际组织，效命于世界的利益，这对爱国精神产生一定的消极影响。

---

① 郑通汉．经济全球化中的国家经济安全问题［M］．北京：国防大学出版社，1999：15.

② 河清．全球化与国家意识的衰微［M］．北京：中国人民大学出版社，2003：8.

2. 会淡化人们为国奉献的意识

爱国主义指的是一种对自己国家的爱，它需要以某种物质承载方式来表达，而最主要的一种物质承载方式就是一个人向自己的国家进行效忠的行为，也就是为自己的国家做出贡献的行为。而为国奉献的基本要求就是倡导个人利益服从国家利益，把个人利益融入国家利益，在任何时候都要把“国家”放在首位。然而，一些“精英”学者们在国内大力宣扬全球化背景下的国家主权观念的变化，使得一些国人心中的“国家”概念已大大淡化，“国家”离人心越来越远。与此相一致的，就是部分人以国家、集体为本位的价值理念动摇，为国奉献意识淡化。在现实生活中，就表现为万事当头先考虑的是怎样捞取个人的私利。为了捞取私人利益，一些人不择手段，丧失良心道德，甚至不惜出卖国家利益、集体利益。这种现象无疑给当前中国爱国主义教育提出了更艰巨的任务。

3. 会减弱人们国家安危意识

国家的安全是建立在国家主权完整的基础之上的，没有国家主权，政治、经济、文化、安全就无从谈起。而国家的安全是要靠所有国人一起努力维护的。但随着全球化的进一步加深，前期过度的强调和平与发展意识教育，以及国家间合作的重要性，使得人们的安全意识有所淡化，斗争意识和意志力减弱，这非常不利于当前中国的爱国主义教育中所提倡的伟大斗争精神的培育。

（二）全球化对形成理性民族主义的影响

爱国主义是指在长时间的生活中，人民群众对本民族语言、文化、生活习俗、价值理念等的一种爱，其主要体现为维护国家和民族的利益。民族与民族主义正是在人民的共同利益和国家形成的基础上自然地、密不可分地结合在一起。这与爱国主义有着千丝万缕的联系。或者说，民族主义是爱国主义形成的必要先决条件和依据。当然，所谓的民族主义，不是指狭隘意义上的民族主义、带有侵略性和扩张性的霸权主义，而是与全人类利益一致的理性民族主义。但是，在全球化进程中，在民族国家之间的利益相互融合与冲突中，理性民族主义的形成受到了巨大的影响。

1. 全球化带来了民族虚无主义倾向

民族虚无主义是与狭隘民族主义对应的一种极端民族主义，其特点是将民族利益和国家利益放在一边，将世界利益和人类利益置于重点位置。在经济全球化进程加快的今天，中国人越来越深刻地认识到，中国是一个发展中国家，与其他发达国家相比，中国还存在着一定的差距。在这样的背景下，有些人可能会对国家抱以轻视的态度，从而产生民族虚无主义意识。这主要表现在两个方面：一是对于本民族国家的不认同。在一些所谓的“主流”知识界的“精英”的鼓吹中，“全球文明”“人类文明”“走向世界”的口号逐渐家喻户晓。在他们对自我殖民化的“世界主义”的推崇中，一些中国国民正在形成一种思维定式，即自以为已住进了地球村，当上了世界公民。

二是崇洋媚外。面对全球化带来的发展机遇，中国无法再闭关锁国，故步自封。然而，在改革开放的进程中，一些人也会从仰慕发达国家的繁荣，发展到崇拜西方的一切。把衡量“开放”的标准，定为是看谁敢不敢把自己的东西都扔掉，换成西方的，否则就是“封闭”“守旧”“保守”。在这种崇洋媚外心态的影响下，不仅商业活动会打上国外的一些标签来招摇市民、招揽生意，而且在政治上、教育文化方面对民族认同也多有消解。不论是不认同本民族国家还是崇洋媚外的民族虚无主义倾向，都使民族自信心、自尊心与凝聚力受到了严重的冲击和削弱。

2. 全球化加快了民族分离运动的兴起

在与国家虚无现象相应的全球化思潮中，出现了一种过度重视民族的权益和民族维护的思想，民族分离运动就是其中的一个突出表现。从实质上讲，民族分离是一种“分裂”，是冲突一方或各方，寻求建立本族群单一组成国家的政治追求。在经济一体化进程不断深化的今天，有些敌对的、居心叵测的力量，在我国的民族问题上不断地插手，制造麻烦，妄图破坏民族团结。这种分裂民族活动，与整个中国的民众意愿和公共利益相违背，但他们却常常以保护民族特定权益为幌子，借着改革过程中的种种影响，向党中央和国家发起进攻，使得一部分不了解内情的民众，在心理上陷入混乱和困惑，从而阻碍了爱国主义教育的发展。

3. 全球化消解了凝聚民族纽带民族文化

民族文化是一个民族在长久的生存过程中积累起来的一种集体智慧和文明创作，是一种能够使人民团结起来、鼓舞人心的力量，也是将国家和民族联系在一起的力量。民族文化的繁荣、强盛与持续的发展，不但能够对民族的自信心、自尊心产生巨大的鼓舞影响，还会在人们的心理和精神上建立起一道看不见的安全壁垒，从而能够对国家的总体安全起到积极的促进作用。中国悠久的历史文明，形成了以爱国主义为核心的民族精神，这是中国能够站在世界上强国和民族之林的强大动力。但是，在经济一体化进程不断加快的背景下，外来文化也在不断地冲击着中国的传统生活方式和传统文化。诸如汉堡包、肯德基这样的速食与商业文明，对中国的传统文化精神进行了一次又一次的侵蚀；市场经济下形成的适者生存的竞争观、生产要素配置的分配观，平等互利的贸易观等等新的思想，都对中国传统民族文化的相关思想造成了一定的冲击。虽然当前中国的民族文化呈现出多元化的特征，但是从本质上讲，它是一种全球国家和文化的融合，是一种对中国民族文化的解构。这种民族文化被解构的趋势和现象，直接导致了至少两个严重的后果，给当代中国爱国主义教育带来极大的挑战。

（1）导致了社会共同价值观的消弭。所谓的社会共同价值观，就是在一定历史时期的特定社会共同体中各社会阶层的社会成员普遍认同并持有的价值观。① 它是一个民族的文化的核心，是一个民族得以存在和发展的基本前提之一，对全社会成员起着凝聚作用。中华民族在其历史发展的过程中所形成的以爱国主义为核心的传统文化，倡导的是以国家利益、集体利益为本位的社会整体主义价值观。这种价值观在民族危难的时候表现为维护国家主权和民族团结的英勇斗争，在社会主义改革和建设中则表现为实现人民共同富裕的努力奋斗精神动力。而随着全球化的推进和世界文化

① 刘正球．论社会共同价值观，湛江海洋大学学报［J］，2003（2）：50.

的交流与融合，以现代传播媒体为中介，以“自由”“民主”和“人道主义”为掩饰，用通俗流行的大众文化形式，通过经贸往来、文化交流和政治对话、人权外交等多种途径进行潜移默化的渗透或加强，尤其是以超意识形态和西方各种文化形式出现的价值观的潜入，使中华民族的这种国家主义的社会共同价值观面临着危机。

（2）弱化了中华民族精神的凝聚力。全球化的实质，是资本主义以“新自由主义”思想为手段来实现其不战而胜，达到全球治理的过程，所以它与西方精神、文化传统和历史发展有着不解之缘，是反映西方的自由、平等与博爱等价值观念和文化传统的全球化。随着经济全球化的发展和推进，西方发达国家凭借其政治、经济、军事和科技的强大优势，正在使蕴含着西方价值理念和西方精神的意识形态为越来越多的中国人所接受，并正在潜移默化中改变着人们的价值选择和判断，使人们的价值观念和思想行为处于多元化和分散状态，瓦解着中华民族精神的凝聚力。

三、信息化对爱国主义教育的挑战

现代信息技术的高速发展，特别是互联网的日益普及，不仅对世界政治、经济、军事、科技、文化等产生深远的影响，也对人们的思想观念和生活方式产生巨大的影响。依靠其高时效性、开放性、交互性、虚拟性的特征和传递知识、信息、娱乐服务和进行商业活动的强大功能，互联网不仅为当代中国爱国主义教育提供了广阔的空间和可利用的资源，同时也带来了一系列无法回避的严峻挑战。

（一）弱化爱国主义教育的基础

互联网作为当今世界上最先进的通信技术，可以随时随地把文本、声音、图像、电视信息输送到设有终端设备的任何地方。在网络技术形成的交流平台中，不仅数量巨大、种类繁多的信息影响着人的生活方式和国家之间、民族之间的政治、经济和文化交往，而其所营造的全球通的虚拟空间，更是淡化了诸如国家地域观念、民族国家的政治文化及民族认同感等爱国主义教育的基础。

1. 互联网弱化了人们的国家地域观念

爱国主义是人们在共同的地域中生活而形成的对本地域的认同和热爱之情，对国家地域观念的认同是爱国主义形成的基础，也是进行爱国主义教育的基础。但是，由于互联网的广泛应用，各国的生存和发展环境都出现了翻天覆地的改变。网络加快了经济全球化进程，让全球成为一个紧密联系的、互相依存的、不可分离的整体，凭借便捷的、虚拟的网络，电子商务的出现，资本、劳动力及文化商品以空前的速率跨越国境，从而导致原来地区的、民族的自给自足和封闭的状况，被各个民族的各个层面的互相依存所替代。各国经济的开放式和互动性发展，使各民族的精神产品也成了公共财富。人们通过互联网，可以在当天就读到远在千里之外的《纽约时报》，可以观看好莱坞拍摄的最新影片，还可以与远在地球另一端的亲朋好友随意聊天。互联网打破了地理、地域的壁垒，使得世界各国之间的距离变得越来越小。随着生活的时空界限逐渐被打破，人们的地球村村民意识也逐渐在增强。这种意识在有助于其生存的同时，也会在一定程度上削弱其原有的国家、地域观，从而会在潜意识里对爱国主义教育中的国家观念产生冲击。

2. 互联网冲击了民族国家的政治文化

在一个民族国家的社会中，其政治制度能否保持自身的稳定和合法，取决于其所处的政治文化环境。然而，网络环境对中国传统的政治和文化根基造成了巨大的影响。这是由于互联网所带来的自由沟通平台，它具备开放的性质，用户可以在进行公平沟通的过程中，自由地表达自己的观点，自由地获取和选择自己认为正确的内容，并将其转变成自己的想法，从而引导自己的行为。但是，因为媒体技术和资源的不平衡，西方发达国家会利用自身技术和经济上的优越性，对其文化价值观进行宣传、推行和渗透，这些都会在一定程度上消解中国人特别是青少年对本国政治文化的认同感。

总之，随着互联网的发展，国家地域观念和民族国家政治文化认同所遭遇的削弱和冲击，人们的爱国主义意识不可避免地会淡化。一个没有民族政治文化认同国家的人，是不会支持、拥护其政党、政府的领导的；更不要期望一个把自己视为无国界地球人的人，能够从民族国家的角度，来担负好祖国的建设任务；更不要期望他们具有国民自尊心、自信心和自豪感，以及强烈的爱国主义和服务国家的相应行动。因此，当代中国爱国主义教育必须直面互联网的影响，努力从理论和实践上给予回应。

（二）冲击爱国主义教育的手段

爱国主义教育是一种有针对性的教育实践活动，它既是一种目标，又是一种方法。合理的目的是推动爱国主义教育取得成效的一个主要因素，而有效的方法是实现这一目的的一个途径。所以，正确地选用合适的方法，是开展好爱国主义教育的必要前提。无可置疑，互联网以其技术的发达、快速以及所掌握的大量信息资源，在当今已成了一个高效的工具，深刻地改变着人们的思维方式。有学者将其与传统的信息生产、传播媒体进行了比较，总结出了四个方面的特征。

首先，计算机网络不会受到版面、出版期刊和播放时间段的制约，它可以通过超大容量、滚动连载和不间断工作的方法，来向人们展示与人们生活中的每一个领域有关的资讯，能够让人们的信息需求得到满足。其次，互联网通过一种双维或多维的交互来实现信息的传播，并表现出一种平等和交互的特征。这种传播方法，彻底地转变了传统媒介的信息垄断角色，网民们从被动接收信息身份转变为主动筛选信息，他们可以按照自己的需求，积极地挑选信息，也可以在互联网上发表和传播自己的看法，成为互联网信息的制造者。第三，当今的网络是一种超媒体形式，具备了报刊、广播、影视等功能，可以为用户提供各种形式的信息，还能有效弥补广播、电视不易保存、不易回溯的不足，提供的信息检索手段较报刊更为准确和快捷。最后是由于互联网的虚拟特性，使得互联网用户能够在网络世界中脱离身份的束缚，更加自由地进行各种信息的交换，从而更好地解决了某些人一方面要和别人互动，另一方面却要把自己的身份隐匿起来的需求。[①] 由于互联网上的信息制作与传递的特性，使得在进行爱国主义教育时，传统的教育方式方法越来越难以满足受教育者的需求。所以，当前爱国主义教育，应充分发挥互联网上所具有的广阔资源优势，在教学方法上进行革新。

第二节　新时代爱国主义教育面对挑战应采取的对策

如上文所述，市场经济、全球化及网络科技从不同的层面对当代中国爱国主义教育提出了一系列的挑战。面对这些挑战，当代中国爱国主义教育必须作出积极应对，以保持自身在时代变迁中的焕然生机。

一、应对市场经济的挑战采取的对策

市场经济对爱国主义教育的挑战，是不可回避的事实，问题在于我们应该如何迎接这个挑战。面对市场经济的挑战，我们至少应该加强三个方面的教育。

（一）凸显改革开放的时代特征

爱国主义是一个历史的范畴，在不同的国家、不同的社会制度、不同的历史时期有不同的具体内容和要求。社会主义市场经济条件下，改革开放是时代的基本特征，爱国主义教育必须突出改革开放这一时代特征。在和平与发展成为时代主题的当今世界，任何国家都不可能关起门来搞建设，改革开放是强国之路。中国改革开放以来，国民经济迅速发展，经济

① 靳诺. 新时期高校思想政治工作理论与实践［M］. 北京：高等教育出版社，2003：22.

实力大大增强，综合国力和国际地位也在逐步提高。历史和经验都证明：只有坚持改革开放，大胆借鉴和吸取世界各国先进的科学技术、管理经验和优秀的文化成果发展自己才是明智的选择。当前，我国的改革开放和社会主义现代化建设进入了蓬勃发展的新阶段，摆在全党和全国人民面前的首要任务，就是要在习近平新时代中国特色社会主义思想的指导下，抓住机遇、深化改革、扩大开放、促进发展、保持稳定，集中精力把经济建设搞上去，推动社会全面进步。当代中国爱国主义教育必须激发人们的爱国热情，使他们以强烈的责任感、使命感和巨大的积极性和创造力，参与到社会的改革开放和祖国的现代化建设中去。

中国的市场经济和改革开放，其基本前提是坚持社会主义。因而，新时代中国爱国主义教育在坚持改革开放的同时，还必须进行社会主义教育。在今天的中国，爱国主义和社会主义具有内在的统一性。历史表明：唯有社会主义才能拯救中国，唯有中国特色社会主义才能促进中国的发展。中国的社会主义体制建立、巩固和发展，是现代中国社会发展的一个基本规律，是中国人民历经百余年艰辛摸索，做出的一项重大的历史性抉择，它代表着国家、民族和最广大人民的根本利益，是中国实现由穷到富、由落后到现代化的必然道路。所以，爱国，就是爱社会主义中国，爱社会主义是爱国主义的当代特征。

新时代中国社会主义教育，要着重解决两个方面的问题，即坚定社会主义信念、正确的社会主义方向、调动社会主义建设的积极性。[①] 此基础上，进一步强化对人民群众的思想政治教育，增强人民群众对中国特色社会主义道路的认同感；要强化对社会主义本质的宣传，使民众认识到，社会主义社会是一个生产力持续变化和发展的社会，社会主义改革的目标是要实现全体人民的共同致富；对党内的基本理论、基本路线、基本纲领以及对社会主义制度的认识教育要加强，要让人民认识到党的领导与社会主义体制的必要性；因此，有必要对人民群众大力开展社会

① 肖东波，朱永新．教育与中华民族凝聚力［M］．郑州：大象出版社，2005：145.

主义建设伟大成就教育和宣传，以增强人民群众对社会主义的信心和信念感。

社会主义市场经济尽管从某种形式上瓦解着人们的奉献精神，但从最根本的意义上说，它依然需要倡导以集体主义为核心的价值观念。这是因为我们搞市场经济的目的是发展社会主义，最终实现人们共同富裕。社会主义建设事业需要社会成员的共同努力，发扬集体主义精神。因此，新时代爱国主义教育还必须重视集体主义教育。事实上，爱国主义与集体主义在本质上是统一的。因为爱国主义不仅仅是观念，而且是为国家作贡献、维护国家的利益和尊严、保卫国家安全的实际行动。在爱国主义的深层本质中，强调的是国家、集体的价值取向。集体主义作为社会主义道德的基本原则，强调的是国家、集体和个人利益的辩证统一，主张在三者利益发生矛盾时，个人利益服从集体利益，集体利益服从国家利益。这种服从并不是简单地抹杀个人利益，而是把个人利益作为国家利益、集体利益的重要有机组成部分，对个人的正当利益予以确认和保护。因此，二者的统一性要求在加强爱国主义教育的同时也加强集体主义教育。加强集体主义教育，最重要的是要树立人们的集体主义观念，使人们明白个人与集体、国家的依存关系，从理论上和实践上阐明坚持集体主义的重要性和必要性；其次还要加强个人利益和集体利益关系的教育，既要反对忽视个人正当合法的利益做法，更要坚决反对为了个人利益不惜损害集体利益、国家利益的自私自利行为；最后要加强与社会主义市场经济相适应的“以为人民服务为核心，以集体主义为原则，以‘五爱’为基本要求”的社会主义道德体系建设，从道德原则上规范人们的行为。

另外，当代中国爱国主义教育还必须在全民族进行艰苦创业教育。勤俭兴邦，奢侈衰亡，是为古今中外的历史所证明了的规律。中国之所以能在数千年的发展历程中，成为文明古国中唯一没有中断历史的国家，是因为始终保持着“自强不息”的拼搏精神和艰苦奋斗精神。中国共产党成立后，也把艰苦奋斗、勤俭创业作为传家宝加以重视和传承。改革开放后，通过不断的改革与发展，中国的社会主义市场经济建设取得了巨大的成功，人民群众的精神和物质生活水平都有了很大的改善。然而，我们又是在贫穷落后的半殖民地半封建社会的基础上进行社会主义建设的，相对西方发达国家还有相当大的距离。我们要赶上西方发达国家的生产力发展水平和人民生活水平，还需要继续发扬艰苦创业的奋斗精神。所以，当今中国的爱国主义教育，要担负着培养艰苦创业精神教育的责任，要使人民对国家情况有一个准确的了解，对中国特色社会主义事业繁荣长期性、艰苦性有正确的认识，要牢固地树立勤俭建国、勤俭办事的观念。

（二）掌握社会心理，控制和协调社会矛盾

建设中国特色社会主义，以中国式现代化推进中华民族伟大复兴是新时代是新时代中国爱国主义教育的主题。建设中国特色社会主义是以改革开放为主要特征的。当代中国爱国主义教育一个根本的目的和任务，就是要把人们的积极性和创造力集中到中国特色社会主义建设上来，促进他们对改革开放的支持和参与。然而，随着社会主义市场经济的发展和社会改革在多个层面深入展开，即将或已经触及大多数人包括那些支持和赞成改革的人们的切身利益。在这种情况下，人们的社会心理状态将直接影响他们对改革或支持或抵制的态度和行为，并对今后的社会改革和社会稳定造成重大的影响。因此，新时代爱国主义教育在进行改革开放教育时，必须研究人们的社会心理，做到针对性地进行教育。从整个社会层面来看，人们对改革的负面评价很多，但又对改革充满期待。具体来说主要有以下表现：一是在对待改革的态度上，认知与情绪不平衡，主要表现为人们对改革在观念上是认同的，但情绪上对改革又是不满意的；二是在价值取向上更加注重利益，主要表现为把对改革成效的评价与个人利益得失联系起来；三是主体性意识更加强烈，主要表现为个体对自身利益的维护和诉求的增强；四是有明显的挫折感，主要表现为对改革的期望与现实的结果的反差引起的挫折感；五是对收入和稳定的需求增强。

人的思想的产生、改变和发展，从其本源上说，都具有深刻的利益基

础。马克思、恩格斯就说："人们奋斗所争取的一切，都同他们的利益有关。"① "'思想'一旦离开了'利益'，就一定会使自己出丑。"② 社会改革中的社会心理，是社会改革过程中利益矛盾的集中反映。我国社会主义市场经济体制的建立，从根本上改变了社会利益格局。社会阶层的急剧分化，特别是社会弱势群体的产生以及进一步扩大，导致了各种利益矛盾的突出和激化，再加上政府在涉及人民群众利益协调方面的一些不恰当做法，人们对改革的期望与改革中自己利益的实际受损等心理反差等，使得社会矛盾更加复杂化。尽管这些矛盾都是改革过程中出现的不可避免的，属于人民内部矛盾，但是如果没有及时解决，在特定的条件下，也会成为影响社会稳定甚至国家政权的激烈冲突。因此，新时代中国爱国主义教育必须根据社会心理的特点，注重对社会利益矛盾的协调与控制。

控制与协调社会利益矛盾。应尊重和保护个人正当利益，特别是尊重和保护社会弱势群体的正当利益。英国思想史家、政治哲学家以赛亚·伯林曾经说过，"对于不同的观点、不同的社会运动、不同人的行为，无论他们的动机如何，都应当思考这些行为给哪些人带来好处最多，哪些人获得的利益最大。这不是一个愚蠢的问题"③。在社会转型期，对人们尤其是对弱势群体，加强爱国主义的思想教育，固然很有必要，但与此相比，还是为群众办实事，让他们获得真正的好处，更能赢得他们的拥护。所以，在对他们进行爱国主义教育的时候，不能脱离现实的利益进行空洞的教育。在对他们进行理想信念、社会主义、人生观教育的时候，更要对他们的现实困难给予足够的关注，并尽量解决他们的实际问题。具体来说就是要解决好两件事，一是要健全和完善对广大人民群众尤其是弱势群众的社会保障制度。建立与完善社会保障体系并非爱国主义教育者的责任，但从全社会的视角来看，其毫无疑问地起到了爱国主义思想教育的作用，并且对爱国主义教育的有效开展有着重要的影响，所以，社会保障应该被纳入

① 马克思，恩格斯. 马克思恩格斯全集（第1卷）[M]. 北京：人民出版社，1956：82.
② 马克思，恩格斯. 马克思恩格斯全集（第2卷）[M]. 北京：人民出版社，1957：103.
③ 拉明·贾汉贝格鲁. 伯林谈话录 [M]. 杨祯钦译，北京：译林出版社，2002：121.

爱国主义教育研究的范围。二是要加大对社会的民主法治建设力度。这是由于民主法治的需要，也是保障社会公正的必要条件。要强化民主与法治建设，在最大程度上兼顾全社会公共利益的前提下，让广大人民群众尤其是弱势群体有一个能顺利表达自己利益需求的渠道，维护他们的合法权益。

（2）在社会变革进程中，应根据人们尤其是弱势人群的社会心态特征，进行引导和教育。在社会转型过程中，尤其是处于弱势地位的人群的社会心态，归根结底就是一种对于社会转型中，对自身的不利处境难以理解的一种情绪和感情的反映。从理智角度来说，他们同样具有对变革所能带给社会发展的认识，从情绪角度来说，他们对于变革所造成的自身利益的损失感到不满意，在理智和感情之间无法找到一个恰当的平衡，从而产生了心态上的不平衡。所以，要根据其特定心理特征，进行有目的的引导。要对他们不同的情绪和观点表示尊敬和理解。每一个人都会有获得他人尊重的心理需求，所以，在尊重他们、理解他们、关心他们的基础上，进行爱国主义教育，才能消除他们的逆反心态和对立情绪，进而发挥出凝聚人心、培养人和激发人的功能。要为不满意的情绪宣泄营造良好的环境。人民群众在改革开放中，对党和政府乃至对社会主义体制的质疑和不满意，都是因为他们的利益受到了损害，得不到合理的发泄。在进行爱国主义教育时，应当在遵循民主的原则上，确立以人为本的理念，要在充分尊重人民民主权力的基础上，为人们创造出可以自由表达自己想法的机会和环境，并要有足够的耐心听取人民群众摆情况、谈意见、讲道理，使人民群众的焦虑可以用一种合理的方式发泄出来。对一些人的误解，不应该采取宽容、纵容的态度，而应该加以纠正、引导和教育，培养他们的自信。而要从根本上消除人们的社会心态问题，则应从利益回报的需求心理满足上入手。但是，要想彻底解决他们的利益受到损害，以及因此产生的各种不满情绪，光靠提供物资帮助是不行的，更重要的是要对他们进行激励，让他们建立起自信。在社会中，应当努力创造一种互相关爱、互相扶持的气氛，要更加重视并激励依靠自己勤劳和努力发家致富的人，要对那些在创业中取得了巨大成就的人进行大力的宣传和表扬，让整个社会都能够建立起一种只有依靠自己的勤劳和努力，才有可能让自己变得富有的信念。

（3）应加强党的廉政建设，加大反腐败的力度，提高党的执政能力，增强党的公信力。中国共产党是中国特色社会主义事业的领导者，其领导地位的确认的前提和基础是人民对党的领导的信任和对其执政地位合法性的认可。从这种意义上说，提高党对爱国主义教育的领导能力，首先应提高党的执政能力，也就是要提高党对人民的凝聚力、影响力、吸引力。一方面中国共产党必须始终代表中国人民的利益，另一方面还必须有能力让全体人民都能在全社会中享有平等自由，都能充分地享有就业、升学、迁徙等方面的权利。应该说，中国共产党从其诞生之日起，历经抗日战争、解放战争、社会主义的初步探索到中国特色社会主义事业的蓬勃展开，无不向世界展示了其卓越的领导能力，并获得了执政合法性的思想基础。然而，伴随社会主义市场经济大潮的党内腐败现象，已成为一个司空见惯而又令人深恶痛绝的敏感问题，特别是因腐败而造就的一批暴富者，以及其带给人们的被剥夺感和不公正感，大大地削弱了人们对党的领导和执政的合法性的信仰基础。因此，提高党的执政能力，关键在于坚定不移地反腐败，进行自我革命，使党能够始终代表最广大人民的利益，本着全心全意为人民服务的宗旨，确保社会公平与公正，确保社会稳定与自由，确保人民生活不断改善与进步，确保每个人在社会中能全面发展。

二、应对全球化的挑战采取的对策

面对全球化思潮对当代中国爱国主义教育带来的严峻挑战，当代中国爱国主义教育唯有站在全球化的视野内，做好三个方面的工作，积极应对这些挑战。

（一）明确全球化的本质，突出民族国家利益教育

全球化所引发的民族、国家观念的变化和以此带来的人们思想意识的

变化，就其实质而言，是在对全球化的本质缺乏了解的情况下，把全球化现象进行了夸张和臆想的产物。因此，新时代中国爱国主义教育首先必须在加强对全球背景下形形色色的全球化理论进行研究的同时，还要向人们澄清两个重要的观点：一是全球化并不是一个新鲜的事物，早在 150 多年前，马克思、恩格斯在《共产党宣言》中指出：通过开发国际市场的努力，资产阶级已经把所有的国家产品和消费都变成了全球性的了，传统的局部和民族性的独立、封闭状况，已经被各个民族之间的相互联系和相互依存所取代了，打破了民族的片面性和局限性。① 而且近些年来，全球化倒是激发了世界各地的“区域化”现象的加强，如欧盟、北美自由贸易区等；二是全球化实际上带有明确的民族利益目的，它是新自由主义推行自己主张的一种手段。其真正的含义就是“全球国家和民族的解体，迫使各国政府放弃干预经济的权利，听任跨国公司和国际金融巨头操纵世界经济，制定影响全球各国的经济政策”②。

既然如此，那么，在全球化的过程中，保护本国人民的权益是一种必然的职责。因此，在新时代中国的爱国主义教育中，应以国家主权、民族利益教育为核心内容，一个国家或一个民族，唯有维护其自身的主权与权益，方能抓住全球化的机会，促进本国经济的发展，从而走出落后与依赖的困境。从我国实情来看，在国家主权和民族利益还在的时候，爱国主义教育就要将国家主权、民族利益教育作为重点来开展。因为世界历史已向我们证明，在任何时候，国家主权和民族利益都是一个国家强盛的基础。而一个真正强盛的国家，其所依赖的精神支柱是本国国民励精图治的爱国主义精神而不是别的什么东西。只有民族国家强盛了，才有可能为世界作贡献，离开了民族国家的强盛，为世界作贡献只能是空洞的道德箴言。即使在全球背景下的世界大家庭中，贫穷落后的国家也会受强者欺侮，根本谈不上自身的发展，更谈不上对世界、对其他民族的贡献。所以，当代中国爱国主义教育必须突出国家和民族利益，要教育人们在认识一切国际关

① 马克思，恩格斯. 马克思恩格斯选集（第 1 卷）[M]. 北京：人民出版社，1995：276.
② 河清. 全球化与国家意识的衰微 [M]. 北京：中国人民大学出版社，2003：12.

系和国际形势中，始终注意把中华民族的利益看得高于一切，重于一切，在将来可能参与的国际交往活动中，能够始终自觉、勇敢并善于捍卫国家的主权和维护民族的正当利益。

（二）坚持对外开放的原则，培养正确的民族心态

随着经济全球化浪潮的推进，世界市场体系的不断发展，不仅促进了生产要素在全球范围内的合理配置，也进一步加深了各国之间相互依存的程度。在这种趋势下，任何一个民族国家都不可能闭关自守，与世隔绝。与其他国家进行交流与学习、合作与共处，是每个民族国家在全球化时代生存与发展的必然选择。全球化进程中的中国，必须坚持对外开放的原则，抓住机遇，以广阔的视野、开放的胸怀和海纳百川的气势面对和吸收人类文明创造的一切优秀成果和进步观念，推进社会主义事业的发展和中华民族的伟大复兴。然而，随着对外开放进程的加快，面对西方世界的富裕与发达、霸权与扩张，许多人都不能保持正常的心态。社会中出现的民族国家认同危机、民族分离运动、民族报复情绪等现象，都足以表明一部分中国国人民族心态的失衡。因此，当代中国爱国主义教育在坚持对外开放原则的同时，更应注意培育正常的民族心态。从本质上来看，民族心态实质上就是民族自尊心问题，它往往体现在民族的尊严和自豪感中。所谓的正常民族心态，是相对于民族狭隘主义、民族虚无主义的思想和情绪来说的，它是一种不盲目、不骄傲、不自卑的民族精神与性格。这不仅是一种爱国主义的心理依据，也是一种在处理与别国关系时所表现出来的一种正常的精神状态。在中国人中，不正常的民族心态主要有两种，一是民族狭隘主义，一是民族虚无主义。民族偏狭主义是一种与中国“大一统”的封建社会及其由此而产生的“泱泱大国”等价值观有紧密联系的民族心理，其特点是“封闭”，夜郎自大，认为中华民族是最优秀的民族，在民族的尊严和爱国问题上，是从拒绝开放和拒绝外来援助的角度来认识。在中国近代历史上，由于外敌入侵、国门失守，由“大一统”的封建专制变成了半封建性、半殖民性的国

家，从而又产生了民族虚无主义。与民族狭隘主义相反，它从否定传统到否定社会主义建设成就，从而认为中华民族一无是处，想要实现民族振兴只能实行“全盘西化”。在当代中国，有对本民族怀有无限热情甚至激情崇拜，以至于以维护“民族利益”而盲目排外的狭隘民族主义心态，也出现了崇洋媚外，漠视国家利益，不谈意识形态的民族虚无主义心态。当代爱国主义教育必须反对这两种不正常的民族心态，特别是要反对民族虚无主义。

反对民族虚无主义，必须加强民族自尊心、自信心和自豪感教育。民族自尊心、自信心和自豪感是基于对本民族自身的历史、现状和未来而产生的积极情感和自我肯定，是任何时期任何爱国者都必须具备的情感。民族的自尊心、自信心和自豪感是一个民族自力更生的根本，也是一个民族强国的精神支柱，正如邓小平所说，当谈论人格时，不能忘了国家的品格，尤其是发展中国家，如果连自己的民族自尊心都没有，不珍惜民族独立，那国家立不起来的。① 斯大林也曾指出，革命的自豪感，可以创造奇迹。② 现代中国人有自己的自尊心和自豪感，他们把自己一切都献给了自己的祖国，把他们的一切都奉献给了社会主义国家建设，把损害社会主义祖国的利益、尊严和荣誉都当成了最大的羞耻。这是我们规范行为、判断是非的标准，是当代中国爱国主义的重要内容。对于发展中的中国而言，与西方发达国家之间的差异是客观存在的，某些方面的差距非常大。对此，爱国主义教育必须用中国的历史教育人们，使人们正确地、历史地、全面地进行分析。历史告诉我们，中国除了走社会主义道路别无选择，同时历史也告诉我们，落后并不可怕，可怕的是迷失方向，丧失民族自尊心、自信心和自豪感。要对人们进行社会主义建设的巨大成就教育，让他们看到社会主义中国的和平崛起，使他们对中国的社会主义前景充满信心。

---

① 邓小平．邓小平文选（第3卷）[M]．北京：人民出版社，1993：331.

② 斯大林．斯大林全集（第13卷）[M]．北京：人民出版社，1956：25.

（三）维护民族文化安全，增强民族认同感

2014年9月，习近平总书记在纪念孔子诞辰2565周年国际学术研讨会暨国际儒学联合会第五届会员大会开幕会上的讲话指出：文明特别是思想文化是一个国家、一个民族的灵魂。无论哪一个国家、哪一个民族，如果不珍惜自己的思想文化，丢掉了思想文化这个灵魂，那么这个国家、这个民族是立不起来的。文化为什么这么重要，《易经》里说："关乎天文，以查时变，关乎人文以化成天下。""国家之魂，文以化之，文以铸之。"任何一个民族的存续和发展，都离不开其自身文化生存状态。一个民族的文化现状，既是对一个民族和国家过去、现在的一种继承和包容，也是对其未来发展的一种展望。文化的深层次的构造中包含的思维方式、传统习惯、心理定式是构成民族认同的重要要素，也是一个民族生存和发展的先决条件。在全球化的进程中，一些西方发达国家利用他们的资本、技术和市场的优越性，推行文化霸权主义，并力图我国文化进行渗透。因此，我国应与世界上的其他国家一样，采取一些积极的行动，来保护和发展自己的民族的文化，并以此来维护祖国的文化安全。其中，首要任务是明确和坚持发展中国特色社会主义文化的基本立场，要不断提高人们对中国特色社会主义文化的认同。具体来说，应从以下方面着手：首先，中国特色社会主义文化根植于中国特色社会主义的伟大实践，源自中华优秀传统文化，因此要加强对中华民族优秀传统文化的教育、学习，要引导人民对中国古代的历史和文化进行综合性的分析，从而提升民族文化素质；二是要正确地引导老百姓掌握先进的思想文化，因为先进的思想文化一旦被群众掌握，就会转化为强大的物质力量；引导老百姓抵制各种消极腐败文化、抵制落后的错误的观念，因为这些落后的错误的观念如果不被破除，就会成为社会发展进步的桎梏。三是要加强引导广大人民群众对本土文化与外来文化关系的理解与把握，要强化文化自信，文化自信是更基础、更广泛、更深厚的自信，是一个国家、一个民族发展中的最基本、最深沉、最持久的力量。我们要增强民族文化创新能力，要让中国文化走出去，要提

升中国文化软实力和中华文化影响力。

在新时代，党坚持把社会效益放在首位，社会效益和经济效益相统一，推进文化事业和文化产业全面发展，为人民提供了更多更好的精神食粮。在满足人民多样性的文化需求中更好地增强人民共同奋斗的精神力量，在增强人民精神力量的过程中更好地满足人民的文化获得感和幸福感。

三、应对互联网挑战采取的对策

随着信息化时代的到来，面对互联网的挑战，当代中国爱国主义教育必须抓住网络信息的特点，利用其优点的同时，积极应对网络信息时代的新课题。

（一）要高度重视网络爱国主义教育

加强互联网上的爱国主义教育的宣传，是党和国家的一项重要工作。20 世纪初，江泽民在全国思想政治工作座谈会上就指出，信息技术的发展，特别是信息网络技术的发展，为思想政治工作取得进一步发展，提供了更为先进的技术和手段。因此，要充分利用现代信息网络技术，加强思想政治工作的时效性、广度和影响力。江泽民同志在 2001 年 1 月 10 日召开的全国宣传部长会议上，提出了要充分关注网络的舆情，积极发展、充分利用、加强管理，不断提高网络的影响和战力，让网络变成一个新的思想政治工作的阵地、一个新的对外传播的通道。李岚清也是在这一年七月，在第九次全国党校的党建会议中，提出应该对互联网技术给予足够的关注，并将其应用到实际的思想政治工作当中，让学生与教师在利用互联网传播信息的同时，也要大力提升他们的政治敏锐性和抵御各种不良思想与生活方式的能力，同时也要让学生和老师们能够更好地适应互联网的发展趋势。时任教育部长的周济还在大学校园内的网上资讯和管理工作座谈会上指出，对新的形势、新的问题，要进行深入的研究，积极占据网络思想政治教育的新位置，掌握网络思想政治教育的主动权，为网络政治教育工作开辟一条新道路。

进入新世纪，随着手机、平板电脑等移动信息端的普及，网络已经成为广大老百姓获取信息和知识教育的重要阵地，并且成为意识形态斗争的主战场，因此加强爱国主义教育，必须要充分运用好互联网的传播渠道。

2019 年习近平总书记在主持中共十九届中央政治局第十二次集体学习时的讲话中指出：没有网络安全就没有国家安全，过不了互联网这一关就过不了长期执政这一关。

随着科学技术、新媒体的快速发展，介入互联网的民众越来越多。2023 年 3 月 2 日，中国互联网络信息中心（CNNIC）在北京发布第 51 次《中国互联网络发展状况统计报告》（以下简称：《报告》）。《报告》显示，截至 2022 年 12 月，中国网民规模达 10.67 亿，较 2021 年 12 月增长 3549 万，互联网普及率达 75.6%。随着智能手机的广泛使用，互联网上的信息发布、传播和接收更加便捷，社会舆论的变化也更加的复杂化。国际国内、线上线下、虚拟现实等界限愈益模糊，构成了越来与复杂的网络舆论场。当前，互联网的形势错综复杂，其中不乏一些杂音、噪音和消极的评论，这些评论对未成年人产生了较大的冲击。[①] 国家在互联网发展的现实条件下，把握了这个时期的机会，始终以问题为导向，针对在互联网发展过程中遇到的许多问题，提供了一系列的新思想、新观点和新主张。坚持"以人为本"，是国家倡导的发展理念。要始终把改善民生当作互联网发展的起点和终点，针对网络技术创新、网络舆论治理和网络空间命运共同体构建等问题，需要重点净化网络环境，营造网络的有利氛围，为中国由"网络大国"走向"网络强国"奠定坚实的基础。要做到这一点，促进互联网的健康发展，充分利用互联网的社会影响力，就需要始终坚持中国特色社会主义，以社会主义核心价值观为指引，以实现中华民族伟大复兴中国梦为指引，要"正能量充沛，主旋律高昂"，要"建设一个风清气正的互联网"，使互联网能够作为传播正能量、建设主流思想的一个主要平台。

---

① 辛旭、郭勇：《习近平网络强国理论的三重审视》，载《辽宁工业大学学报（社会科学版）》，2022 年第 6 期。

习近平指出："要充分运用新技术、新应用创新媒体传播方式，占领信息传播制高点。"① 加强网络爱国主义教育则是应有之义，也是网络思想政治教育的重要组成部分，也是教育的核心内容。

（二）要创新教育途径，拓展爱国主义教育的空间

在网络时代，除了继续运用传统手段进行爱国主义教育外，还必须注重对网络技术的开发和运用。

1. 建立完善的爱国主义教育网络系统，加强爱国主义网络内容建设

随着互联网的不断发展和普及，人们对爱国主义教育信息化的需求也越来越强烈。西方国家在互联网中进行文化渗透，表明了互联网中也存在一些"空白地带"，这一空白地带是需要去占领的。爱国主义教育需要充分发挥网络的作用，强化网络的管理和监测。现在，在互联网上已经建立了许多的爱国主义教育网站，应当将其与各个大学的校园网及知名大学的远程教育网进行链接，让更多的媒体能够接入其中，从而达到资源共享，构建并健全教育网络体系，构建起一个立体的教学格局。要充分发挥校园网络优势，搭建校园爱国主义文化宣传的平台。目前，我国大部分高等院校已经建立了属于自己的校园网，它不但是为教师提供教学的方便、快捷的教育平台，而且也为学生提供了一个方便、快捷的学习环境，是提高学生综合素质的有效手段之一。学校要在网络上开展爱国主义教育，开辟专栏和园地，让学生在网络上畅游的同时接受教育。

这就要求加强爱国主义网络内容建设。加强互联网爱国主义教育内容建设，壮大主流舆论阵地。要做强网上正面宣传，旗帜鲜明地坚持正确政治方向、舆论导向、价值取向，用习近平新时代中国特色社会主义思想团结、凝聚亿万网民，推进网上宣传理念、内容、方式、方法、手段等创新，把握好时度效，构建网上网下同心圆，更好凝聚社会共识。通过加强爱国主义网络内容建设，广泛开展网上主题教育活动，如制作并推介体现

---

① 习近平．在全国网络安全和信息化工作会议上的讲话（2018 年 4 月 20 日）［G］//中共中央党史和文献研究院：习近平关于网络强国论述摘编．北京：中央文献出版社，2021：41.

强烈爱国主义情怀及适合网络传播的音频、短视频、网络文章、纪录片、微电影等，让爱国主义充盈网络空间。[①] 2021 年 9 月，人民网联合中央党史和文献研究院第七研究部、《人民日报》“碰碰词儿工作室”共同制作推出的《奇迹有密码》系列短视频，以水墨画的展现形式，与生活在现代的文明“隔空对话”，通过小切口讲故事，推动爱国主义伟大精神在广大群众特别是青少年群体中入脑入心。

2. 开发爱国主义教育软件，创建爱国主义教育专用数据库

爱国主义教育软件要将爱国主义教育内容和情感教育工作有机地融合在一起，将一个严肃的宣传内容转变为生动的、通俗易懂的、具有德育功能的、知识性的、趣味性的网络教学内容，将爱国主义教育从“平面”发展到“立体”，从“单向”发展到“交互”发展。同时，要重视创建爱国主义教育专用数据库，使爱国主义教育信息的收集、存储、管理实行信息化、网络化；充分发挥互联网丰富的信息资源优势，为人们提供与爱国主义教育信息相关的快速搜索和服务，并充分运用互联网的互动特性，进行在线的信息交流。

在创建爱国主义网上数据库，加强线上爱国主义教育时，应加强与爱国主义教育基地、红色旅游基地等实体教育基地的有机结合，包括南湖红船、井冈山革命纪念馆、遵义会议纪念馆、延安革命纪念馆、西柏坡革命纪念馆、毛主席纪念堂、中国人民革命军事博物馆、中国共产党历史展览馆等在内的多数爱国主义教育基地和著名红色旅游景点，可以以线上形式向广大国民展示并进行线上互动。老百姓可以借助新的信息化技术手段，在网络上观看纪念馆全景展示，方便百姓足不出户了解历史，学习党史。值得一提的是遵义会议纪念馆，百姓可以在线上查询开放时间、乘车路线等内容，还可以在线预约展览、预约讲解服务等。

加强爱国主义教育的数字化建设，借助互联网渠道，将爱国主义教育基地、红色旅游景点等更方便、直观地展现在广大百姓面前，这样将更广泛地对广大群众加强爱国主义教育。

---

① 本书编写组.《新时代爱国主义教育实施纲要》学习读本 [M]. 北京：人民出版社，2020：261.

第四章 新时代爱国主义教育的主题——实现中国梦

第一节 解读时代主题——中国梦

一、中国梦的内涵

古往今来，中华民族一直没有停止过追寻梦想的脚步。梦即理想，即追求。中国梦是国家和民族前进的灯塔。

中国梦，是中国共产党第十八次全国代表大会召开以来，习近平总书记所提出的重要指导思想和重要执政理念。中国梦这一理念首次由习近平在参加国家博物馆“复兴之路”的展览时得到阐述，并提出“中华民族近代以来最伟大的梦想就是实现中华民族伟大复兴”。① 习近平同志还曾指出：“中国共产党一经成立，就把实现共产主义作为党的最高理想和最终目标，义无反顾肩负起中华民族伟大复兴的历史任务，团结带领人民进行了艰苦卓绝的斗争，谱写了气吞山河的壮丽史诗。”② 对于实现第二个百年奋斗目标，提出了“两步走”的新战略思路。在 2020 年至 2035 年之间基本实现社会主义现代化，从 2035 年至 21 世纪中期，全面建成社会主义现

① 习近平．习近平谈治国理政（第 1 卷）[M]．北京：外文出版社，2018：36.
② 习近平．习近平谈治国理政（第 3 卷）[M]．北京：外文出版社，2020：11.

代化强国。到时候，中国各个方面都将得到全方位的提高，中国的治理体系和治理能力也将得到彻底的改善，综合国力将达到一个新的高度，全体人民将实现共同富裕，中华民族将会以一种更高昂的姿态屹立在世界民族之林。

关于中国梦的内涵，较早的最为普遍性的观点是中国梦就是中国人民的现代化之梦，就是我们要在21世纪上半叶，在与当代社会各种文明的交汇之中，在不断弘扬爱国主义和自主创新的过程中，实现中国式现代化。在这个意义上，可以说中国梦就是要用文明的方式、文明的理念、文明的精神去实现中华文明的现代复兴，实现国家富强、民族振兴、人民幸福。这是基于当代中国社会经济政治发展的实际情况而赋予中国梦的时代内涵。

（一）中国梦是国家富强梦

只有国家好，人民才能好；有国才有家，要实现中国梦，国家富强是必不可少的关键因素。从狭义上看，中国国际影响力明显提升，国家层面的战略合作伙伴越来越多、合作领域越来越广泛、中国的科技创新水平和综合国力显著增强都是国家富强的表现。从广义上看，民主、文明、和谐、美丽也是国家富强的意义所在。实现人民当家做主是中华民族伟大复兴的基本要求，要实现党的领导、人民当家做主和依法治国有机统一；要不断提升制度文明、大力建设精神文明、积极探索道路文明，为人类社会提供新的文明范式；社会和谐是中华民族伟大复兴的重要保证，要推进社会事业改革创新，确保社会矛盾与问题有序解决，使社会充满朝气与活力。

（二）中国梦是民族振兴梦

民族振兴是实现中国梦的根本和核心，它包括祖国统一、民族团结以及中华民族以更加自信、自强、昂扬向上、文明开放的姿态屹立于世界民族之林。国家统一是整个中华民族重新振兴的重要保证。近代以来，祖国一直处于被分裂的局面，直到1949年新中国成立才实现国家主权独立、民族解放和人民当家做主，但台湾仍与大陆处于分离状态，因此，国家统一是中华民族的核心利益所在，也是实现中华民族伟大复兴的重要保障。

（三）中国梦是人民幸福梦

人民幸福是实现中国梦的重要价值目标和判断民族振兴是否实现的价值尺度，是整个梦想的出发点和落脚点，从其本质上说就是要消灭贫穷，实现共同富裕，不仅要有国强富强，更要有人民富裕，保护公民最基本权益和提高其生活水平，要帮助人民取得他们需要的物质需求，解决好人民需要解决的问题，这不仅能使人民在物质层面得到满足，也能使人民在精神层面感受到其价值和存在。

二、中国梦的基本特征

中国梦的基本特征是什么？从不同的角度阐述，就会有不同的结论。本部分从中国梦与爱国主义相联系的角度来看待这一问题。

第一，中华民族发展过程的统一。这里的发展过程包括古代、近代、当前和未来。我们要实现的复兴与中国古代曾经的辉煌具有共同点，都是智慧、勇敢、勤劳的中国人民所参与的。中国人有创新的能力，有带领世界文明进步的能力，这种能力是一脉相承的：古代的人民具有，今天的人民也具有。当然，我们不是要回到中华民族所曾经创造出来的传统文明，而是要创新出与现代社会相适应的、新型的高级的社会主义文明。近代中国革命为中华民族增添了一种新的文化血性，我们这个民族具有为独立、自由而不惜流血牺牲的革命精神，我们这个民族也具有一种从困境中振作起来的革命奋斗精神。近代中国革命与当前中国人的共同点是：在我们党的领导下，全国人民团结一致，改正过去的错误，推动我国社会主义事业不断向前发展。当前的形势下我国特色社会主义与未来中华民族复兴之间的根本关系就是，在中国共产党的坚强领导下，我国的社会主义是我们民族发展的独一无二的优势，也是我们实现复兴的真理之路。因此，我们的复兴梦是历史发展的产物，其背后以一种中国力量和中国精神作为支撑。

第二，国家、民族和人民的统一。我们的国是指中华人民共和国；我们的民族是指中华民族；我们的人民，是指我们国家的公民和我们民族的成员。在现实中，这三者其实是统一的，一个普通的劳动者，从政治实体说，它属于中国；从民族或文化意义来说，他属于中华民族；从阶级性来说，他属于人民。从最终发展的结果来看，国家富强、民族振兴、人民幸福的意义是不同的，但它们有一个最终目标——实现我们复兴梦。从中国历史发展来看，国家、民族和人民，都是与爱国紧密相关的政治范畴。

第三，我们的伟大复兴与社会主义的统一。“实现全面建成小康社会”就是“第一个百年目标”，“建成社会主义现代化国家”就是“第二个百年目标”。也就是说，共产党领导人民走的中国特色社会主义道路，是实现复兴梦的唯一正确道路。这是一条值得人民为之不懈努力的道路，这是一条值得人民为之不懈奋斗的道路。没有努力哪里能看见收获呢？这也就说明，我们的复兴梦是要靠人民的努力才能实现的。第四，中国梦与其他国家人民的梦是相同的。在古代，我们的祖先和人民曾经缔造了光荣灿烂的文明，但他们将其奉献给了全世界，让世界共享，并没有凭借这种文明优势奴役其他国家的人民。在近代衰落之后，我们的先辈受到了其他西方帝国主义的欺辱和掠夺，受够了这些苦难。正如《论语》提到，“己所不欲，勿施于人”，这也是中国人民一脉相传的文化基因。因此，当我们富起来强起来以后，我们决不能将自己曾经受过的苦难施加给他国，也不走霸权主义的路。因此，我们的复兴梦是给其他国家的人民消除苦难的，带给世界是真正的和平、平等。从内容上说，国家富强、人民幸福，不是我国所特有内容，而是属于世界绝大多数国家所追寻的内容。我们的复兴梦，与世界其他国家人民的梦不是一种对抗的联系，而是一种共建共享的联系，我们的复兴梦给其他国家带来的是新发展。可以说，我们的复兴梦就是中国人民再次给世界文明发展、进步做出的巨大功绩。

第二节　中国梦背景下爱国主义教育的基本要求

一、坚持实现中华民族伟大复兴的中国梦

中国梦是实现中华民族伟大复兴的形象表达，这是当下中国爱国主义的重要主题。这个主题，是当今中国特有的一种精神标签和一种价值追求，它铭刻于党“不忘初心、牢记使命”的大旗之上，鼓舞着一代代中华人民为祖国的富强、人民的福祉而不断努力，也为中国人民在危机与挑战并存、探索与曲折并存、挫折与困境并存的艰辛探索道路上提供了源源不断的动力。只有那些曾经缔造了许多奇迹的国家，才会如此渴望重新崛起。正如前述，实现中华民族的伟大复兴，不仅是近代以来一代又一代推动中国向前发展的志士们孜孜以求的最伟大的梦想，也是新时代背景下爱国主义教育最突出的主题，同时也是推动国家治理能力和治理体系提升的重要战略部署。拥有坚实力量作为支撑的爱国主义，是打开民族复兴之门的关键，中国梦是点燃民族情感的一个关键火种，是引领新时代爱国主义教育目标的方向。

二、坚持爱党、爱国和爱社会主义相统一

习近平强调，新时代爱国主义的内在特性是爱国、爱党和爱社会主义的有机结合，正如他所说，国家的命运和党的命运、社会主义的命运是紧密相连的。只有将三者有机结合，才能使爱国主义生机蓬勃，也才能体现

出现代中国的爱国主义精神。[①] 解读“爱国主义”的内在属性，其核心就是要弄清楚中国人为何要选择中国共产党、为何要走上社会主义的发展之路。这个问题的解答，需要把它放在中国人民的奋斗历史和中国特殊国情之中去寻求。从这一角度来看，近代史也是一部斗争史，是一部中华民族反抗外来入侵、争取民族独立、实现人民解放的爱国史。中国人民致力于寻找一条新的道路，为拯救自己的国家而奋斗，各种救国方案与政治运动不断涌现，然而，这些并没有从本质上改变中国半殖民地半封建社会的状况。中国共产党领导着中国人民浴血奋战，艰苦奋斗，在“坚持把革命进行到底”的精神下，成立了新中国，在“一贫如洗，百废待兴”的情况下，开展了社会主义的建设，在“一片空白，两手空空”的条件下，进行了改革开放，实现了党和国家事业的历史性转型和飞跃式发展，开创了一个崭新的时代。一代代中国共产党员，用他们的实践，向世人展示了“爱国、报国、兴邦”的伟大精神，揭示了“为什么选择中国共产党，选择中国特色社会主义”的历史根源。可以看出，新时代爱国主义的内生特质，是中国共产党领导着全国人民在实现民族独立、人民解放、祖国繁荣进行具体行动中形成的，是在历史唯物史观指导下，探索出具有中国特色社会主义发展之路具体行动中得以体现的。

三、坚持爱国主义是中华民族精神的核心

一棵大树，只有扎根于肥沃的土壤，才能挺拔不倒，一个民族，只有铸造出一道精神长城，才能经受住磨难、焕发生机。爱国既是中国人心灵之源，又是他们的精神归属。爱国主义以它的感召力和魅力为中华民族的精神构建了一根顶天立地的支柱，它以纯净而深刻的历史铸造了越来越辉煌的爱国主义精神。在中国，爱国主义是中华民族民族精神的根本内核，它流淌于中华民族的血脉和基因中。爱国精神能够将各民族人民的共同理

① 习近平．在中共中央政治局第二十九次集体学习时的讲话［N］．人民日报，2015-12-30（001）．

想与价值观结合起来，培养他们高度的历史责任感与以国家利益为先的基本价值观，让他们认识到，中华民族是一个具有清晰价值观的政治文化共同体，而中国是一个具有明确主权与价值观的政治主体。爱国主义将人民朴素的乡土之情、宗法之依，上升到对家国之邦的整体认可和爱，将各个民族对本地区、地域的保护意识逐步拓展到对国家主权和国土的责任心。在不同民族之间的文化因素互相融合、互相碰撞的过程中，爱国主义始终将国家的总体发展作为其价值观，吸收各个民族的优秀文化，抛弃那些妨碍中国长远发展的思想观念，从而建立起一种稳固、可持续的发展体系。从中华民族精神诞生之日起，就具备了很大的包容力，并在与各种不同文明精神体系的融合中，以其本身的持续发展为根基，使中华民族精神得以延续至今。中华文化虽然在千辛万苦、历经磨难的过程中遭到了无数次的攻击和破坏，但是在爱国主义精神的指引下，它还是能够重新振作起来，焕发出勃勃生机。习近平指出，要在新的历史时期，不断地发扬以爱国主义为中心的民族精神，凝聚起一股巨大的力量，为中国梦的实现，提供更强大的精神动力和支撑。

四、坚持立足中国、面向世界

在经济全球化的大潮中，国家间的交往和发展不断加深，世界各国已经形成了一个命运共同体。尽管许多国家都承认这一点，但在面临全球一体化的问题时，为了自己利益需要会选择“孤岛式”的外交策略。而新时代的爱国主义实践则是在“全球化”不断发展的背景下开展的。习近平总书记从中华民族和人类发展的角度出发，立足于本国利益的角度，着眼于人类共同利益的基础，提出了人类命运共同体理念，并推动“一带一路”倡议。习近平总书记掷地有声地指明：“这个时代的发展趋势是和平发展、合作共赢，旧的殖民体系土崩瓦解，冷战时期的集团对抗不复存在，任何国家或国家集团都再也无法单独主宰世界事务。”“这个世界，各国相互联系、相互依存的程度空前加深，人类生活在同一个地球村里，生活在历史和现实交汇的同一个历史时空里，越来越成为你中有我、我中有你的命运共同体”①。历史表明，只有跟上时代的发展趋势，才能屹立于世界民族之林。习近平总书记在新的历史时期，创新性地提出既要立足本国实际，又要面向国际。新时代的爱国主义思想，是在中国人民的根本利益与国际发展趋势交融的基础上形成的，它深深地扎根于中华民族利益和人类共同利益的现实土壤当中。在各国出现了利益矛盾的情况下，控制分歧、加强合作才是各国的应有选择。对新时期的人们进行爱国主义教育，既要认识立足于国情、维护国家利益的重要价值，更要清楚保障全人类的共同利益是一项艰巨的使命。

第三节　中国梦背景下爱国主义教育的时代价值

一、深化理想信念，助力实现中国梦的伟大创举

作为人的“精神之钙”，理想信仰是前进的动力源泉，是实践的方向。在中国梦的背景下进行爱国主义教育，要抓住机遇，在全球化环境中，只要有坚定的理想信念，就不会有任何困难能够阻挡中华民族前进的步伐。要增强人们的理想信念，就需要深刻理解和把握马克思主义基本原理与历史规律。只有坚持理想和信仰，中华民族伟大复兴的中国梦才能按照党中央擘画的顶层设计去实现，而爱国主义所蕴含的伟大力量就是实现中国梦的一把所向披靡的利刃。历史地看，每一场考验，考验的都是信念。不可忽略的是，在2020年新冠疫情暴发之后，互联网上散布着各种流言，各种质疑，对最初的封控和后来的“动态清零”政策，网上多有非议。有一些普通百姓也被不怀好意的一些舆论带了节奏。这进一步说明了在重大考验

① 习近平．习近平谈治国理政（第1卷）[M]．北京：外文出版社，2014：272.

面前，进行爱国理想信念教育的重要性。在中国梦背景下，以爱国主义精神为核心来强化理想信念，不仅是维护社会安定的重大措施，更是一项实现中华民族伟大复兴的战略抉择。

二、厚植家国情怀，凝聚中华民族伟大复兴的思想共识

无论是在中国的百年奋斗历程中，还是在突如其来的新冠疫情中，都深刻地体会到家国情怀所喷涌出来的强大精神谱系的凝聚力量。家国情怀是一条纽带，它将中华文化从一个时代延续到另一个时代，并推动中华民族在时代的洪流中不断前进。家国情怀是一种对祖国的情感，是一种对家与国合一的深切实践与感悟。是一种永恒的人格追求，是一种灵魂品质。要在新的历史条件下，厚植家国情怀、构建精神之乡，引领人民走中国特色社会主义的道路，弘扬伟大中国精神，凝聚磅礴中国力量，推动中华民族伟大复兴梦逐步实现，这就为新时期的爱国主义教育提出了新的现实需要与价值要求。家国情怀具有情感温度、实践高度、理念高度，具有强烈的感染力、吸引力，它是一种“润滑剂”，能够将个体利益与集体利益、眼前利益与长远利益、局部利益与全局利益融为一体，对唤醒人们理性的爱国主义情感、夯实意识形态基础、鼓舞民族士气、激励中国人民的活力与创造性，都有着非常深刻的意义。

三、引领责任担当，激发社会主义现代化强国的主体力量

纵观中华民族的奋斗过程，可以看到，在国家面对重大挑战的时候，爱国主义就会爆发出一股巨大的凝聚力，从而引导着青年们，勇敢地站在潮头，敢于担当。爱国主义是一种以理想信念、责任担当等中国要素为核

心的文化，它无形地规范着年轻人的思想与行动。公民的社会责任意识状况，对中国全面建成社会主义现代化强国具有重要意义。也就是说，青年只有将敢于担当内化成为国为民的责任感，成为真正的“守护者”，真正承担起并履行社会职责，才能在国家危难之际承担起社会责任。习近平同志提出，当今时代，中国青年人一定要、也必将要肩负起祖国未来、民族兴衰、人民福祉的责任。在疫情防控过程中，在党中央的坚强领导之下，大家齐心协力、闯关夺隘，这就是“天下兴亡，匹夫有责”的责任担当最好的诠释。在中国梦的背景下，进行爱国主义教育，要明确责任担当的根本内涵，理清责任担当和爱国之间的联系。过去三年，在与疫情斗争的过程中，人们对科学技术创新的重要性有了更深入的了解，从而让人们产生了更为积极的进取心、努力向上的学习热情。大家意识到，在当下，要勤奋学习、踏实肯干，这样才能更好地为中华民族伟大复兴这一伟大的梦想实现，做出自己应有的一份贡献。

第四节　实现中国梦需要弘扬爱国主义精神

习近平总书记指出，要将中国梦作为一个伟大的梦想来实现，大力弘扬爱国主义的民族精神与改革创新的时代精神。这两种精神是凝聚最广大人民力量、团结一切能够团结的力量的重要动力。爱国主义是使中华民族坚定地走同一条道路的强大精神动力，而在这条路上，不断地进行变革和创新，又将会持续地推动着我们不断地向前迈进。全国各族人民要大力发扬伟大的民族精神和时代精神，加强团结一致的精神纽带、自强不息的精神力量，始终充满活力地向前迈进。

一、实现中国梦是长期的过程

中华民族伟大复兴前景是光明而美好的，是党为之努力的奋斗目标，但这是一个漫长而艰辛的历史进程。

根据党中央和国家提出的规划，到2035年，我国要基本实现社会主义现代化，追上并进入中等发达国家的行列，但是同最先进的发达国家还是有相当大的距离的。据国家统计局发布的信息来看，2022年，我国人均GDP达到了1.27万美元，但与美国人均7.64万美元相比，我国仅占美国人均GDP的16.6%。就算再过十几年，我国的GDP已经超越了世界上最发达的国家，但是以超过14亿的人口来计算，我国的人均指标还是有很大的距离。换句话说，要完成民族复兴的伟大事业，还有很长的路要走。邓小平在早期就曾经说过：要想把社会主义体制进一步发展起来，还有很久的一段历史进程，要经过几代人、十几代人，乃至几十代人的不断奋斗。实现中华民族的伟大复兴，应与社会主义制度的发展进程相统一。

换而言之，它要靠中华民族一代代的接班人，不断地奋斗来完成。正如习近平总书记所说："实现中华民族伟大复兴是一件光荣而艰难的事情，需要每一代中国人共同努力。只要坚持理想、坚持信念、坚持奋斗直到新中国百年之时，一定能成为一个社会主义现代化强国。"党的二十大报告指出，党用伟大奋斗创造了百年伟业，也一定用新的伟大奋斗创造新的伟业。全党、全军、全国各族人民要紧密地团结在党中央周围，时刻谨记空谈误国、实干兴邦，坚定信心、同心同德、埋头苦干、奋勇前进，为全面建设社会主义现代化国家，全面推进中华民族的伟大复兴而团结奋斗！①

我们充满信心，在中国共产党领导下，团结全国各族人民共同努力，中华民族伟大复兴将成为现实。前提是：继续沿着中国特色社会主义这一唯一正确的发展之路、复兴之路前行，为实现中国梦，实现民族的复兴，

① 习近平：高举中国特色社会主义伟大旗帜 为全面建设社会主义现代化国家而团结奋斗——在中国共产党第二十次全国代表大会上的报告，人民日报，2022年10月17日（01）.

勇敢地向前迈进。这就需要人们敢于突破传统思想的桎梏、敢于冲破利益束缚、敢于真抓实干，用自己的行动来推动国家的发展、民族的复兴。

中国梦在现代历史中一直是一个重要的主题。梦想是激励人们前进的精神力量。一个梦，如果可以把一个国家的期望和追求结合在一起，那么这个梦就具有了深远意义，就具有了动员全国人民坚定持守、慷慨趋赴的强烈号召力。中国近代历史发展到今天，实现中华民族伟大复兴，已经成为中国人民的一个伟大理想和一个时代的一个永恒话题。

中国在历史上一度走在世界的前列，但是，到了近现代，它逐渐落后。自 1840 年以来，在西方列强坚船利炮的侵略下，再加上清朝统治自身的腐败，中国逐渐成为半殖民地半封建社会。中华民族在苦难中崛起，被民族大义所鼓舞，越来越团结。为实现民族复兴，一批批有识之士为之付出了艰苦的努力与不懈探索。但是，自太平天国后，一直到 1911 年的辛亥革命，始终未能实现救亡图存的历史使命。实践表明，在没有动摇封建基础的情况下，无论是旧式的农民起义，还是地主阶级的自强运动，抑或是“戊戌变法”还是由资产阶级革命派主导的民主革命，都不能使中国的命运发生改变。

就在中国人屡战屡败，屡败屡战的时候，十月革命一声炮响给我们送来了马列主义。中国共产党于 1921 年应运而生。中国共产党从一开始就把实现中华民族的伟大复兴作为光荣使命，经过 28 年的新民主主义革命，带领着各族人民完成了民族独立、人民解放的历史使命。中国共产党在新中国建立后，领导着全国各族人民由新民主主义向社会主义转变，并在改革开放后成功探索出了中国特色社会主义道路，中华民族伟大复兴摁下了加速键。中国当前取得的伟大成就，让越来越多的人看到了中国梦实现的希望。

二、实现中国梦需弘扬爱国主义精神，实干创新

方向决定道路，道路决定命运。没有方向，就无法汇集所有人的力

量，理想也不会变成现实。在过去的几十年里，党始终紧密地团结广大群众，坚持用马克思主义的基本原则与中国具体情况、新的时期的特点相统一，坚持走自己的道路。经过艰苦斗争，终于在革命建设、改革发展等方面取得了巨大的成功，使中国人民、中华民族的命运发生了巨大的转变。实践表明，只有走中国特色社会主义道路，中国才能发展，实践证明中国特色社会主义是当前中国发展唯一正确的道路，只有坚持中国特色社会主义道路，才能真正实现中国梦。

今天的中国离实现民族复兴的目标是最近的，也是最有信心和最有能力的时候。过去几十年，正是因为走了中国特色社会主义道路，在同一历史时期内，我国创下了各大国家经济增长最快、外贸增长最快、外币储备增长最快、脱贫致富最快的纪录；当今的世界，渴望得到“中国信息”，惊叹于“中国奇迹”，好奇于中华文化，中华民族日益在国际舞台上占有举足轻重的地位，日益走近世界舞台的中心，为国家带来了更大的荣誉和尊严。中国梦的图景，如今已是前所未有的清晰，并日益成为现实。

伴随着改革的不断深化，社会正在发生着史无前例的巨大变化。经济体制改革进一步深入，社会的组织结构发生改变，利益关系调整，人们的价值观愈发多样。中国特色社会主义致力于为人民创造一个更好的未来，为实现中华民族伟大复兴提供了一条充满希望的道路，因此，应该将个人的前途命运同国家民族的前途命运相结合。在中国梦“圆梦”的道路上，发展中国特色社会主义，毫无疑问是实现这个梦想的必由之路。

实现中华民族的伟大复兴，历史使命的实现任重道远，需要全体中华儿女齐心协力，共同实现。在今后的发展中仍然存在着大量的问题和挑战。要想实现中国梦，就需要在建设中国特色社会主义的旗帜下，团结奋进、开拓创新。

凡是可以引导民族发展和前进的梦想都是美好的，而美好的梦想也一定会随着时间的推移，随着现实条件的改变而不断地向前推进。实现中国梦也是这样。通过艰辛的努力，终将建成一个富裕、强大、民主、文明、和谐、美丽的社会主义现代化强国，促进社会更加自由、平等、公正。基于国家、民族和人民三个角度的解读，中国梦的内涵更加充实，进一步提升了中国梦的强大的凝聚力和号召力，使全体中华儿女更加紧密地团结在一起，共同奋斗。

要形成团结拼搏的强劲力量。正如邓小平所说，党以实现共产主义为目标，并在每个时期都有自己的奋斗路线，反映着最广大人民群众的根本利益。所以，可以将民众联合在一起，即众志成城地去推动中国梦的实现。要将民族复兴的宏伟目标转变成多个相互关联、具体实在的建设需求，这样，它才可以鼓舞人心，凝聚力量，最终在人民的具体实践中变成实际。以中国梦为核心，凝聚起强大的精神力量，这就要求各个行业、各个领域都要有明确的目标、路线图、时间表，让整个社会的每一部分都充满创造力，从而凝聚成一股推动民族复兴的建设洪流。

要继续发扬战胜困难的坚强意志。人的心理力量的强弱，既在于它所涵盖的范围与广度，又在于它所具有的韧性与强度。一个没有梦想的民族是悲惨的，一个对美丽梦想没有坚定不移精神状态的民族是没有前途可言的。中华民族是一个充满了用坚强的信仰和不屈不挠精神去追逐梦想的民族。在推动民族振兴的未来道路上，将会遇到空前的发展机会，也将会遇到空前的挑战和困难，我们将会面对多种长期的、复杂的、严峻的考验，将会进行一场有着很多新的历史特征的伟大斗争。在面临各种风险和困难的时候，只有增强自己的道路、理论、制度、文化自信，以更强的决心和警惕性，培养出一股勇往直前的冲劲，继续推进改革和开放，发展中国特色社会主义，这样，才能够迎接一个更光明的未来，实现中华民族的伟大复兴。

历史和现实都证明，实现中国梦，需要大力弘扬爱国主义精神，就需要把中国各民族的力量联合起来。中国梦是所有中国人的梦想，也是中华民族的梦想。如果我们能够更加密切地联合起来，为了共同的梦想而不懈努力，那么，实现梦想的力量将会变得更加强大，中国人将会获得一个更加宽广的舞台。生活在这个国家、这个时代的中国人，都有机遇来创造美好的生活、实现梦想，都能与国家、世界一同发展、一同前进。有了梦想、又愿意努力奋斗，就可以把梦想变成现实。全国各民族要应铭记自己的历史使命和任务，团结起来，把 14 亿多人的智慧和精力凝聚成无坚不摧的强大合力。中国梦就会终将会实现。

第五章　新时代爱国主义教育的基本内容

第一节　把握习近平新时代中国特色社会主义思想，推进实现中国梦

一、把握习近平新时代中国特色社会主义思想

习近平新时代中国特色社会主义思想是在当前进行爱国主义教育的根本遵循，也是新时代进行爱国主义教育的重要内容。党的二十大进一步明确了习近平新时代中国特色社会主义思想作为党需要长期遵循的根本指南，这为开展新时代爱国主义教育提供了根本性的指导方针。习近平新时代中国特色社会主义思想，将马克思主义的基本原理与中国的具体实践有机地结合起来，与中国优秀的传统文化有机地结合起来，形成了一批原创性、战略性的思想和理论，这些思想既是当代中国的马克思主义、21 世纪的马克思主义，也是我国实现民族复兴的坚强的精神支柱，是进一步推动中国特色社会主义事业建设的思想引领，同时也是新时代爱国主义思想的一个重要来源，它所蕴含的科学性、实践性、人民性、创新性等思想本质与理论特征，对进行新时代的爱国主义知识教育，都是非常重要的。只有始终以习近平新时代中国特色社会主义思想为指导，才能够准确地理解和把握新时代爱国主义的要旨，激励广大人民群众积极地投入到中国特色社

会主义的伟大实践中去，为国家的富强，民族的振兴，人民的幸福作出自己的贡献，这就是新时代爱国主义精神发挥作用的具体指向。对习近平新时代中国特色社会主义思想的学习和研究，首先要从根本上抓住习近平新时代中国特色社会主义思想的精髓和核心要义，要努力做到知行统一、学以致用，真正将学习教育的结果转化为对祖国的热爱和对祖国做贡献的行动上。

（一）准确把握习近平新时代中国特色社会主义思想的时代背景

思想是时代的精华，而理论是以实践为基础的。新时代是中国特色社会主义建设、发展的一个新的历史方位，也是习近平新时代中国特色社会主义思想的形成和发展的重要背景。在新的历史时期，国际局势瞬息万变，社会主义初级阶段已经发生深刻变化，进入到新发展阶段，我们党以壮士断腕的勇气进行自我革命，促使习近平新时代中国特色社会主义思想的诞生。中国进入新的历史方位，标志着中国从站起来、富起来到强起来的新的伟大飞跃，标志着实现社会主义现代化和中华民族伟大复兴的新的历史进程。在新的历史时期，要对习近平新时代中国特色社会主义思想的丰富内涵、精神实质以及具体实践要求要有一个清晰的认知和准确的把握。

马克思主义经典作家曾说过："每一种具有里程碑意义的制度，其真实的内涵，都源于其所处时代的要求。"中国特色社会主义步入新的发展阶段，既是一个十分重要的政治论断，又是一项关乎整个国家大局的重要决策，是各种形式发展的客观要求，是我国社会主要矛盾不断发展的必然，更是国家事业取得巨大历史性成就的必然，是党领导中华民族进行了一次又一次的伟大变革的历史成果。

当前国际社会面临的各种问题错综复杂，新旧矛盾交织，各种不稳定因素显著增加，尽管和平与发展仍是当今时代的主题，但世界处于发展、变革和调整的时期，各种机遇与挑战随之而来。可以说，世界上各个国家境遇不同，把握机会的能力也不同，在面对各种各样机遇的同时，也面临着诸多错综复杂的挑战。我国也是如此，在国内，经历了长期的迅速发展之后，我国在各个领域都经历了历史性的、重要的转型，我国的经济总量保持在稳居全球第二的位置，我国已经从解决基本的温饱问题，到取得全面建成小康社会这样的具有开创性的、全方位的历史成就。另一方面，国家的改革正逐步步入深水区，等待着我们的将会是大量的难题与挑战。党的十九大用“三个意味着”和“五个是”全面而又深刻地诠释了中国特色社会主义迈入新时代的论断。

中国特色社会主义新时代的含义可以归纳为四个方面。一是新的出发点；新时代，是从党的十八大开始的，是从取得的历史性变革带来的。党的十八大以后，党和国家的发展进入了一个新的阶段。这一新的历史出发点，既与我国长期以来的发展历程紧密相连，又体现出新的特征，我国的发展条件与发展环境已经出现了很大的改变。我们党的治理方法和基本方略也进行了重要的创新。

二是产生了新的理论。理论源于实践，又用来指导实践。在新的历史条件下，以前的思想管不管用？管用，但不够用。新的实践需要新的理论指导，新的实践基础上也会产生新的理论。新时代背景下，需要新的中国特色社会主义理论来指导新的实践，这就是习近平新时代中国特色社会主义思想。习近平新时代中国特色社会主义思想，融合了中华传统文化精华，融合了世界优秀文明，融合了历史性变革和突破性成就；它反映出了对世界局势、党情、国情、民情、民心的准确掌握，它是在新的伟大征程中开展伟大斗争、建设伟大工程、推进伟大事业、实现伟大梦想的强有力的思想武器和理论工具。

三是新任务，党的十九大对新时期党的任务进行了全面系统的阐释，并对从2020年到21世纪中期，进行“两步走”的总体规划和重要的战略布局进行了部署和顶层规划，为新发展阶段建设社会主义现代化强国描绘了宏伟的发展蓝图。党的二十大还特别指出，从现在开始，党的中心工作，就是要把中华民族的所有力量都集中起来，来推动社会主义现代化强国的伟大事业建设、实现第二个百年奋斗目标，用中国现代化来实现中华民族的伟大复兴。要想完成一个民族的伟大复兴，绝不是轻轻松松地敲锣打鼓就可以完成的。党的十九大报告指出，要想完成伟大理想，就需要开展大量有着很多新的历史特征的伟大的斗争，要把党的建设新工程不断地向前推进，实现中国特色社会主义伟大事业，党要永远走在时代的前面，要成为全国人民的主心骨，要成为全国人民的坚强领导者。

四是有了新的发展。我国目前尚处于工业化向数字化知识化现代化的转型阶段。邓小平曾经指出，发展之后面临的问题绝不会比不发展时候少。不管是发展还是不发展都会有不同时期需要面对的不同问题，发展之后需要面对的问题可能会更多。现阶段，我国社会的主要矛盾已经改变，在新时代，在中国特色社会主义建设的过程中，要高度重视和注意发展的平衡性与充分性，要让人们对美好生活的需求得到持续的满足。

（二）全面理解习近平新时代中国特色社会主义思想的科学体系

习近平新时代中国特色社会主义思想的理论体系内容非常丰富，体系非常完整，逻辑非常严密。党的十九届六中全会确立了习近平新时代中国特色社会主义思想的指导地位，意义极其重大。其内容涉及国家政治、经济、文化、社会、国防、生态、外交等各个方面，回答了我们这个时代面临的重大问题。新时代要坚持和发展什么样的中国特色社会主义的科学内涵、对怎样坚持新时代中国特色社会主义的路径对策等进行了非常全面的解答。其主体内容可以概括为“十个明确、十四个坚持”，这体现了中国共产党对如何执政、怎样进行社会主义建设、如何促进人类社会发展的规律性认识进一步深化。习近平新时代中国特色社会主义思想是我们党领导全国人民在新时代进行伟大斗争、建设伟大工程、推进伟大事业、实现伟大梦想的重要依据和根本遵循。

1. 根本主题

主题就是旗帜，就是精神。主题对于党和国家乃至中华民族发展来说，都是一个至关重要的问题。习近平同志曾将中国特色社会主义比作一部伟大的著作：“邓小平确立其基本思想和原则，以江泽民、胡锦涛为中心的党中央为这部著作写下了光辉的篇章。”并指出当代共产党人要做的，就是将这个伟大的工程进行下去。坚持与发展中国特色社会主义是党在改革开放以来始终贯彻的一个根本原则，也是习近平新时代中国特色社会主义思想的主题与根本依据，从“习近平新时代中国特色社会主义思想”这一名称的表述来看，更是凸显了“坚持和发展中国特色社会主义”这一核心主题。

习近平新时代中国特色社会主义思想，围绕坚持和发展中国特色社会主义这个基本主题，立足于马列主义、毛泽东思想和中国特色社会主义基本理论体系，根据中华优良传统文化的历史依据，以世界、国家、党的实际情况为基础，立足于现在所作的一切，以及全局和长期发展的角度，将理论与实践相联系，对新时代应该坚持和发展怎样的中国特色社会主义，以及如何坚持和发展中国特色社会主义作出了较为全面的、有针对性的解答。习近平同志从理论来源、历史根据、独特优势等方面，对“坚持和发展怎样的中国特色社会主义”这个问题，进行了深入地探讨。他指出，中国特色社会主义不仅坚持科学社会主义的基本原则，而且是一个有着鲜明时代特点的社会主义，是一个将中国特色社会主义的道路、理论、制度、文化融为一体的社会主义，它将伟大斗争、伟大工程、伟大事业、伟大梦想扎根中国大地，反映中国人民的根本意愿，适应中国自身的发展和时代发展的客观要求。习近平在“如何坚持和发展中国特色社会主义”这一问题上，提出了一系列具有战略性、前瞻性和创造性的观点，对新时期坚持和发展中国特色社会主义的总目标、总任务、战略布局、发展方式、战略步骤、政治保障等方面作出了深入的阐述。这一系列的思想主张，与前人相比较而言，在理论上有着重大的突破与发展，它对新时代中国特色社会主义的本质特征、建设路径都有着较为深刻的认识，对在新的历史时期，继续坚持和发展中国特色社会主义具有极其重要的现实意义。

习近平总书记曾指出，要坚持中国特色社会主义科学原则。中国特色社会主义是社会主义，而不是什么别的主义。在中国，只有坚持中国特色社会主义道路，我们才能获得发展，才能有明确的方向，才能带领全国人民实现“第二个百年目标”，也就是在新中国成立 100 周年时全面建成社会主义现代化强国，迎来中国人民和中华民族的美好未来。同时，习近平总书记还提出，要在实践与理论上，用发展的与时俱进的理论去指导我们的伟大的社会主义建设实践。在中国特色社会主义建设的过程中，要紧紧抓住了这个重要的主题，对当前的国际形势和国家的发展趋势要有进一步深刻的认识，要顺应时代潮流、引领时代进步，带领国家书写中国特色社会主义发展的新篇章。

2. 理论内核

习近平新时代中国特色社会主义思想是系统的、具有中国特色、重要学术价值的新时期理论，它是一套以“十个明确”为核心的新时期马克思主义中国话时代化理论。

（1）明确中国共产党的领导，是中国特色社会主义的最本质特质，也是最大优点；中国共产党需要提高“四个意识”，坚定“四个自信”，做到“两个维护”。

（2）明确要继续发展中国特色社会主义，要把实现社会主义现代化、实现中华民族的伟大复兴作为中国特色社会主义建设的总任务，在完成全面建成小康社会的基础上，通过“两步走”，到 21 世纪中叶，实现全面建成社会主义现代化强国的目标，用中国式现代化来推动中华民族的伟大复兴。

（3）明确新时代我国社会的主要矛盾是人民日益增长的对美好生活的向往与不平衡不充分的发展之间的矛盾。因此，中国共产党要始终坚持以人民为中心的发展理念，发展全过程人民民主，促进人的全面发展，促进全体人民的共同富裕，在实现这些目标方面，要有更加显著的、更加切实的进步。

（4）明确经济、政治、文化、社会、生态文明建设是中国特色社会主义“五位一体”的整体布局，全面建设社会主义现代化国家、全面深化改革、全面依法治国、全面从严治党是国家建设的四个战略布局。这是新发展阶段，中国特色社会主义建设的主体框架。

（5）明确健全与发展中国特色社会主义制度，推进国家治理体系与治理能力的现代化，是全面深化改革的总体方向和具体目标。

（6）明确把建设中国特色社会主义法治体系、建设法治国家作为依法治国的总体目标。

（7）明确坚持和完善社会主义的基本经济制度，中国特色社会主义基本经济制度包括公有制为主体，多种所有制并存，按劳分配为主体、多种分配方式并存，社会主义市场经济体制。在我国现阶段，市场在资源配置中起到决定性的作用，同时要更好地将政府功能发挥出来，要抓住新的发展时期，贯彻落实创新、协调、绿色、开放、共享的新发展理念，加速建立一个以国内大循环为主体，国内国际双循环互相促进的新发展格局，推进高质量发展，将发展与安全结合起来。

（8）明确建立一支听党指挥、能打胜仗、作风优良的人民军队，把人民军队建设成为世界一流军队，使之在国际社会各国军队中出于领先地位，是新时代党强军目标的奋斗方向。

（9）明确中国特色的大国外交要为民族复兴和人类进步服务，为建立新型国际关系、促进国际关系民主化和构建人类命运共同体的美好未来而努力。

（10）明确全面从严治党的战略，并对新时代的党的建设提出了新的要求，对加强和改进党内的政治、思想、组织、作风和纪律建设进行了全方位的明确，并要将其融入党内的各项建设之中，使党内的反腐工作得到了进一步的深化，成果进一步巩固，切实履行党要管党从严治党的政治职责，用伟大的自我革命来带动伟大的社会革命。

“十个明确”是习近平新时代中国特色社会主义思想的重要理论核心，其核心主旨是要从理论上揭示并解答“新时代应该发展怎样的中国特色社会主义”这个新的历史问题，并把这些问题上升到哲学的高度。这些内容，为党带领人民群众团结一致、共同努力，指明了方向与目标。

3. 实践要求

为了更好地、更精确地将习近平新时代中国特色社会主义思想理论与实践相结合，党的十九大在行动纲领层面上，从十四个方面明确了新时代坚持和发展中国特色社会主义的基本方针。具体为：一要始终坚持党对所有工作的绝对领导，强调领导权，党管一切。二是要坚持以人民为本，强调政治立场；三是坚持推进改革，要进一步高质量开放，强调发展动力的问题；四是坚实新的发展理念，强调发展方向的问题；五是坚持人民主权，强调力量来源的问题；六是坚持依法治国，强调的是法制保障问题；七是坚持社会主义核心价值观，强调的是关于精神力量和精神支撑的问题；八是要在发展过程中保证和改善人民生活，强调发展目标的问题；九是坚持人与自然和谐相处，强调的是生态问题，主要强调人类如何处理好与自然界关系问题，打破了人类中心论的迷思；十是要坚持总体国家安全观，强调国家安全的复杂性和多样性；十一是坚持党对军队的绝对领导，强调国防与军队建设要如何推进的问题；十二是坚持“一国两制”和推进祖国统一，强调国家统一乃是大势所趋，这是关系到中华民族伟大复兴的成色问题；十三是坚持推进构建人类命运共同体，强调中国与国际上其他国家的关系问题；十四是要坚持全面从严治党，强调党的自身建设问题。

这十四个方面的坚持，不仅是对“如何在新的历史条件下，继续发展中国特色社会主义”这一新的历史命题的深刻阐释，而且也是贯彻习近平新时代中国特色社会主义思想的根本保证，更是贯彻习近平新时代中国特色社会主义思想的现实需要，这一主题涉及以下几个领域：“坚持共产党的领导、从严治党、实现“五位一体”、实现“四个全面”、实现国家的长治久安、“一国两制”、实现祖国统一、国防军事、外交战略、人民的未来等，这一主题既反映了党基本纲领、建设的基本经验、基本要求，又反映了习近平新时代中国特色社会主义思想是把实践与理论进行有机的统一、把战略与战术有机地融合的特点。“十个明确”与“十四个坚持”在核心内容与精神实质上是一致的，不能孤立地理解与割裂，要全面地把握与贯彻，才能更好地引领中国特色社会主义在新时代的发展。

（三）深刻认识习近平新时代中国特色社会主义思想的重要意义

习近平新时代中国特色社会主义思想，是新时代新发展阶段中国特色社会主义建设的根本指导思想。理论源于实践，习近平新时代中国特色社会主义思想的诞生，有着重大的时代背景、历史根据和现实依据。理论的价值在于应用，在于指导实践不断取得新的成功。习近平新时代中国特色社会主义思想是推进中国化马克思主义在21世纪获得重大发展的重要标志性成果，是新时代坚持和发展中国特色社会主义、开创党和国家的各项工作新局面的指导性纲领，对我国的发展、对整个世界的发展都有着重要的、深远的作用。

1. 是全体人民团结奋斗的新指南

“心之所向，行之所至”，思想是行动的先导。中国的团结与力量凝聚，要依靠思想的感召与理论的指引，习近平新时代中国特色社会主义思想具有很强的解释力、凝聚力，它激励着全党的每一个人向着同一个伟大目标前进，它是人们思想上的“主心骨”，是每一个人行动上的“定盘星”。党的十八大以来的实践已经证实，未来也必将不断证实，在习近平新时代中国特色社会主义思想的指导下，我们的实践将不断取得更大的成功，将取得更伟大的成就。未来的实践必将证明：习近平新时代中国特色社会主义思想为新时代中国特色社会主义的伟大实践指明了正确的方向。

2. 开辟了治国理政新境界

中国共产党在习近平新时代中国特色社会主义思想的指导下，以极大的政治勇气和高度的历史担当，不断地推出治国理政的新战略、新思路，攻克了很多长期困扰我国发展的棘手问题和历史性难题，完成了很多过去想完成又未能完成的历史性任务，从而不断推进中国特色社会主义事业向前发展，使中国的经济实力、科技进步、国防军队建设以及国际影响力都得以大大提升，以及人民的获得感、幸福感、安全感都得到了极大的提高，党、国家、人民、军队、中华民族的形象都得到了空前的改善。

3. 开辟了管党治党新境界

党的十八大以来，党在习近平新时代中国特色社会主义思想的指导下，以前所未有的坚定决心，坚定不移的意志力大力推进从严治党，坚持政治、思想、纪律、作风等方面建设一切从严要求，党的政治生活面貌焕然一新。中国共产党大力弘扬正能量的政党政治文化，使党的政治生态发生了根本性的变化，中国共产党的建设实现了“严紧硬”的重大变化，有效地解决了党和国家面临的重大问题，加强了党内的团结和统一，进一步提高了党的凝聚力、领导力、号召力，大大加快了党的自身建设步伐。

4. 开辟了中国特色社会主义新境界

习近平新时代中国特色社会主义思想，对如何在新的历史阶段继续坚持和发展中国特色社会主义，进行了全面解答，赋予了中国特色社会主义在进入社会主义初级阶段新发展阶段新的科学内涵，并对党和国家的各项工作作出了正确的、全面的、开创性的、深层次的、根本性的改革要求，将中国特色社会主义同社会主义现代化建设、中华民族伟大复兴等联系在一起，使新时期中国特色社会主义充满了生机。

5. 开辟了马克思主义新境界

习近平新时代中国特色社会主义思想贯穿于改革、发展、稳定、内政、外交、国防等领域，既坚持了马克思主义基本原理，说了老祖宗说过的话，坚持了正确的马克思主义立场、原则、观点和方法，也立足于中国的具体实际和新发展阶段的具体国情，说了前人没有说过的又被实践证明是正确的话，从而与时俱进地推动了理论创新。在将马克思主义基本原理与中国具体实际有机融合的基础上，习近平新时代中国特色社会主义思想在马克思主义哲学、政治经济学、国家治理学说等方面都取得了新的突破，从而历史性地推动了马克思主义理论的发展，不仅是马克思主义中国化的新的飞跃，也为其他国家的马克思主义理论研究提供了理论借鉴，对世界范围意义上的马克思主义发展做出了巨大的贡献，从而产生了极其重大的影响。

6. 开辟了推动世界发展的新路径

今天，人类正站在一个新转折点上，人类的未来在哪里？有人将这个世界比作是一个生病的世界，有的国家处于绝望中，拼命地寻求救命良方；有些国家不惜一切代价，也要得到“济世药方”，一味地“效仿”，结果只能是越来越糟糕，不仅丧失了民族独立性还没有发展起来。世界怎么了，我们怎么办？习近平新时代中国特色社会主义思想正是基于对时代问题的精准把握，基于对世界性问题和难题的深邃思考，提出了中国方案，提供了中国智慧，为世界各国的发展提供了可资借鉴的解决方案，这给世界上那些想要加速发展却迟迟找不到出路，想要保持自身独立性却又处处受限的国家和民族，提供了一条新的道路选择，正因为此，习近平新时代中国特色社会主义思想，给人类文明的思想宝库增加了新的思想内容，给人类的文明进步提供了新的路径选择。

（四）把学习教育成果转化为爱国报国的实际行动，推进实现中国梦

在新的历史条件下，习近平新时代中国特色社会主义思想在全国范围内被广泛传播以及广泛学习，特别是2023年将习近平新时代中国特色社会主义思想作为主题教育的主题，这对在全国范围内开展爱国主义教育具有重大意义。在理论创新上取得新进展的同时，也要加强理论武装。要深入学习习近平新时代中国特色社会主义思想，要与保持党的优良作风联系起来，要密切联系人民群众的生产和生活，要把习近平新时代中国特色社会主义思想，融入企业、农村、社区、网络中，把党的创新理论渗透到每个人的心中，让每一个人都能感受到，要把党的正确主张转化为群众的自觉行动。在学习中，提高全国人民的政治意识、大局意识、核心意识和看齐意识，进而捍卫“两个确立”，坚决做到“两个维护”。

2018年5月2号，习近平总书记在北京大学师生座谈会上的讲话中指出，爱国不能只是一句空话，应该将自己的理想与祖国的前途、民族的命运相结合，与人民牢牢地联系在一起，奉献祖国。学习习近平新时代中国特色社会主义思想，要做到知行合一、学以致用。新时代的爱国主义教育，要引领广大人民群众在习近平新时代中国特色社会主义思想的精神指引下，为国家的发展进步贡献自己的力量，要不断展现出新的奋斗气象，焕发出新的活力，不断将习近平新时代中国特色社会主义思想的学习成果化为爱国报国的具体行动。

理论以指导实践为价值，学习研究一切以应用为目的。在学习的过程中，要将学习的成果转化为在政治上和思想上对习近平新时代中国特色社会主义思想高度认可。要引导全国人民，把学习习近平新时代中国特色社会主义思想的成果，运用到各项工作中去，用习近平新时代中国特色社会主义思想的立场、观点、原则和方法来指导自己的工作，推进工作的开展。要在习近平新时代中国特色社会主义思想的指引下，重新定位自己的人生观、价值观和世界观，三观要正，通过改造自己的主观世界，对照检视自己的思想观念、理想信念，解决好“总开关”问题，从而坚定自己的理想信念，提高政治的辨别力、执行力和领悟力，强化在社会主义现代化强国征程中自己的责任和使命担当意识，从而进一步坚定共产主义远大理想，为实现中国特色社会主义的共同理想、中华民族的伟大复兴的中国梦而撸起袖子加油干。

要通过深入学习习近平新时代中国特色社会主义思想，使党的理论成果深入广大人民群众内心，使全社会在思想上更加团结统一，激发广大群众的爱国情、强国志、报国行。把学习习近平新时代中国特色社会主义思想成果转化为爱国报国的实际行动，发扬斗争精神，增强斗争本领。让广大群众明白，中华民族的伟大复兴在实现的路程中还会面临很多挑战，在过程中还会面临很多阻碍，但实现中华民族伟大复兴始终是近代以来中国人民最伟大的梦想，也是一代代中国人的不懈追求。因此，在国内我们必须同一系列重大风险考验作斗争，在国际上我们必须与那些霸权国家和单边主义行径进行坚决的斗争。因此，我们必须以习近平新时代中国特色社会主义思想为指引，保持战略定力，坚定必胜信心。

从时间上来看，我们现在离实现中华民族伟大复兴的梦想越来越近，也愈发地有信心和有能力去实现这一伟大梦想。新时代的爱国主义教育，要高举中国特色社会主义伟大旗帜，深入推进理想信念教育，用党领导人民取得的社会主义事业辉煌成绩、用新时代我国社会主义现代化事业所取得的巨大成功、用中国特色社会主义制度的巨大优越性来说话。通过过去与如今的现状、国际社会的状况与国内的实际发展进行比照，中国的老百姓更加深入更加生动地了解中国共产党之所以“能”的原因，中国特色社会主义“好”的原因，马克思主义“行”的原因，铭记红色政府的由来，铭记新中国的创立，铭记社会主义探索时期党的奋斗和努力，牢记党创造中国特色社会主义的历史艰辛，一步步坚定中国特色社会主义的道路、理论、制度和文化自信。要以习近平新时代中国特色社会主义思想为指导，对广大人民群众进行中国梦的教育，使人民群众了解中国梦不仅是一个国家的梦，还是一个民族的梦，同时也是每一个中国人的梦，要清楚中华民族伟大复兴并不是一件容易的事情，要通过伟大的斗争、伟大的工程、来完成伟大事业，在此过程中需要付出更加艰巨的、更加艰苦的努力，要成为新时代的奋斗者和追梦人。

第二节　深入开展国情教育和形势政策教育

国情和形势政策教育是让社会公众全面了解基本国情、准确把握当前形势、进而形成和巩固民族精神和时代精神的重要途径。在新时代爱国主义教育的基本内容体系中，加强国情形势教育是激发爱国热情的重要内容。新时代爱国主义教育要以加强国情教育和形势政策教育的目标和方位，以加强民族精神和时代精神教育以汇聚力量，激励引导全国人民坚定牢记初心使命，认清形势任务，携手接续奋斗。

国情教育是使学生了解本国经济、政治、文化、社会、生态等方面基本情况，从而激发起爱国热情的教育，主要包括百年来中国历史的教育，社会主义必然性的教育，经济文化发展现状的教育，经济资源和人口问题的教育，中华民族优秀传统的教育等。毛泽东曾指出，“认清中国社会的性质，就是说，认清中国的国情，乃是认清一切革命问题的基本的根据”①。形势政策教育是围绕贯彻执行党和国家重大决策、推进落实重大任

① 毛泽东．毛泽东选集（第2卷）［M］．北京：人民出版社，1991：633.

务，宣讲党的路线方针政策，解读世情国情党情，引导教育对象正确认识国际国内形势，从而激发爱国情怀、统一思想行动的教育。在爱国主义教育的框架中，国情教育和形势政策教育至关重要。

一、要准确把握基本国情

习近平总书记在党的十九大报告中明确提出“中国特色社会主义进入新时代”这一重大政治论断。这一科学论断的提出明确了我国发展处于新的历史方位，为我们把握当前中国的发展提供了新的历史坐标，也为我们提供了了解当前以及以后相当长一段时间国家基本国情提供了基本依据。

（一）要深刻理解中国特色社会主义新时代的内涵

“时代”含义丰富，有长短之别，有广义狭义之分。有从生产力角度进行划分可分为石器时代、农耕文明、工业化、信息化、智能化时代，有从社会制度角度划分可分为原始社会、奴隶社会、封建社会、资本主义社会、社会主义社会和共产主义社会等时代之分。但不管哪种划分方法，都要遵循一个原则即从低到高，从量变到质变的转变，要经历一个不断积累、逐步发展的过程。

中国特色社会主义新时代，从近的来说，是从1978年的改革开放历程中走来，往远的来说，是从新中国成立70多年的奋斗历程中走来，再往远的说是从中国共产党成立100多年的历史进程中走来。简单地说，中国特色社会主义新时代是我们党领导国家事业发展的角度做出的重大判断。习近平总书记在党的十九大报告中深刻论述了新时代的科学内涵，即：“这个时代是承前启后、继往开来、在新的历史条件下继续夺取中国特色社会主义伟大胜利的时代，是决胜全面建成小康社会、进而全面建设社会主义现代化强国的时代，是全国各族人民团结奋斗、不断创造美好生活、逐步实现全体人民共同富裕的时代，是全体中华儿女勠力同心、奋力实现中华民族伟大复兴的时代，是我国日益走进世界舞台中央，不断为人类作出更大贡献的时代。”① 中国特色社会主义新时代的科学内涵，分别从历史脉络、实践主题、人民性、民族性、世界性方面讲述新时代的特征。新时代本质上就是中国强起来的时代。

（二）深刻把握我国发展历史方位的新变化

新时代，是我国社会主义发展到今天的新的历史方位。我们可以从历史维度、发展水平维度和国际横向对比维度来加以理解。

1. 从历史维度看，我国发展已经进入强起来的新时代

中国共产党自1921年诞生之日起，就把为人民谋幸福，为中华民族谋复兴作为自己的历史使命。1921年到1949年，我们经过了28年新民主主义革命最终建立了新中国，我们得以站起来；新中国成立之后，我们经过艰辛的社会主义初期探索，到1978年实行改革开放的基本国策，我们开始富起来；2012年以来，中华民族迎来了从站起来、富起来到强起来的伟大飞跃。今天站在新的历史起点上，到21世纪中叶，我们要努力把我们的国家建设成富强、民主、文明、和谐、美丽的社会主义现代化强国。

2. 从发展水平角度看，仍然处于社会主义初级阶段

仍然处于并将长期处于社会主义初级阶段，是我国的基本国情。当然社会主义初级阶段，不是静止不变的，也会经历不同的发展阶段，目前处于社会主义初级阶段的新发展阶段。不同阶段的主要矛盾有所不同，今天中国社会的主要矛盾已经变成人民日益增长的美好生活的需要和不平衡不充分的发展之间的矛盾。今天我们的主要任务还是解放生产力、发展生产力，不断推动社会的全面发展、人的全面发展。

3. 从国际横向对比角度看，当前中国的国际地位和影响力显著增强

经过改革开放40多年的奋斗，我们国家的经济实力已经连续十多年稳居世界第二，我国经济发展对世界经济增长的贡献率已经连续多年超过百分之三十。中国的国家形象在国际社会已经有了大幅提升，文化软实力和

---

① 习近平：习近平谈治国理政（第3卷），外文出版社，2020：9.

中华文化影响力显著提升。中国参与引领全球治理体系的变革能力显著加强。可以说，今天的中国是世界上最大的发展中国家，也是国力上升最快的国家，中国的发展既受世界的深刻影响，也深刻地改变着世界。今天的中国，为解决世界性难题不断提供中国智慧和中国方案，发挥着越来越重要的作用，为世界的发展和和平做出越来越大的贡献。

（三）深刻把握我国社会主要矛盾变化

党的十九大报告指出：我国主要矛盾已经由以往的“人民群众日益增长的物质文化需要同落后的社会生产之间的矛盾”变为“人民日益增长的美好生活的需要和不平衡不充分的发展之间的矛盾”。

我国社会主要矛盾之所以会出现如此变化，主要的依据在于：一是经过改革开放四十多年的发展，我国社会生产力的发展已经不落后，我国生产力水平在很多方面已经进入世界前列，相对于以往有了非常明显的进步和提高，所以“落后的社会生产”的提法已经不能真实反映我们今天的发展现状；二是新时代以来，我们党带领人民取得了历史性的成就和突破性的进展，老百姓的生活水平已经显著提升，在此基础上，人民日益渴望更加美好的生活，不仅表现在对物质生活的追求方面，还表现在对政治、法治、公平正义、民主发展、总体安全、社会发展、生态环境等方面。以往讲的“物质文化需要”已经不能真实反映老百姓的新需求和新愿望；三是今天影响人民对美好生活需要的因素很多，但最主要集中在发展的不平衡和不充分方面，别的地方有，此地没有就叫不平衡，别的地方有，此地也有，但发展的没有别的地方好，这就发展不充分。

二、清醒认识国际国内形势发展变化

国情和形势与政策教育内容非常丰富，其中，国际国内形势的发展就是重要内容。

（一）深刻认识世界处于“百年未有之大变局”的内涵

2018年以来，习近平总书记多次在重要的会议和场合强调：“放眼世界，我们处于百年未有之大变局”。当前的国际局势主要表现在以下六个方面：一是世界各国经济力量对比发生深刻变化，出现的显著特征就是“东升西降”，这就导致，相应的政治重心也出现由大西洋到太平洋地区转变。东西方世界之间的矛盾由过去的西强东弱、西方主导东方从属的关系，转变为今天的东西方平视，可以说这是近几百年没有出现过的大变局。二是国际体系主导权出现南升北降的态势，南北矛盾由以往的北强南弱转变为南北对等。主要体现在七国集团式微，G20集团影响力日益增大。三是国际关系民主化日益发展，非主权国家的国际组织影响日益上升，这是近百年的一个重大变化。四是世界经济增长过程中的科技创新驱动因素比重日益增加，人工智能、生命科学、量子科技等日新月异，大国科技竞争日益激烈。五是中西方互动日益趋向“平起平坐”，中国日益平视世界。中西矛盾发生时彼此力量对比由过去的西方攻击中方防守局面日益转化为彼此之间互有攻守，这是近代以来的大变局。六是气候变化等全球性挑战与美国的单边主义共同作用，令全球治理体系供给严重不足，全球治理赤字明显凸显。

总之，当前世界正处于百年未有之大变局，我国的发展仍将处于并将长期处于重大的战略机遇期。在当下发展阶段，深刻认知国际局势变迁，有助于中国更好地利用重要发展机遇期，应对中国发展的外部风险和挑战。

（二）深刻认识中国在世界百年未有之大变局中的变化

深处百年未有之大变局中的中国，今天在中国共产党的领导下，国家经济实力、国防实力、科技实力、综合国力等均进入世界前列，中国的国际地位发生了翻天覆地的变化，有了前所未有的提升。一是2022年中国的经济总量已经占据世界18.2%，2021年中国经济总量已经占美国

77%。中国的发展速度之快，影响之深前所未有。二是在新一轮的科技革命中中国正在迎头赶上，并力争要抓住科技革命的牛鼻子，要把关键领域核心技术牢牢掌握在自己手里，当下的中国正在利用新型举国体制，高度重视新一轮科技革命，并力争在竞争中获得优势。三是中国在新时代已经成为当前国际体系的最重要的参与者之一，是新型国际体系的建设者和贡献者，积极推动国际政治经济体系朝着更加公平合理的方向发展。

深刻认识我们国家在世界体系中的深刻变化，有助于我们在百年未有之大变局中更主动地参与世界体系，积极推动国际体系朝着有利于我们的方向转变。

（三）要深刻认识国内纷繁复杂的问题和矛盾以及党的建设面临一系列重大问题

我国是世界上最大的发展中国家，改革开放以来的发展成就巨大，但也带来了一些新的问题。尽管我们目前比以往任何时候都更接近中华民族伟大复兴，但我们面临的风险和挑战也前所未有。很多以前不曾有的风险和挑战都逐渐显露出来。比如在当下，我们要平衡好发展和安全的关系问题，要解决好群众日益向往的美好生活的需要，要不断增加群众的获得感、幸福感，要平衡好保增长和防风险，要注重化解政治、意识形态风险，要把改革的难点攻克下来，要着力解决不平衡不充分的发展新问题。

除此之外，党的自身建设还面临一些新问题。尽管党的十八大以来反腐败斗争取得压倒性胜利，胜利成果也不断得以巩固。但四大考验和四大风险依然存在，新时代的四风建设任务依然艰巨。党要以自我革命的方式不断推进党的建设，巩固党的执政基础，更新党的形象，净化党的政治生态，保持党的生机活力，进而消除党和国家存在的各种隐患，这些都不是一时三刻就能完成的任务而是需要长时期不间断的努力，要以坚定的斗争精神和意志去持之不懈的努力。

三、在伟大斗争中弘扬爱国主义精神

习近平总书记在党的二十大报告中提出三个务必，特别强调要胜利实现我们党确定的实现社会主义现代化强国的奋斗目标，面对国内外纷繁复杂的局势，务必要勇于斗争、善于斗争。这就必须发扬斗争精神，增强斗争本领。

在进行国情教育和形势与政策教育时，要引领人民对伟大斗争的长期性、复杂性、艰巨性有更深刻的理解，要勇于面对各种危险和困难，用坚忍不拔的信念和无畏的勇敢去克服前行路上的各种艰难险阻，在进行伟大斗争的过程中要更好地弘扬爱国主义精神。要坚定理想信念，时刻铭记初心，要谦虚谨慎、艰苦奋斗，要从伟大的成功中汲取前进的动力，从曲折的失败中汲取历史的教训，要不怕一切危险，不被外界的干扰所迷茫，不在根本问题上犯颠覆性的失误。

进入新时代，进行具有新的历史特点的伟大斗争，要讲求斗争方法，勇做敢于斗争、善于斗争的战士，在伟大斗争中把爱国主义精神的弘扬好、继承好。在伟大斗争中，要用一种坚韧的毅力去完成目标，要用更加清醒的头脑去继续推动中国梦的实现。

第三节　大力弘扬民族精神和时代精神

一、民族精神与时代精神的内涵

一个国家长期存在的根本原因主要基于它的精神力量，只有当精神力量强大到了某种程度，这个民族才能在时代的浪潮中不断前进。民族精神指的是一个民族在长期的生活与社会实践过程中所产生的价值取向、思维方式、道德规范以及精神气质的综合。民族精神是民族文化自觉的产物，是一个民族赖以生存和发展的精神支撑，是一个民族生命力和凝聚力的重要体现。民族精神是动态的，是与时俱进的，能继承过去又能超越传统。时代精神是民族精神的时代性表达，是一个国家和民族在新的历史条件下形成和发展的，体现民族特质并顺应时代潮流的思想观念、价值取向、精神风貌和社会风尚的总和。时代精神是每一个时代特有的普遍精神实质，是一种超脱个人的共同的集体意识，集中表现于社会的意识形态中，尤其体现为那些代表时代发展潮流、标志一个时代的精神文明、对社会生产的发展产生积极影响的思想。在新时代的视域下，民族精神、时代精神统一于中国精神。实现中华民族伟大复兴的中国梦，必须弘扬中国精神，这就是以爱国主义为核心的民族精神和以改革创新为核心的时代精神。

爱国主义和改革创新是“兴国之魂，强国之魄”，以爱国主义为核心的民族精神，以改革创新为核心的时代精神，是中华民族生存与发展的强大动力。中国人民的特质和禀赋，不仅造就了中华文化，也对当今中国的发展进程和现代中国人民的精神生活产生了深远的作用。中国人在其漫长的奋斗历程中培育、继承和发扬的伟大民族精神，不仅对中国的发展起到促进作用，而且对整个人类文明的发展都具有巨大的推动作用。习近平总书记在十三届全国人大会议上指出，要立足于中国特色社会主义发展的新时期节点，从中华民族伟大复兴的战略角度，将伟大民族精神归类为伟大创造精神、伟大奋斗精神、伟大团结精神、伟大梦想精神，并明确地提出，中国人民是具备这些精神的人民。① 这不仅揭示了伟大民族精神的深刻内涵，而且描绘出全党、全国各族人民构建共同精神家园的美好图景。中国人民的伟大创造精神、伟大奋斗精神、伟大团结精神、伟大梦想精神，是撑起伟大民族精神的四根柱石。精神是时代发展的产物，是人类文明在每一个时代的精神体现。时代精神具有时代的、历史的特点，它随着时代的推移，而不断变化发展，推陈出新。改革开放改变了中国人的精神生活，引发并实现了“中国精神”的新转变，将“中国精神”的发展推进

---

① 习近平．在第十三届全国人民代表大会第一次会议上的讲话（2018 年 3 月 20 日）［N］．人民日报，2018-3-21.

新的阶段。随着改革开放和中国特色社会主义事业不断发展，改革创新成为当代中国的最强音。弘扬以改革创新为核心的时代精神，就是要树立突破陈规、大胆探索、敢于创造的思想观念，摆脱那些不合实际的规律、观念和制度的羁绊，摆脱那些错误的、教条的思想挂念；要形成不甘落后、不断进步的责任感与使命感，要用“落后就要被打败”的忧患危机来提醒自己，要用争分夺秒奋斗精神来鼓舞自己；要有一种敢于吃苦、敢涉险滩的进取和拼搏精神，要有坚持到底的毅力。以爱国主义为核心的民族精神和以改革创新为核心的时代精神交相辉映，为伟大的“中国精神”注入了崭新的时代元素。

二、新时代爱国主义教育要将弘扬民族精神和时代精神作为重点任务

新时代爱国主义教育要把大力弘扬民族精神和时代精神作为重点任务。民族精神和时代精神的教育是一种融思想道德和精神启蒙为一体的教育实践活动，需要通过社会生活培育和社会教育实践来进行。要充分认识弘扬民族精神和时代精神的重要性，并以此来推动新时代中国特色社会主义建设，激励人民为实现中国梦而不断奋斗。

弘扬民族精神最首要的是要以弘扬爱国主义精神为根本。中国自古以来就有着爱国主义的优良传统，5000多年来，正是依靠爱国主义所激发出来的强大的凝聚力和战斗力使得中华民族能够历经磨难、饱经风霜而顽强不屈。在中华民族的伟大历史征程中，爱国主义是动员和鼓舞中华民族团结奋斗的一面旗帜。弘扬民族精神要发扬团结统一精神，团结统一精神是中华民族优秀的精神财富，它是中华民族立身之本，深深扎根于中华大地。自古以来中华民族的历史历经分分合合，但统一的时间大大多于分裂的时期，根本原因就在一中华民族在历史进程中形成的整体主义和天下情怀。在今天，集中力量办大事体现了中国人的团结统一同心同德，在新时代，只有心往一块想、劲往一块使，中国特色社会主义事业才能取得不断

进步。弘扬民族精神要弘扬爱好和平的精神。爱好和平是中华民族的重要精神财富，中华民族历来爱好和平，素有礼仪之邦之赞誉。崇尚和合文化，主张和谐共生，命运与共的思想观念已经融入中华民族的血液当中。自古以来中华民族就是各爱好和平的民族，不主张通过武力征服、侵略扩张的方式发展自己。今天在处理民族关系，国家关系时，中华民族主张和平共处、相互尊重。不过，我们爱好和平并不意味着无原则的退让。弘扬民族精神要提倡勤劳勇敢的精神。勤劳勇敢精神是中华民族的优良传统。弘扬民族精神要弘扬自强不息的精神，自强不息是中华民族所具有的奋发向上、不断进取的精神品质。综上，新时代的爱国主义教育要引导广大百姓弘扬伟大的民族精神，把爱国主义精神与民族精神的其他特质紧密结合。

三、新时代的爱国主义教育

要把培养能够承担起国家复兴重任的时代新人作为重点，要以中国精神塑造好实现中国梦的主体力量，在实现中国梦的主体力量中，能够担当民族复兴大任的时代新人就是其中的生力军。要使其能自觉培育和实践社会主义核心价值观，帮助他们全面理解社会主义核心价值观的科学内涵和核心要义，让他们明白自身所肩负的历史使命和对社会、国家发展所具有的重要意义，并通过强化时代新人的思想道德建设，来丰富他们的精神境界，提升他们的道德境界，让他们养成良好的社会公德，培育健康的职业道德，弘扬家庭美德，并锤炼个人品德，引导他们在现实生活中要始终坚持正确的道德方向，形成正确的道德判断。

梦想给人前行明确了方向，精神给梦想插上了翅膀。在中国特色社会主义现代化强国建设的伟大征程中，要完成艰巨的任务，没有强大的精神力量支撑是不可能的。因此，对广大民众进行爱国主义教育，特别是对时代新人进行爱国主义教育，只有大力弘扬民族精神和时代精神，让他们牢记使命砥砺前行，才能使中国梦在一代又一代中国人民的奋斗中成为现实。要在奋斗过程中，高唱人民赞歌，展现人民风采，发挥榜样作用，将中国人民在漫长的奋斗过程中所创造出来的伟大的创造精神、伟大的奋斗精神、伟大的团结精神、伟大的梦想精神发扬光大，将新时代人民的新实践、新成就、新作为，生动展现出来，为奋力实现中华民族伟大复兴中国梦提供蓬勃的动力。

第四节　赓续红色基因开展四史教育

历史传统教育是以悠久历史和优良传统为主要内容的教育活动。在新时代爱国主义教育的基本内容体系中，加强历史传统教育是传承爱国基因的重要内容。新时代爱国主义教育要加强历史传统教育，特别是要广泛开展党史、新中国史、改革开放史和社会主义发展史“四史”教育，赓续红色基因，着力传承和弘扬中华优秀传统文化，延续文化根脉，确保红色江山薪火相传。

一、赓续红色历史基因

历史是最好的教科书，也是最好的清醒剂。历史充满无穷智慧，提供重要启迪。一个不记得来路的民族，是没有出路的民族。一个抛弃或者背叛自己历史文化的民族，不仅不可能发展起来，而且很可能上演一幕幕历史悲剧。中华民族强调“前事不忘，后事之师”，中国共产党始终高度重视对历史经验的总结。习近平总书记指出，中国走过的历程，中国人民和中华民族走过的历程，是中国共产党和中国人民用鲜血、汗水、泪水写就的，充满着苦难和辉煌、曲折和胜利、付出和收获，这是中华民族发展史上不能忘却、不容否定的壮丽篇章，也是中国人民和中华民族继往开来、奋勇前进的现实基础。知史爱党，知史爱国。强化历史传统教育的目的并不是想要从胜利中得到安慰，也不是想要坐在胜利果实当中，为自己面对的问题找逃避的理由，而是要总结历史经验、把握历史规律，从而获得继续前行的胆识和动力。新时代的爱国主义教育，其中一个主要方面，就是要大力宣传和教育党史、新中国史、改革开放史、社会主义发展史，要特别突出“四史”教育，教育要与中华民族从站起来、富起来到强国这一伟大跨越相联系，使广大民众充分理解中国共产党、马克思主义、社会主义道路、改革开放的必然性，更好地理解祖国和民族的历史与未来。

二、广泛开展“四史”教育

加强“四史”教育要突出党史教育。中国共产党的历史是中国近现代以来的历史中最为可歌可泣的篇章，学习中国近现代史要特别注意学习中国共产党的历史。中国共产党 100 多年的发展历史，可以划分为四个历史时期：从 1921 年 7 月中国共产党成立至 1949 年 10 月中华人民共和国成立，是新民主主义革命时期；从 1949 年 10 月至 1978 年 12 月党的十一届三中全会召开，是社会主义革命和建设时期；从 1978 年 12 月至 2012 年 11 月党的十八大召开，是改革开放和社会主义现代化建设新时期；从 2012 年 11 月至今是中国特色社会主义新时代。中国共产党自 1921 年成立以来，始终把为中国人民谋幸福、为中华民族谋复兴作为自己的初心使命，始终坚持共产主义理想和社会主义信念，团结带领全国各族人民为争取民族独立、人民解放和实现国家富强、人民幸福而不懈奋斗，已经走过一百年光辉历程。① 要推动党史学习教育常态化、长效化，使党史学习教育融入日常、抓在经常，通过普及党史知识，引导广大人民群众深刻认识中国共产党为国家和民族做出的伟大贡献，深刻感悟中国共产党始终不渝为人民服务的初心宗旨，学习中国共产党推进马克思主义中国化时代化形成的重大理论成果，传承中国共产党在长期奋斗中铸就的伟大精神，坚定不移听党话、跟党走，在全面建设社会主义现代化国家伟大实践中建功立业。

---

① 新华社．中共中央关于党的百年奋斗重大成就和历史经验的决议（2021 年 11 月 11 日中国共产党第十九届中央委员会第六次全体会议通过）[N]．人民日报，2021-11-17.

加强“四史”教育要把握“四史”内涵。注重内容上融会贯通、逻辑上环环相扣，引导广大人民群众特别是青少年弄清楚中国共产党为什么能、马克思主义为什么行、中国特色社会主义为什么好等基本道理，加深对党的历史的理解和把握，加深对党的理论的理解和认识，不断增强各族群众对伟大祖国、中华民族、中华文化、中国共产党、中国特色社会主义的认同。开展“四史”教育、学习“四史”，必须运用唯物辩证法和科学的历史思维，始终把握正确导向，树立正确历史观，准确把握党史、新中国史、改革开放史、社会主义发展史的主题主线、主流本质，要坚定地同历史虚无主义作斗争。要对革命传统、革命精神、红色基因进行传承，并将其与新时期特征相联系，给予其新的内涵，将其转变成鼓舞广大人民群众开展伟大斗争的巨大力量。要加大对改革开放史的宣传教育力度，使人民充分了解，改革开放是党和人民追赶时代步伐的关键一招，是中国特色社会主义道路选择的必然，是决定当代中国未来的关键，是实现两个百年奋斗目标、实现中华民族伟大复兴的决定性选择，从而形成一股强劲的动力，把改革开放工作推进到最后①。

加强“四史”教育要结合中华民族悠久的历史进行教育。中华民族有着上千年的文明历史，为人类文明的进步与发展做出了巨大的贡献。中华民族的历史源远流长，在数千年的时间里，中国人一直在辛勤劳动，不断创新，产生了一批举世闻名的大思想家，如老子、孔子、孟子、孙子等。创造发明的大批科技成果，对整个世界产生了深远的作用。创作了数不清的伟大文艺作品，建设了气势恢宏的万里长城、故宫等。

中国的奋斗历程源远流长，在数千年的时间旦，中国人民自强不息，开辟了广阔而又美丽的国土，开垦了肥沃的粮田，对数千条河流进行了有效的整治，克服了无数的天灾，有序建立起了一座座村镇，发展出了种类繁多的产业，创造出了丰富多彩的生活。

中华民族历史源远流长，在数千年的时间里，中国人民团结一致、

① 中共中央，国务院．新时代爱国主义教育实施纲要［N］．人民日报，2019-11-13.

同舟共济，实现了民族多元一体、相互交融的和谐民族关系，成为一个团结互助的民族大家庭；尤其是到了近代，面对外敌入侵，中国同胞能够团结一致，勇敢地战斗，最终战胜了所有邪恶的入侵者，最终取得主权独立和人民解放，他们一起谱写出了中华民族保卫祖国，抵御外侮的伟大历史。

中华民族的梦想历史也同样源远流长，在数千年的漫长岁月里，中国人一直怀着梦想、孜孜以求，既树立起了美好的小康生活理想，又树立起了“天下为公”的崇高理想。盘古开天、伏羲算卦、夸父追日、愚公移山等传说，充分体现了中国人敢于追求并不断追求梦想的毅力；在近代，为了完成中华民族的伟大复兴，中国人民坚忍不拔，用了百年时间，与外敌浴血厮杀、自力更生复兴万物，最终使我国立于世界民族之林。这些悠久历史和优良传统需要永远牢记和持续传承，并为今天爱国主义教育提供重要素材和养料。

推进新时代爱国主义教育，必须固本培元，必须注重历史教育。从社会主义近500年的发展史、从中国共产党成立100多年的历史，从新中国成立七十多年的历史，从改革开放四十多年的历史维度中，认真学习四史，这对于正确认识世情、国情、党情十分必要，唯有如此，全国各族人民才能更加深刻认识到历史和人民选择了中国共产党，选择了马克思主义、选择了社会主义、选择了改革开放的历史必然性，从而为全面建成社会主义现代化国家凝聚强大的力量。

第五节　大力传承和弘扬中华优秀传统文化

一、传承中华优秀传统文化的意义

文运同国运相牵，文脉同国脉相连。文化是一个国家、一个民族的灵魂。认识与接纳祖国的悠久历史、深厚文化，是培养和发展爱国情怀的必要条件。马克思指出，人们的历史是人们自己创造的，但并不是人们随心所欲创作的，是根据直接接触到的、明确的、过去传承下来的条件所创造的。在悠久的历史长河中，中华民族创造了源远流长、博大精深的传统文化，在世界文明史上独树一帜，四大文明古国唯有中国的历史文化没有中断过，一直绵延不绝。在5000多年文明发展中孕育的中华优秀传统文化，蕴藏着中华民族最深刻的精神诉求，是中华民族特有的精神标志，它是中华民族生生不息、不断发展壮大的丰富养分，也是中国特色社会主义的文化土壤，是当代中国发展的突出优势，对延续和发展中华文明、促进人类文明进步，发挥着重要作用。一代又一代中国人民不断地创造和发展中华文明，形成了独特而又博大精深的中华文化，这是中华民族克服重重困难，不断向前迈进的坚强精神后盾。

中华民族能够在顺境中从容淡定、在逆境中奋进崛起，从根本上来说，就是因为中华优秀传统文化的持久涵养，特别是贯穿其中的思想理念、传统美德、人文精神等是中华民族不断发展壮大的坚强的精神力量。中华优秀传统文化是中华民族的文化根基，它所包含的思想理念、道德准则，既是中华民族思想与精神的核心，又是人类思想文化宝库的璀璨明珠。

中国共产党在领导人民进行革命、建设、改革伟大实践中，自觉肩负起传承发展中华优秀传统文化的历史责任，是中华优秀传统文化的忠实继承者、弘扬者和建设者。党的十八大以来，习近平总书记就传承、弘扬中华优秀传统文化做出一系列重要论述、提出一系列明确要求，鲜明提出创造性转化、创新性发展的方针，为传承、弘扬中华优秀传统文化提供了根本遵循。《关于实施中华优秀传统文化传承发展工程的意见》是中共中央、国务院办公厅在2017年1月发布的，首次以中央文件的形式对传承中华优秀传统文化进行了系统的安排。党的十九大报告中清楚地指出，中国特色社会主义文化，是从中华优良的传统文化中产生出来的，是从党在革命、建设中创造出来的革命文化和社会主义文化，是从中国特色社会主义伟大实践中提炼出来的。2021年4月，中央宣传部印发《中华优秀传统文化传承发展工程"十四五"重点项目规划》，对做好"十四五"期间传承发展工作提出了具体要求。中华优秀传统文化是中华民族立于世界民族之林的突出优势，是中国人民之所以能够在世界各种文化思潮相互激荡中站稳脚跟的根基。因此，必须结合新的时代条件传承和弘扬好中华优秀传统文化，努力从中华民族世世代代形成和积累的优秀传统文化中汲取营养和智慧，延续文化基因，萃取思想精华，展现精神魅力。

二、新时代爱国主义教育要大力弘扬中华优秀传统文化

新时代爱国主义教育要着力传承和弘扬中华优秀传统文化。实施中华优秀传统文化传承发展工程是党和国家延续中华文脉、传承优秀传统的重大战略举措。对祖国悠久历史、深厚文化的理解和接受，是爱国主义情感培育和发展的重要条件。习近平总书记指出，文化自信是更基础、更广泛、更深厚的自信。坚持道路自信、理论自信、制度自信，最根本的就是文化自信。没有高度的文化自信，没有文化的繁荣兴盛，就没有中华民族伟大复兴。

在新时代的爱国主义教育中，要将中华优秀传统文化的传承与弘扬列为不可或缺的重要组成部分。通过教育，使广大群众了解中华民族的悠久历史与辉煌文化，从中吸取养分与智慧，进而自觉坚持中华优秀传统文化的立场，自觉地继承优秀文化，不忘本来、面向未来，学习中国智慧、弘扬中国精神、传播中国价值观。不断增强中华优秀传统文化的生命力和影响力，不断增强民族自尊心、自信心和自豪感。

一是要传承和弘扬中华优秀文化的核心思想理念。中华民族和中国人民在修齐治平、尊时守位、知常达变、开物成务、建功立业过程中培育和形成的基本思想理念，如革故鼎新、与时俱进的思想，脚踏实地、实事求是的思想，惠民利民、安民富民的思想，道法自然、天人合一的思想等，

可以为人们认识和改造世界提供有益启迪，可以为治国理政提供有益借鉴。传承发展中华优秀传统文化，就要大力弘扬讲仁爱、重民本、守诚信、崇正义、尚和合、求大同等核心思想理念。

二是要传承和弘扬中华传统美德。中华优秀传统文化蕴含着丰富的道德理念和规范，如天下兴亡、匹夫有责的担当意识，精忠报国、振兴中华的爱国情怀，崇德向善、见贤思齐的社会风尚，孝悌忠信、礼义廉耻的荣辱观念，体现着评判是非曲直的价值标准，潜移默化地影响着中国人的行为方式。传承发展中华优秀传统文化，就要大力弘扬自强不息、敬业乐群、扶危济困、见义勇为、孝老爱亲等中华传统美德。

三是要传承和弘扬中华人文精神。中华优秀传统文化积淀着多样、珍贵的精神财富，如求同存异、和而不同的处世方法，文以载道、以文化人的教化思想，形神兼备、情景交融的美学追求，俭约自守、中和泰和的生活理念等，是中国人民思想观念、风俗习惯、生活方式、情感样式的集中表达，滋养了独特丰富的文学艺术、科学技术、人文学术，至今仍然具有深刻影响。传承发展中华优秀传统文化，就要大力弘扬有利于促进社会和谐、鼓励人们向上向善的思想文化内容。

爱国主义教育以青年为主体，而学生是青年群体中的重点教育对象。在学校要围绕立德树人根本任务，遵循学生认知规律和教育教学规律，按照一体化、分学段、有序推进的原则，把中华优秀传统文化全方位融入思想道德教育、文化知识教育、艺术体育教育、社会实践教育各环节，贯穿于启蒙教育、基础教育、职业教育、高等教育、继续教育各领域。要坚持古为今用、推陈出新，辩证取舍，深入实施中华优秀传统文化传承发展工程，推动中华文化创造性转化、创新性发展。要坚守正道、弘扬大道，反对文化虚无主义，引导人们树立和坚持正确的历史观、民族观、国家观、文化观，不断增强中华民族的归属感、认同感、尊严感、荣誉感，共同创造中华文化新辉煌。

第六节　不断强化祖国统一和民族团结进步教育

国家安全教育是关系定国安邦重大问题的重要教育活动。在新时代爱国主义教育的基本内容体系中，加强国家安全教育是筑牢爱国防线的重要内容。新时代爱国主义教育要强化祖国统一和民族团结进步教育，构筑铜墙铁壁，加强国家安全教育和国防教育，确保长治久安，推动全社会形成维护国家安全的强大合力和持久动力。

实现祖国统一、维护民族团结，是中华民族的不懈追求。弘扬爱国主义精神，必须维护祖国统一和民族团结。新时代爱国主义教育必须把维护祖国统一和民族团结作为重要着力点和落脚点。

一、加强祖国统一教育

要加强祖国统一教育。中华民族是一个与中国的国家、民族、地域、历史紧密相连的整体概念，已成为民族精神、民族情感的凝聚和象征。中华民族作为一个自在的民族实体，早已存在了几千年。在中华大地上繁衍生息的各民族，在几千年的历史长河中，不断交融汇聚。特别是中国自秦汉形成统一多民族国家以来，大一统的理念深入人心，各民族在分布上交错杂居、经济上相互依存、文化上兼收并蓄、情感上相互亲近，最终形成了多元一体的中华民族。我们伟大的祖国，幅员辽阔，文明悠久，中华民族多元一体是先人们留给我们的丰厚遗产，也是我国发展的巨大优势。

香港、澳门回归祖国后，重新纳入国家治理体系，走上了同祖国内地优势互补、共同发展的宽广道路，“一国两制”实践取得举世公认的成功。解决台湾问题、实现祖国完全统一，是全体中华儿女共同的愿望，是中华民族根本利益所在。我们坚决维护国家主权和领土完整，绝不容忍国家分裂的历史悲剧重演。新时代爱国主义教育要着力加强祖国统一教育，深刻揭示维护国家主权和领土完整、实现祖国完全统一是大势所趋、大义所在、民心所向，增进广大同胞心灵契合、互信认同，与分裂祖国的言行开展坚决斗争，绝不允许任何人、任何组织、任何政党，在任何时候、以任何形式、把任何一块中国领土从中国分裂出去，引导全体中华儿女为实现民族伟大复兴、推进祖国和平统一而共同奋斗。

二、深化民族团结进步教育

要深化民族团结进步教育。我国是统一的多民族国家，民族团结是各族人民的生命线。我国五十六个民族是历史形成的客观存在，是不以人的意志为转移的存在。根据 2021 年 5 月国家统计局公布的第七次全国人口普查公报显示，至 2020 年 11 月 1 日零时，全国人口中，汉族人口为 1286311334 人，占 91. 11%；各少数民族人口为 125467390 人，占 8. 89%。与 2010 年第六次全国人口普查相比，汉族人口增加 60378693 人，增长 4. 93%；各少数民族人口增加 11675179 人，增长 10. 26%。① 多民族、多文化是我国的一大特色，也是我国发展的一个重要动力。我们伟大的祖国是五十六个民族共同开发的，各民族共同开发了祖国的锦绣河山、广袤疆域，共同创造了悠久的中国历史、灿烂的中华文化。各民族共同团结进步、共同繁荣发展是中华民族的生命所在、力量所在、希望所在。习近平同志强调指出，“中华民族一家亲、同心共筑中国梦，这是新时代我国民族团结进步事业的生动写照，也是新时代民族工作创新推进的鲜明特征”②。正确认识和处理民族关系，最根本的是要坚持民族平等，加强民族团结，推动民族互助，促进民族和谐。

新时代爱国主义教育要着力深化民族团结进步教育，坚持各民族共同

① 国家统计局：《第七次全国人口普查公报（第二号）—全国人口情况》，国家统计局网站。

② 习近平．在全国民族团结进步表彰大会上的讲话（2019 年 9 月 27 日）［N］．人民日报，2019-9-28.

团结奋斗、共同繁荣发展的主题，铸牢中华民族共同体意识，加强各民族交往、交流、交融，引导全国各族人民像爱护自己的眼睛一样珍惜民族团结，牢固树立汉族离不开少数民族、少数民族离不开汉族、各少数民族之间也相互离不开“三个离不开”的思想观念，不断增强各族人民对伟大祖国、中华民族、中华文化、中国共产党、中国特色社会主义的“五个认同”，使各民族同呼吸、共命运、心连心的光荣传统代代相传，不断巩固和发展各民族大团结、全国人民大团结、全体中华儿女大团结，坚决维护国家主权、安全、发展利益，旗帜鲜明反对分裂国家图谋、破坏民族团结的言行，筑牢国家统一、民族团结、社会稳定的铜墙铁壁。

第七节　加强国家安全教育和国防教育

一、加强国家安全教育的重要意义

国家安全是安邦定国的重要基石，维护国家安全是全国各族人民根本利益所在。国泰民安是人民群众最基本、最普遍的愿望。统筹发展和安全，增强忧患意识，做到居安思危，防患于未然，是中国共产党治国理政的一个重大原则。

进入新时代，我国面临更为严峻的国家安全形势，外部压力前所未有，传统安全威胁和非传统安全威胁相互交织，“黑天鹅”“灰犀牛”事件时有发生。我国当前面临着对外维护国家主权、安全、发展利益，对内维护政治安全和社会稳定的双重压力，各种可以预见和难以预见的风险因素明显增多，非传统领域安全日益凸显。习近平总书记强调保证国家安全是头等大事，提出总体国家安全观，涵盖政治、军事、国土、经济、文化、社会、科技、网络、生态、资源、核、海外利益、太空、深海、极地、生物等诸多领域。做好新时代国家安全工作，必须贯彻总体国家安全观，准确把握我国国家安全形势变化新特点新趋势，坚持底线思维、居安思危、未雨绸缪，坚持国家利益至上，以人民安全为宗旨，以政治安全为根本，以经济安全为基础，以军事、科技、文化、社会安全为保障，以促进国际安全为依托，统筹发展和安全，统筹开放和安全，统筹传统安全和非传统安全，统筹自身安全和共同安全，统筹维护国家安全和塑造国家安全，坚决维护国家主权、安全、发展利益，为实现中华民族伟大复兴提供坚强安全保障。

二、新时代爱国主义教育要筑牢国家安全教育和国防教育的坚固防线

新时代爱国主义教育要筑牢国家安全教育和国防教育的坚固防线。《中华人民共和国国家安全法》规定，国家安全是指国家政权、主权、统一和领土完整、人民福祉、经济社会可持续发展和国家其他重大利益相对处于没有危险和不受内外威胁的状态，以及保障持续安全状态的能力。国家加强国家安全新闻宣传和舆论引导。通过多种形式开展国家安全宣传教育活动。《中华人民共和国国家安全法》还规定，每年 4 月 15 日为全民国家安全教育日。要把国家安全教育作为爱国主义教育的重要内容，不断加强国家安全教育，深入学习宣传总体国家安全观，增强全党全国人民国家安全意识，自觉维护政治安全、国土安全、经济安全、社会安全、网络安全和外部安全。国防教育是建设和巩固国防的基础，是增强民族凝聚力、提高全民素质的重要途径。近年来，全民国防观念有了显著提高，爱国热情不断增强。《中华人民共和国国防教育法》规定，国防教育是建设和巩固国防的基础，是增强民族凝聚力、提高全民素质的重要途径；国家通过开展国防教育，使公民增强国防观念，掌握基本的国防知识，学习必要的军事技能，激发爱国热情，自觉履行国防义务；国防教育贯彻全民参与、长期坚持、讲求实效的方针，实行经常教育与集中教育相结合、普及教育与重点教育相结合、理论教育与行为教育相结合的原则，针对不同对象确定相应的教育内容分类组织实施。

近年来，《战狼Ⅱ》《长津湖》等优秀影视作品在宣传国防知识、开展国防教育方面发挥了重要作用，引发社会广泛好评。但也应清醒地看到，长期处于相对稳定的和平环境，人们居安思危、枕戈待旦的意识有所弱化。当前，我国正处于由大向强的战略机遇期，面临的挑战和考验前所未有，迫切需要从战略和全局的高度进一步完善全民国防教育体系，为中华民族伟大复兴筑牢坚不可摧的精神长城。因此，要进一步加强国防教育，强化强国必须强军、军强才能国安理念，增强全民国防观念，使关心国防、热爱国防、建设国防、保卫国防成为全社会的思想共识和自觉行动。普及和加强国防教育是全社会的共同责任。一切国家机关和武装力量、各政党和各社会团体、各企业事业组织以及基层群众性自治组织，都应当根据各自的实际情况组织本地区、本部门、本单位开展国防教育。学校的国防教育是全民国防教育的基础，是实施素质教育的重要内容。教育行政部门应当将国防教育列入工作计划，加强对学校国防教育的组织、指导和监督，并对学校国防教育工作定期进行考核。要深入开展增强忧患意识、防范化解重大风险的宣传教育，引导广大干部群众强化风险意识，科学辨识风险、有效应对风险，做到居安思危、防患未然，推动全社会形成维护国家安全的强大合力。①

---

① 中共中央，国务院．新时代爱国主义教育实施纲要［N］．人民日报，2019-11-13.

第六章　新时代加强爱国主义教育的方法与途径

第一节　新时代加强爱国主义教育的方法

方法是人类认识世界和改造世界的一种方式。好的方式能让工作更有效率。爱国主义教育方式，是爱国主义教育者进行爱国主义教育所使用的基础手段。在科学理念的指引下进行爱国主义教育，要对爱国主义教育主体的知识素养、客体的理解接受能力、教授内容的深度等客观现实因素进行综合考量。科学的方法在爱国主义教育中，对传达爱国主义教育的内容，体现科学的价值取向，达到既定的目标有着重要的现实意义。在一定意义上而言，对爱国主义教育方式的科学选用和运用，将对爱国主义教育成果质量产生直接影响。所以，在开展爱国主义教育时，要注意选用科学、正确的方式。

一、政治性与道德性相统一的方法

在新的历史条件下，爱国主义不再只是一种道德规范，也是一种由国家所提出、宪法所规定的一种政治要求，它达到了在道德和政治两个层次上的有机融合。

政治性是指涉及有关政治方面的、为了达到某种政治目的的一种性质属性。爱国主义中的“国”并不只是指的是“国家”这一理念中的全部的具象文化，它还具有一定的指向性，它是由一个特殊的阶层，为了一个特殊的目标而建立起来的政权形态。爱国主义教育既要让国民对自己的国家具象文化产生价值认同，也要让国民对政治层次上的文化和制度保持高度的认同感和自信。爱国主义就相当于一种对人民的政治需要，一种对人民外部行为的硬性限制。例如，在我国宪法中，维护国家安全和利益是每一个公民的法律责任，同时，在新时代，爱国主义也是一种爱国、爱党、爱社会主义的有机结合。中国共产党是所有的革命和建设的领袖，它是所有中国人的坚强后盾，爱社会主义就是爱国主义的最好写照，所以，在新的历史时期，要加强爱国主义教育的政治导向，提升社会大众对政治体制和文化的认同感，让新时期的人们拥有一种强烈的政治热情。

道德性指的是在道德层次上，将爱国作为一种所有人都要遵守的准则，并且要履行的责任，它是一种由国家为全体人民制订的道德准则。这一规范来自全民族所继承并积累的优良文化传统，它是一个国家的主体意识和责任意识的集中反映，它对全体国民提出了主动承担、勇于承担的要求。所以，在新的历史时期里，在进行爱国主义教育的过程中，政治主体需要对传统道德文化进行高度的关注并在教育过程中对国民加以引导，在这个层面上，加强对人民爱国精神的指引，促使其转化为道德行为，让人民可以产生自发、自觉的爱国意识，从而可以在生活、工作中，对国家的安危和自身的权益进行维护，进而能够实现锐意进取、砥砺前行，为实现祖国的繁荣做出自己的贡献。

在新时代，爱国主义教育同时拥有对道德性和政治性的双重需求，而且这两大需求呈现出一种统一性，体现了爱国主义所拥有的政治和道德两大特性。而且，政治特性可以指导和提高道德特性，而道德特性又是政治特性的一个重要的先决条件，两者相互联系辩证统一。新时期的爱国主义教育，要使人民对爱国主义的道德要求有一个准确的认识，从政治上讲，要把爱国主义当作是自己思想行为的软性准则和硬性约束。

二、知识性与情感性相统一的方法

在新的时期和新的教育环境下，可以说，爱国主义教育的发展有了更高的需求，它要求知识性和情感性的结合，在此，知识性是指的是知识、理性的教育，而情感性是指的是感性的教育。

知识性所强调的理性教育，是当今教育界所提倡的一种教育方式，也就是提倡人们理性分析、不掺杂任何情绪，注重教育的逻辑性，并且要在分析与处理问题时，始终遵循理性的原则。在进行爱国主义教育时，要坚持用理性的教育方式，来提高受教育者的逻辑思维，使受教育者能理性地进行价值观的认知，在理性分析与思考中，更加深入地理解爱国主义的内涵。

情感性教育也极为重要。情感是人的心理活动，是人的主观意志。从客观角度来看，情感教育可以激发人们的美学感受，激发人们对问题的探究积极性，对提高个体的创造性思维水平也是有益的。因此，在强化理性教育的过程中，还需要在社会群体中进行大量的情感教育。教育者需要认识到，当今中国国民个性鲜明，不仅有共同之处，也有差异之处，因而情感教学也有必要性和重要性。

在进行爱国主义教育时，应遵循理性教育与情感教育相统一的原则，这样，才能取得较好的成效。爱国主义教育中的情感教育可以引导人们做出一系列的爱国行动，同时，爱国要理性，不受抑制的爱国情感有可能会变成非理性爱国，在受教育群体中进行情感教育，激发爱国情感，鼓励受教育者将一腔爱国热情转变为爱国行为，进而将其转化为理性的分析和解决问题的能力。坚持情感教育与理性教育相统一，是爱国主义教育的必然要求，具体表现为以下两点。

第一，它是爱国主义情感与理性的内在联系要求。爱国主义精神以爱国情感为依据，由低级到高级的爱国情感是一种具体的爱国表现。情感与理想相结合，这与爱国主义的表现需要相匹配。一方面，人作为爱国主义的主体，有着强烈的情感需要，在培养人们爱国情怀时，要尽量地做到以情化人。另一方面，爱国需要理性，一旦丧失了理性，就会跌入不理性的境地。洛克曾指出，无论什么时候，理性都是最终评判和向导，需要注意的是，理性引导与理论说教有着本质的区别，对此，罗素曾指出，理性的界定包含了两个层面，一个是理论层面，另一个是实践层面。真正的爱国主义教育应是理性爱国，即基于对祖国的充分理性认识，树立起来的爱国思想与精神。要使爱国主义教育收到较好的成效，就要突出“知国”“爱国”两个方面，要做到情感与理性相统一，将爱国主义的理念和精神植入国民的心中。

第二，是民族精神和心理特征的内部需求。人们的理性思维与逻辑思维有一个由低级到高级、不完善到完善的过程，爱国主义教育的主要方式是情感教育。现代社会的国民具有一定的理性认知能力和强烈的求知欲，所以对国民进行爱国主义教育，要兼顾情感教育与理性教育，做到两种方法相统一，共同作用，才能最终实现爱国主义交易的效果。总而言之，只有将两种方法相结合，才能更好地推进新时代爱国主义教育工作的开展，也才能求得更好的教育效果。

三、历史性与时代性相统一的方法

新时期的爱国主义既具有历史的特点，又具有当代的特点。“历史性”是在漫长的历史岁月中文化传承与积淀所产生的一种特殊的带有历史性脉络的继承性特征。与此同时，爱国主义的时代性特点体现得非常明显，它并不是一种死板、一成不变的教条思想，而是一种能够跟上潮流，随着时代的进步而发展的，它还能够持续吸取新鲜的血液，从而得到了充实和发展。爱国主义具有时代性，它的内涵是与时俱进的。

新的时代背景下，习近平曾指出，“实现中华民族伟大复兴的中国梦，是当代中国爱国主义的鲜明主题”。国民的爱国主义教育，要注意历史性与时代性的统一，要注重精神层面的教育和宣传，要弘扬爱国主义精神，坚持革故鼎新，要一步一个脚印地向前走，努力地实现中国梦。从微观的角度来看，要让爱国主义教育能够更好地体现出其在理论和实践方面的双重价值，要将历史资源中的爱国主义教育素材充分地发掘出来，并运用创新的教育宣传方式，最终达到预定的教育目的。从宏观的角度来看，在进行爱国主义教育过程中，要指导受教育者建立起一定的历史观念，要有大历史观，能够用一种辩证的眼光去审视历史发展过程中的得与失、发展与曲折，在此过程中，要坚定地抗拒一切历史虚无主义。在新的历史条件下，人民的爱国主义也要不断地创新和发展。

从本质上来说，新时期的爱国主义教育是历史性与时代性两大特点的有机融合，这就对民众爱国主义教育提出了更高的需求，它不仅要对历史传统文化中所包含的爱国主义教育内涵进行深入地发掘，还要不断地进行创新发展，从时代发展中获得新的养分，不断地释放出新时代爱国主义的魅力和价值，并对其现实解释力进行提升。

四、理论灌输与实践养成相统一的方法

灌输理论是马克思主义理论的重要组成部分。从马克思主义纵向发生的角度来看，灌输理论萌芽于马克思、恩格斯的思想，初步形成于考茨基的论述，完善成熟于列宁、斯大林的贡献，发展于中国共产党领导人的运用。但这里要突出强调考茨基和列宁的灌输论思想。

理论灌输法是以马克思主义灌输理论为指导，包括理论讲授、理论宣传、理论学习、理论培训、理论研讨等形式的一种基本方法，是爱国主义教育中最主要、最基本的方法。在新的时期，运用理论灌输法进行爱国主义教育是非常必要的。一方面，各种社会思潮风起云涌，不断冲击着人们的爱国意识和民族情感，影响着人们的报国之行；另一方面，在不断变化发展的复杂实践中，个体思想意识中科学的爱国观不是天生就有的，不可能不学而知、不教而会，这就要求把具有魅力的爱国理论灌输到人们的思想意识中，让人们树立正确的爱国观，进而实现效国之行。在运用理论灌

输法进行爱国主义教育的过程中，必须注重运用客观的实际条件和具体的形式，讲究科学性。对此，首先教育者自己要先受教育，增强自身的政治鉴别力，提升自我素养，科学全面把握爱国主义教育的内容体系，在教育过程中不能断章取义、望文生义，更不能自由发挥、任意篡改，要让自己成为爱国主义教育科学理论的坚定信奉者和模范践行者。其次要从实际出发，实事求是。既要联系当今时代变化发展和社会生活变迁的实际，也要联系自身和受教育者的思想实际，做到正面说理、以理服人，有的放矢，否则，会出现适得其反的负面效果。与此同时，在进行理论灌输的过程中，要坚决摒弃单一老化、脱离实际、空洞无物、无理无据的“侃侃而谈”，树立以受教育者为主体的灌输理念，强化阵地意识，丰富灌输内容，创新灌输手段，增强灌输的有效性。总之，要切实使理论灌输法起到帮助人们树立正确观念、澄清错误认识、发挥理论魅力、增强凝聚力量的巨大作用。

理论灌输法对爱国主义教育来说是很重要的，但要和实践养成法相结合。所谓实践养成法，是指教育者在爱国主义教育过程中通过系统完善的教育过程和良好有序的环境而使个体养成良好的爱国意识、爱国情感和爱国行为的一种体验性很强的方法。这种方法是以马克思主义认识论为理论依据。马克思主义认识论认为，实践和认识是密不可分、相互联系的。实践是认识的基础，是认识发展的动力、是认识发展的源泉、是检验认识正确与否的唯一标准；认识对实践具有能动的反作用，科学正确的认识对实践具有巨大的推动作用，错误的认识对实践具有强烈的阻碍作用。这就要求我们要树立科学正确的认识，坚持科学理论的指导作用，克服错误的思想认识，从而促进实践的发展。基于这一原理，可以推知，人们的爱国观念是在长期的实践过程中形成的。这种爱国观念的正确与否直接决定着爱国行为的表达方式，进而产生不同的影响。由此可以看出，科学的实践养成是人们形成科学的世界观、人生观和价值观的必由之路，对培育人们的爱国素养具有十分重要的作用。这既是对国民爱国主义意识与爱国情怀的培养，也是对国民爱国能力的提高，更是对提高爱国主义教育的实效具有重要意义。在开展爱国主义教育的过程中，应重视下列问题：一是要正确地选取实践方法。要依据受教育者的年龄层次、心理认知等现实情况，以及特定的教育目标、教育内容等因素，来确定所要采取的实践形式。比如，参观爱国主义教育基地，进行红色旅游，适合于认识历史发生的实际，深化对历史事实的认识，增强历史责任感；组织开展“爱国歌曲大家唱”、演讲比赛、相关竞赛等活动，有助于在丰富多彩的活动中增强人们的爱国情感，提升爱国意识；开展志愿服务等公益实践活动，有利于培养人们了解祖国、热爱人民的思想感情，形成良好的爱国品质，等等。二是要从系统的角度出发分别从家庭教育、学校教育和社会教育等三个方面对人们进行爱国实践养成的培育。家庭教育中要从热爱父母、关爱亲人做起，重视家庭成员的礼仪教育，重视爱父母、爱家人、爱家乡情感的培育；学校教育中要结合大、中、小学生的年龄特点，各有侧重，积极配合课堂教学，开展各种形式的爱国主义教育社会实践活动，使学校的爱国主义教育系统化，成为一个循序渐进的过程，在实践中加强对大、中、小学生爱国主义教育；社会教育中要大力宣传中国历史上涌现出的著名爱国者、民族英雄、杰出人物以及新中国成立以后特别是改革开放以来涌现的英雄模范人物的先进事迹，对公民进行爱国主义教育，从而注重发挥爱国典型的榜样示范效应，引导国人向先进爱国典型学习。三是要注重作为道德规范的柔性约束和发挥作为法律制度的刚性约束的双重制约，深入开展民族精神和时代精神的宣传教育，积极唱响中国共产党好、社会主义好、改革开放好、伟大祖国好和各族人民好的时代主旋律，持之以恒地培育国人的爱国之情、报国之志、建国之才和效国之行。

理论灌输法和实践养成法是密切联系、相互作用的。理论灌输法是实践养成法的基础和前提，实践养成法是理论灌输法的深化和拓展。没有科学的理论灌输就不可能有正确的实践养成；没有有效的实践养成就不会有令人信服的理论灌输。理论灌输法侧重于显性教育，实践养成法侧重于隐性教育，二者的结合是显性教育与隐性教育的统一。因此，新时代爱国主义教育要坚持理论灌输法和实践养成法相统一。

五、显性教育与隐性教育相统一的方法

显性教育法是指教育者依据教育目标和内容有意识、有目的、有计划地利用各种公开的方式手段对受教育者进行直接性、外显性、系统性爱国主义教育的一种重要方法。这种方法在目标设定上往往具有良好的导向性，在内容展现上往往突出主旋律，在形式显示上往往强调直接外显性，在自身特征上往往彰显效率的显著，在作用对象上往往以成年人为主。在我国长期的爱国主义教育实践中，显性教育法一直居主导地位，起着独一无二的作用。它不仅对展现中华民族绵延不断的悠久历史、表现社会主义祖国的真实面貌、宣传党和国家的方针政策、展现改革开放以来的伟大成就等方面具有重要的作用，而且对培育人的爱国情感、拓展人的思维方式、提高人的思想道德素质、增强人的国家和民族认同感、纠正人的错误的爱国言行等方面也具有丰富的意义。总之，显性教育法对培养中国特色社会主义事业所需要的合格公民具有基础性意义。但在新的历史条件下，有人认为，显性教育法过于侧重集体灌输，忽视教育对象的个性，不利于教育对象积极主动性的发挥，容易引起教育对象产生麻木、反感甚至抵触等消极心理，需要从显性教育法转向隐性教育法。对此，我们需要坚持全面观点，具体、历史、辩证地看待显性教育法。一方面，显性教育法是经过长期的爱国主义教育实践证明的一种行之有效的方法，具有自身存在的理论依据和现实基础。在当前经济全球化深入发展、信息技术突飞猛进、价值取向日趋多元的新形势下，各种社会思潮风起云涌。这种情况下，显性教育法仍然是爱国主义教育的有效方法。我们应该更加理直气壮地运用显性教育法进行宣传教育，高扬社会主义旗帜，加强主旋律教育，斧正人们的爱国观，增强人们的民族自尊心、自信心和自豪感。另一方面，显性教育法作为一种方法，只是众多爱国主义教育方法中的一种，有着特定的使用范围和适用对象，而不可能是万能的。因此，我们也要看到显性教育法本身存在的局限性，尤其是在市场经济条件下人们的思想观念多元、多

样、多变的态势下，如显性教育法往往以“灌输”的方式传递爱国主义教育的内容，与教育对象缺乏有效的沟通，忽视受教育者的接受能力以及内化的质量；处于主导地位的教育者往往注重爱国主义理论的讲解，不能有效调动受教育者的积极主动性，易导致空洞的说教，致使教育过程缺乏愉悦性，教育效果缺乏持久性。因此，我们在运用显性教育法进行爱国主义教育的时候，要充分利用教育学、心理学等交叉学科的相关知识，因地、因人、因理、因时制宜，反对“一刀切”的做法。

显性教育法的不足可以通过隐性教育法来弥补。什么是隐性教育法呢？所谓隐性教育法是相对于显性教育法而言的，是指教育者通过无意识的、间接的、内隐的教育手段或活动使教育对象在潜移默化中接受爱国主义教育的一种方法。隐性教育法的实质在于一个“隐”字，具体表现为价值取向的人本性、作用方式的间接性、传播方式的多样性、接受过程的随意性、主体感受的愉悦性以及教育效果的持久性等方面。与显性教育法强调直接性的影响相比，隐性教育法更注重间接性的潜移默化，期许达到“润物细无声”的效果。它以更为丰富、多样的形式和途径把爱国主义教育的目标、要求和内容渗透到受教育者的日常社会生活中，使受教育者受到熏陶感染，引起教育对象的心灵颤动，激发其主动参与的意识，避免其产生逆反心理，从而扩大爱国主义教育的覆盖面，增强爱国主义教育的影响力。一般说来，隐性教育法给受教育者带来的影响是通过感染体来实现的，而感染体可以是人物、艺术、环境、活动、事件中任何一个或多个。这些感染体对教育对象起到的教育可以归纳为形象教育、艺术教育和群体教育三种形式。形象教育可以是参观爱国主义教育基地，从中受到启发；也可以是接触爱国先进典型，从言谈举止个人事迹中受到启示；更可以是观看参与重大活动事件，身临其境，从中受到教育。艺术教育主要是受教育者通过与爱国类型的文学、音乐、戏剧、电影、电视等文学艺术作品的直接或间接接触而起作用的。这是一种寓教于乐的方法，能有效增强教育对象的爱国情感，提升教育对象的爱国道德品质，克服教育对象错误的爱国观念，强化教育对象的爱国行为。但这种方式发生作用的前提是受教育者对所接触的爱国文艺作品感兴趣且这些文艺作品整体上是积极健康的，否则会适得其反。群体教育强调的是处于群体中的个体受整个群体的影响而发生的情感共鸣。如一个人单独唱经典红色歌曲，感受不深刻，若众人一起唱红歌，则心理会受到极大的震撼，会激发强烈的爱国情感。无论哪一种形式，都是靠激起教育对象内心的情感而起作用的。由于不同教育对象的心理素养、身体素质和智力水平不同，这种被激发的爱国情感有两种表现形态，一种是正向性情感，也称肯定性情感，表现为受教育者深受感动，认同所接收的信息，并要求自己行动起来，履行爱国责任；另一种是负向性情感，也称否定性情感，表现为受教育者对所接收的信息无动于衷，甚至产生鄙夷、排斥等消极态度，行为实践中或是不闻不问国家人民之事，只关心自己的利益，或是反对自己的祖国甚至反叛自己的祖国。因此，在运用隐性教育法进行爱国主义教育的时候，要突出强调情感的重要性，要寓理于情，使受教育者在不知不觉中接受爱国的教育，进而激发受教育者树立正向性心理情感和行为，否定摒弃负向性心理情感和行为，做一个具有“理性、包容、开放、平和”心态的爱国者。

虽然显性教育法与隐性教育法有许多不同之处，但二者也具有内在的关联性，二者相辅相成、互为补充、不可分割。在爱国主义教育实践中，一方面显性教育法和隐性教育法有着客观的基础，即“影响人们思想品德发展的因素具有显性与隐性之分”“国外隐性课程理论为隐性教育方法的发展提供了理论依据”①。另一方面在注意发现和运用隐性教育因素发展隐性教育法的同时，要关注显性教育的隐性渗透功能，发展渗透式教育方法。总之，要不断创新，综合运用这两种方法，使其有机统一起来，共同发挥最大作用，而不能过分强调一种方法忽视另一种方法，割裂二者之间的关系，甚至走向极端化。当然，我们还要看到，显性与隐性的区分是相对的，二者在一定条件下可以相互转化，当隐性方法得到有意识、有目的地开发利用，以常态化的形式出现，就转变为显性的方法。

---

① 万美容．思想政治教育方法发展研究［M］．北京：中国社会科学出版社，2007：242-243.

六、情感激励与理性引导相统一的方法

爱国主义教育是一种育人的教育，教育者与教育对象之间架起思想沟通和心灵交会的“桥梁”往往在于彼此共有的人类情感。每个社会中的个体都有自己的情感，且这种情感是人的一种态度体验。不同的情感对个体具有不同的影响。爱国情感作为一种人们对自己祖国的无限热爱和深厚的感情，是人们和自己所处的自然环境、社会环境相互作用的结果，表现在对祖国一切有价值事物的眷眷深情和对祖国人民的无限热爱上，集中表现为民族自尊心、自信心和自豪感上。人们的爱国情感对个体来说，若成为个体意识，就会成为产生爱国观念、形成爱国思想、实现爱国行动的精神动力；对群体来说，若成为群体意识，就会成为凝聚群体力量、实现群体意志的重要力量；对国家和民族来说，若成为国家意识和民族意识，就会成为国家发展的伟大传承力、民族复兴的巨大动员力和社会进步的强大凝聚力。可见，情感激励是多么的重要。情感激励法是一种通过建立良好的感情联系，来调动受教育者的积极性，从而提高其实践操作能力的一种教育方式，它是一种精神激励。在开展爱国主义教育工作时，运用情感激励法，要关注教育对象的现实条件。一般来说，对那些文化程度相对偏低的普通受教育者尤其是女性，运用情感激励更为有效。情感激励也要特别注意下列各项：“运用大众熟知的事物；运用大众最直接、最迫切和最感人的事实；语言要有感情，生动形象；时间上要简短。”① 因此，在爱国主义教育活动中，教育者如果能找到教育对象的情感基点，通过对感受和情感体验的正确表达，可以在主、客体间形成感情共振从而产生共鸣，从而引导教育对象向所提示或指示的目标前进，进而达到教育的目的。

情感激励法虽然重要，但仅仅使用这种方法是不行的，因为方向把握不好情感激励往往引导人们走向极端。而理智是情感的闸门，没有理性控

① 张闻天. 张闻天选集［M］. 北京：人民出版社，1985：304.

制的情感就会使人误入歧途。同时，只有以理性为指导，情感才能更加持久、更加升华、更加高尚。因此情感激励需要理性来为其指引方向，保驾护航。理性是一种力量，这种力量基于人们在概念、判断、推理等思维形式下对正义、公平的一种执着追求。理性是一种态度，这种态度是基于人们按照事物本身发展规律来把握事物的一种冷静客观的认知。理性引导法作为与情感激励法相对的一种运用概念、判断、推理来说明观点、剖析事理的一种爱国主义教育方法，往往把表现于本质的表面现象和问题以合适的语言、恰当的论据和合理的思路进行抽象的、逻辑的和思辨的表达和说明。在运用理性引导法进行爱国主义教育的过程中，也要注意一些事项。例如，理性分析法一般适用于具有一定知识素养和智力水平的教育对象，这部分人本身具有较强的甄别是非真假的能力和控制自己行为倾向的能力；又如，理性分析法一般较适合于教育者希望通过持续稳定地教育使受教育者形成所要求的爱国价值观，因为理性分析引发的效应往往比较长久，而情感激励则相对较短。再如，理性分析往往引导人们表达爱国热情要依法有序、持之以恒地进行，着眼点是要从国家民族的长远利益和社会稳定大局，落脚点侧重于把爱国热情转化为做好本职工作的实际行动。可以说，进行爱国主义教育，只有通过理性引导，才能把人们强烈的爱国情感转化为矢志不渝的爱国信念，才能铸造为坚不可摧的爱国意志，才能转化为果敢持久的爱国行动。新时代爱国主义教育的理性引导，要坚持中国特色社会主义理论体系为指导，以四项基本原则和社会主义思想武装人们的头脑，培养人们正确的世界观、人生观和价值观，以保证教育的正确方向。

情感激励法和理性引导法是相互统一的，二者相辅相成。情感激励是理性引导的基础，理性指导是情感激励的保证。在新时代爱国主义教育过程中，要正确把握情感激励法和理性引导法的关系，既要做到以情感人、以情激理，也要做到以理服人、以理率情，更要做到情理相通、相融，这样才能使二者相互配合，相得益彰，进而统一思想，步调一致。

七、现实教育与网络教育相统一的方法

近年来，随着科技的日新月异，计算机以及网络技术的发展，不仅对现代人们的思维方式、生活方式和生产方式产生了重要的影响，而且为新时代爱国主义教育提供了崭新的教育技术和手段，进而衍生出了前所未有的教育方法，使得爱国主义教育在重视加强现实生活领域教育的同时也要关注拓展网络虚拟领域的教育。因此，新时代爱国主义教育，要全面把握爱国主义教育的领域，坚持做到现实教育法与网络教育法相统一，以提升爱国主义教育的实效性。

现实教育关注的是当下的现实，而现实是不以人的意志为转移的一种“以自在方式客观存在的各种实际事物及其关系，它包括客观存在的自然、社会与人及其活动等”①。现实教育法是以当下现实为内容的一种方法。爱国主义教育要为当下的现实服务，但要想有效地服务现实就必须首先认清现实。因此，我们应该秉承与时俱进的精神，以全面的视角来梳理总结当下的爱国主义教育有哪些好的经验，取得了哪些成就，存在哪些问题，面临哪些挑战，采取了哪些措施等等。对这些问题的答疑解惑能为爱国主义教育的理论与实践注入新的推动力，也为网络爱国主义教育的有效进行奠定了坚实的基础。

与现实相对的是“虚拟”，指的是“对现实的数字化反映和形式超越。虚拟的含义可以分为广义、中义和狭义三个不同的层次。其中，广义虚拟指任何形式的符号化虚拟，中义虚拟特指数字化虚拟，狭义虚拟特指互联网世界中的数字化虚拟，因此也可以称之为网络虚拟”②。本书中所讲的虚拟是狭义上的虚拟，也即是网络虚拟。网络是以信息技术和计算机为基础的一个以实现信息的传输、接受、共享的巨大虚拟平台。在这里可以轻松实现资源的共享、通信的便捷等。网络犹如一把“双刃剑”，在开阔人类

① 张再兴．网络思想政治教育研究［M］．北京：经济科学出版社，2009：67.
② 张再兴．网络思想政治教育研究［M］．北京：经济科学出版社，2009：67.

视野、方便人类生活、丰富人类精神世界和物质世界、改变人类思维方式、生活方式和生存方式的同时，也给人们的思维方式、价值观念和行为方式带来负面的影响，如过度依赖网络往往会导致人们的思维能力、表达能力、阅读能力、写作能力的退步；受网络不良信息的影响人们尤其是青少年容易走向极端等等。在移动互联网迅猛发展的时代，我们要以正确的态度来看待网络，以科学的方法来使用网络，让其为人类服务，而不能成为网络的奴隶。由于爱国主义教育在虚拟环境中主要是通过互联网并在互联网中实现的，所以这种教育的方法我们称为网络教育法。这种方法是以网络为其工具形态的方法，是计算机技术、通信技术、网络技术和虚拟现实技术等在虚拟空间所展开的人与人思想交流中的具体运用，形式上是虚拟的，本质上却是现实的。网络教育法，借助于网络这一新兴平台提供的丰富载体渠道和广泛的覆盖面，在爱国主义教育中起着十分重要的作用。这不仅表现在能调动受教育者的积极主动性，而且表现在能有效传播爱国主义教育的内容，更为重要的是有利于实现爱国主义教育的有的放矢，提高教育的有效性。因此，利用网络教育法进行爱国主义教育，要科学使用，积极创新，强化监管，充分发挥网络的优势，规避其劣势。使相关网站和论坛在传播爱国思想、培养人们的爱国情感、坚定爱国信念、实践爱国行为等方面发挥了广泛而积极的作用。与此同时，我们也可以开通专门以爱国主义教育为主体的博客、微博、微信，可以建立统一的以爱国主义教育为主题的 QQ 群、微信群等网络方法进行更为广泛的爱国主义教育。

网络爱国主义教育及其方法是虚拟的，但不是虚幻的，也具有现实性，是虚拟性与现实性的统一。我们说的虚拟和现实之间的关系，一方面是指网络环境下的虚拟与现实的关系，即网络世界与现实世界之间的关系，另一方面是指网络世界中的虚拟与现实的关系，即网络世界中虚拟与现实并存的关系。基于此种理解，爱国主义教育中运用的现实教育法与网络教育法相统一，既可以表示为网络环境下的网络教育与现实教育的结合，也可以表示为网络世界中的网络教育与现实教育的结合。无论哪种意义上的结合，都可以看出网络教育与现实教育之间的紧密关系，二者相互联系，相互融通，共同发展。现实教育是网络教育的基础和前提，网络教育是现实教育的延伸和拓展。二者共存于爱国主义教育的实践中。这就决定了现实教育法与网络教育法相结合的必然性。两种方法并行不悖，相互补充。网络教育法是以现实教育法为基础的，是对在长期爱国主义教育实践中现实教育法的技术转换与改造，是现实教育法在虚拟世界中的一种新形式，二者共同为爱国主义教育实践服务。因此，我们需要在实践中以创新的精神不断完善现实教育法的同时，更要与时俱进地推动网络教育法的革新，实现二者的协同推进、整合发展，从而增强新时代爱国主义教育的有效性。

第二节　新时代加强爱国主义教育的途径

爱国主义教育是社会主义精神文明建设的基础性工程。以有效的途径有秩序有步骤地推进新时代爱国主义教育对于引导人们树立正确的理想信念，坚持科学的人生观和价值观，帮助人们特别是青少年把爱国的情感、意志、思想和信念转化为具体的爱国行动，进而增强社会发展的凝聚力、国家进步的感召力和民族复兴的推动力都具有重要、广泛而深远的意义。因此，要采取各种有效措施加强爱国主义教育。这是本章所要论述的落脚点，也是本章一个重点内容。在这一节，紧紧围绕如何增强新时代爱国主义教育有效性这一中心思想，分别从国民心态的塑造、基本理论的创新、基本内容的拓展、载体形式的完善、体制机制的健全等五大方面进行探讨。

一、培养健康的国民心态

国民心态是一国国民在长期的发展过程中积淀而成的具有普遍性、代表性的认知倾向、心理特征和心理倾向，集中体现在国民的日常生活中，尤其是面对重大事件或突发事件时表现更为明显。按照不同的分类标准，国民心态有不同的分类。按照年龄层次的不同，可以分为儿童心态、青少年心态、中年人心态和老年人心态等；按照职业不同，可以分为农民心态、工人心态、官员心态、商人心态、学生心态等；按照主体规模的大小可以分为个人心态、社会心态和民族或国家心态；按照性质不同，可以分为积极心态和消极心态、正面心态和负面心态；等等。

无论哪种意义上的国民心态，健康的国民心态对个人的成长、社会的发展和国家的进步都具有重要的意义。就个人来说，健康的国民心态有利于提升个人的幸福感和促进个人的全面发展。心态就本质上来说是一种心理素质。拥有良好心态的个人，对自我认识的审视、人际关系的处理、成败得失的认知、困难挫折的面对、生老病死的看待等方面极易做出科学恰当的把握，从而以积极的精神、主动的行为生活于当下。这样，个体就容易感知幸福的温度，就容易做出成绩，进而实现自我的发展提升。反之，就会消极悲观、疑虑重重、误解他人，就可能陷入痛苦甚至走向极端，不利于个人的发展进步。就社会来说，健康的国民心态，有利于促进社会的发展进步。人是生产力中最活跃、最积极的因素，其心态的好坏直接关系到社会发展的状态是否健康。健康的国民心态意味着人们身心的和谐，往往能使人们保持一种积极向上的精神风貌，促使人们以自觉的态度和高度的责任心投身于工作岗位，促进单位的进步，从而为社会的发展注入持续的动力；反之，则使人们精神萎靡不振、注意力不集中、行为误入歧途，对自我和社会的发展产生阻滞作用。与此同时，国民心态也是一个国家和民族国民素质和文明程度高低的反映。健康良好的国民心态，是国民文明素养高的体现，是一个国家文化软实力的重要组成部分。在当今这样一个世界各国联系更加紧密、交流更加频繁的时代，每一个国民都有意无意地担当着国家形象大使的角色，其言行举止往往影响着国家形象，而心态是否健康则是其言行举止是否合适、恰当的决定性因素。因此，健康的国民心态在为国家的发展创造和谐的国际环境方面起着重要的作用。作为对外交流的个体，拥有良好的国民心态，有利于恰当定位自我的位置，进而有利于展现国民的文明素养，塑造良好的国民形象，从而为展示良好的国家形象和赢得国际社会的尊重奠定一定的基础。此外，良好的国民心态，有利于促进民族向心力的集聚和凝聚力的形成，进而能团结各方面的力量来推动民族进步和国家繁荣。

二、增强爱国主义教育的理论研究

理论和实践密不可分。理论来源于实践又高于实践，实践检验理论又矫正理论。科学的理论是人们根据已有的认知水平从具体的实践中通过归纳与演绎等方法得出的并经实践验证的一种有系统的结论。理论是否科学，对人们的实践起着不同的作用，科学的理论符合事物内在的本质规律，为实践的发展指明方向，有着推动作用；错误的理论不符合事物的内在规律性，易把实践引入歧途，起着阻碍作用。理论尤其科学的理论能否契合国家、民族的发展，最为主要的是其能否适应变化发展的客观实际、能否反映事物的内在本质和规律、能否体现广大人民的根本利益。

爱国主义教育理论是由一系列关于爱国主义教育的知识构成的知识体系，包括五个部分的内容：爱国主义教育基本理论、爱国主义教育发展史、爱国主义教育方法理论、爱国主义教育的比较理论和爱国主义教育管理理论。其中，爱国主义教育基本理论主要表现为自身特有的一系列基本概念、主要范畴和基本原理。这具体包括了：对爱国主义教育的理论基础进行深入的探讨；对爱国主义教育的定义和类型进行深入的探讨；对爱国主义教育的组成因素进行深入的分析；对爱国主义教育的性质和功能进行深入的探讨；对爱国主义教育的作用和地位进行深入的探讨；对爱国主义教育的原理和内容进行深入的探讨；对爱国主义教育的过程和规律进行深入的探讨；对爱国主义教育的情境与载体进行深入的探讨等，最终形成一套完整的爱国主义教育基本理论体系。爱国主义教育发展史主要内容包括：爱国主义教育的起源、爱国主义教育的形成、爱国主义教育的发展过程理论知识。这部分研究主要包括两个部分，一部分是阶级社会产生以前的爱国主义教育的起源问题研究，另一部分是阶级社会产生以后尤其是国家形成以后的爱国主义教育的发展研究，这又包括马克思主义诞生前后的两个阶段的研究。爱国主义教育的起源问题主要考察原始社会时期爱国主义教育的萌芽；爱国主义教育的发展主要是以纵向的时间为依据进行考量马克思主义诞生前（包括奴隶社会、封建社会、早期资本主义社会）的爱国主义教育发展史、近现代以及当代资本主义的爱国主义教育史、社会主义国家的爱国主义教育史等。在考察梳理历史遗产中，要重点研究无产阶级的爱国主义教育发展史，尤其是中国共产党的爱国主义教育史，如有哪些历史经验、存在哪些历史教训、取得哪些重大成就、拥有哪些优良传统，等等，都是应该重点给予关注的问题。爱国主义教育方法理论，主要是关于如何进行爱国主义教育的方法手段的理论，这既包括具有普遍指导性的一般方法，也包括符合爱国主义教育自身特质的特殊方法。无论哪种意义上的方法，价值旨趣都是为了搞好爱国主义教育工作，增强爱国主义教育的有效性。因此，要系统研究爱国主义教育具体包括哪些一般方法和具体方法，弄清两种方法之间是一种什么样的关系，这些方法具有什么样的特点，受到哪些条件的制约，如何科学合理地利用、优化这些方法，这些方法在不断变化发展的实践中又是如何更新的，等等；要系统研究如何建构爱国主义教育的方法体系，准确把握爱国主义教育方法的层次结构，着力探索爱国主义教育方法的发展完善。总之，对待爱国主义教育的方法问题，我们的原则是坚持“一般和个别相结合”与“领导和群众相结合”。爱国主义教育的比较理论，是关于以爱国主义教育为对象进行纵向和横向比较的理论。综合看来，爱国主义教育比较理论研究是一个比较复杂的课题，需要树立宏观系统的视野，在实践中逐步探索。但需要指出的是，比较本身不是目的，比较是为了总结自我经验教训，借鉴他山之石，为我所用，从而更好更有效地开展爱国主义教育。爱国主义教育管理理论，主要是关于如何对爱国主义教育活动的全过程进行有效调控的理论，包括爱国主义教育的调查分析、爱国主义教育的预测、决策、实施、评估等动态过程、爱国主义教育的组织领导、运行机制、爱国主义教育的队伍建设等方面。爱国主义教育的管理是否有效，是否具备科学的管理制度、系统的管理内容、顺畅的管理过程、优良的管理体系等要素密切联系在一起的，只有这样，才能形成爱国主义教育的最大合力，保证爱国主义教育工作的顺利进行。

上述爱国主义教育的基本理论、发展理论、方法理论、比较理论和管理理论共同构成了完整的爱国主义教育理论体系。对这些爱国主义教育理论问题，需要结合实践进行创新完善。当前，我们应该以更高的责任感和使命感进一步重视爱国主义教育理论的创新，更加系统深入地进行爱国主义教育理论研究，以切实的行动做好爱国主义教育理论创新工作，可以把爱国主义教育纳入全国哲学社会科学规划，列入国家社会科学基金项目进行资助，各有关政府部门、研究机构、高校把爱国主义教育作为专项课题进行长期跟踪研究。

三、拓展爱国主义教育的内容

爱国主义是一个具有历史性意义的概念，它的内容因其所处的时代和阶段而异。毛泽东曾指出，爱国主义的确切内容，取决于其在何种历史环境中产生。自改革开放以来，随着时代的发展，党和国家对爱国主义教育的内容进行了不断地挖掘、丰富和完善。进入新时代，教育部关于在教育领域进一步深化爱国教育的若干问题提出了意见，主要是：始终将爱国主义教育作为爱国主义精神宣扬的主题，渗透到国民教育当中；要把爱国主义与社会主义有机地结合起来，加大对中国特色社会主义、中国梦的教育和宣传力度；加强青少年学生对国家认可的教育，维护祖国统一与民族团结；尊重、传承、弘扬中华文化，强化传统优秀文化的教育；兼顾民族与世界，提高民众的人类命运共同体意识。从上述描述中可以看出，在自改革开放之后，在爱国主义教育的内容方面所发生的变化、发展、完善，都为在新时代下爱国主义教育的进行，带来了非常有意义的理论指引。尽管我们已经在不断地充实爱国主义的教育内容，但是，要认识到，在当今的国际发展大潮流下，在经济全球化、政治多极化不断推进、文化多元化深入发展以及对社会信息化的深刻影响下，爱国主义教育的充实和深入仍然无法与时代同步发展，无法满足实践的需要。所以，在新的时代背景下，要用更宽阔的视野、科学的思维和创新的精神，对爱国主义教育的经验和教训进行深刻地归纳、整理、拓展，以满足对爱国主义教育实践的需要。当前，爱国主义教育内容的拓展涉及很多方面，但当下应该着重抓好以下两个方面的内容。

第一，大力加强主旋律教育。主旋律体现着世界的发展趋势和潮流，反映着一个国家和民族的价值取向，彰显着一个社会的主流思想，代表着广大人民群众的殷切希望和根本利益，是时代的最强音。每一个时代、每一个国家和民族都有自己的主旋律。当下的中国，正处于战略机遇期和矛盾凸显期的双重交会处，如何以更好的姿态和形象在世界发展的大潮中争取良好的内外发展环境来发展提升自己，是我们任何一个有责任感和使命感的人都应该思考和实践的一个大问题。从面临的形势看，国际上，西方发达国家一直都在用不同的方式对我们进行西化、分化，诸如中国崩溃论、中国“威胁”论、中国责任论、中国机遇论等各种国际舆论不绝于耳，尤其是在文化价值观上渗透更为强烈；在国内，市场经济条件下社会经济成分、就业方式、利益关系、组织形式和分配方式的深刻变化和日益多样化，决定了社会思想的丰富性，各种思潮相互激荡，呈现出多元、多样、多变的特点。尤其是各种有害的非马克思主义思潮和反马克思主义思潮，如民主社会主义、新自由主义、历史虚无主义、极端民族主义、拜金主义、极端个人主义和享乐主义等对起主导地位的马克思主义思想的质疑和攻击，极易消解人们的思想意志，造成社会思想的混乱。面对复杂多变的国内外政治经济和文化环境，我们必须高度重视且大力加强主旋律教育。这就要求我们从历史和现实、理论和实践的结合上：认清当前世界发展的形势，明确“要和平、促发展、谋合作是时代的主旋律”，紧紧抓住时代赋予的机遇，大力发展自己，建构符合自身和世界利益的话语体系，提高我国的综合国力，为世界的和平与进步做出力所能及的贡献；奏响一切反映社会主义时代精神的主旋律，积极倡导一切有利于科学发展、人心凝聚、社会和谐、祖国统一、国家富强的思想和精神，增强人们的民族自尊心、自信心、自豪感，做到以热爱祖国、贡献全部力量建设社会主义祖国为最大光荣，以损害社会主义祖国利益、尊严和荣誉为耻；不断推进社会主义核心价值体系建设，积极培育践行社会主义核心价值观，高擎中国特色社会主义伟大旗帜，在全社会大力弘扬民族精神和时代精神，引导人民自觉认同践行主旋律。总之，要做好新时代主旋律的教育工作。

第二，大力加强新的国家安全观教育。国家安全是指一个国家处于内无混乱和疾患、外无威胁和侵害的客观状态，这种状态是一种动态的稳定。国家安全不仅关系到国家的存亡与兴衰，而且也关系到一国公民的生存与发展。改革开放以来，党和国家十分重视对全体国民尤其是青少年加强国家安全观教育。我们要进一步提升加强国家安全教育的重要性，有针对性地对不同的公民进行国家安全意识、国家安全观念、国家安全知识和自觉维护国家安全的教育；完善国家安全战略，健全国家安全体制，高度警惕和坚决防范各种分裂、渗透、颠覆活动，切实维护国家安全的要求。我国应完善国家安全法律法规，进一步强化有关国家安全的法律法规教育；坚决维护国家的核心利益，这包括国家主权，国家安全，领土完整，国家统一，中国宪法确立的国家政治制度和社会大局稳定，经济社会可持续发展的基本保障。在做好其他安全教育的基础上，应重点强调文化安全和网络安全教育两个方面的内容。一是做好文化安全的教育。文化是民族的血脉，是国人的精神家园。文化安全是一种非传统安全，它是指一国文化不被其他文化取代或同化而保持自身独立性、独特性和完整性且在实践中得到传承和发展的一种状态。国家的文化安全要素应该包括价值观念、语言文字、话语体系、文化传统、生活方式、风俗习惯、文化人才、传播方式、影响力度和广度等方面。我们要大力开展文化安全教育，增强人们的文化安全意识和理念，提高维护文化安全的自觉性；坚持党提出的“建设社会主义文化强国”的伟大目标，大力推进文化建设，坚持解放思想、实事求是、与时俱进，秉承创新精神，推进文化体制改革；大力发展文化产业，扩大文化交流与合作，增强我国文化软实力，使文化成为经济社会发展的重要支撑。二是做好网络安全的教育。网络安全本质上是一种信息安全，是基于计算机技术、通信技术、密码技术、信息安全技术等科技元素之上而产生的一种非传统安全，其具有保密性、完整性、可控性等特征。目前，网络已成为方便人们生活的有用工具、当代先进生产力发展的重要标志、推动经济社会发展的重要力量、国家基础设施的重要组成部分。网上信息逐渐进入高层视野，成为国家战略资源的重要组成部分。如何有效维护网络安全，已成为当今世界各国普遍重视并着力解决的重大问题。对于我国来说，切实维护我国网络安全，对于净化网络环境、保护网民权益、促进社会和谐稳定、推动文化繁荣发展、保障国家信息安全等方面都具有十分重要的意义。因此，维护网络安全要通过各种措施大力开展网络安全教育，增强网民的网络安全意识，提高其自我预防能力；要坚持“积极利用、科学发展、依法管理、确保安全”的指导方针，统筹规划，有序推进，切实提高网络管理能力；要加强网络技术创新，推动相关自主知识产权成为世界标准，以增强我国在国际上的技术话语权；要推动网站完善信息制作发布流程，健全有害信息预警、发现、处置机制，发挥技术手段防范作用，确保网上信息真实准确、安全有序传播。加大网上个人信息保护力度，建立网络安全评估机制，切实维护公共利益和国家信息安全；要扩大视野，学习借鉴国外网络安全管理的先进经验，把“走出去”与“引进来”相结合，扩大国际交流与合作，建立相应的合作机制，构建网络安全体系。此外，还应该着力进行太空安全、海洋安全、生态安全的教育。如太空安全可以用“神舟”系列飞船升空、中国空间站作为重要载体，让人们知晓我们为什么要进入太空，以此增强国民自信心、自豪感，增强国民的国家安全观。

四、完善爱国主义教育载体形式

爱国主义教育载体是指在爱国主义教育过程中能够承载和传递爱国主

义教育信息和内容的一种活动形式或物质实体。它能够被爱国主义教育主体运用并能在爱国主义教育主体和客体之间架起沟通的桥梁，促使二者进行沟通、交流与互动。爱国主义教育载体具有思想信息的承载性、本质内涵的客观性、选择使用的可控性、沟通交流的中介性、目标指向的价值性和变化完善的发展性等特征。爱国主义教育载体的具体表现形态比较丰富，如我们所知道的会议、谈话、理论学习、红色旅游、基地建设、重大事件活动、大众传播、文化建设、社会实践等都可以是爱国主义教育的载体。能否成为爱国主义教育载体，关键看两个方面：一方面是爱国主义教育主体能否有效掌控承载着爱国主义教育的相关信息；另一方面是能否使教育主体与客体二者之间发生互动。根据不同的标准，爱国主义教育载体可以分为不同的类型。如根据载体的历史发展可以分为传统载体和现代载体；根据基本物质形态可以分为语言载体和行动载体；根据载体的性质可以分为物质载体和精神载体；根据载体的形态可以分为有形载体和无形载体；根据载体发生作用的过程可以分为直接载体和间接载体；等等。爱国主义教育载体是进行爱国主义教育的必须要素，是实现爱国主义教育目标的重要条件。载体本身是否完善，使用是否恰当，事关爱国主义教育能否实现预定目标、达到既定效果。从这个意义上讲，我们应高度重视爱国主义教育载体的选择使用，在实践中不断丰富完善。

事实上，在党和国家的科学指导下，爱国主义教育载体不断地进行着传承、完善和拓展。从学校教育中思想品德课的设立到校园文化的培育，再到社会实践活动的开展，无不体现了爱国主义教育载体的一以贯之；从家庭教育中重视爱父母亲人的质朴情愫到爱家乡的纯正情怀，再到爱祖国的炽热情感，无不彰显了爱国主义教育载体的逐渐深化；从社会教育中先进典型的选择树立到重大事件活动的梳理引导，再到红色资源的开发选用，无不表现了爱国主义教育载体的丰富拓展。在新的历史条件下，要增强爱国主义教育的影响力，必须在有效发挥传统教育载体作用的基础上，不断完善创造新的载体。当前，进行爱国主义教育应着重抓好以下五个载体。

第一，注重爱国典型的选择使用。爱国典型是指在爱国问题上所表现出来的具有代表性的人或事。爱国典型是人们生活群体中的重要组成部分，但其本身又不同于其他普通群体，具有正面或反面的特色。爱国典型既可以表现为先进、正确的正面典型，也可以表现为落后、错误的反面典型；既可以表现为普通的个体，也可以表现为突出的集体；既可以是人，也可以是物、是地区，甚至是一个国家和民族。爱国典型具有重要的示范引导、警示警戒的作用。正面的先进爱国典型体现了一种昂扬的正气和高贵的道德品质，它以形象化、具体化的形式展现在人们面前，使先进的思想观念贴近群众、贴近生活、贴近实际，激励人们向先进学习，提高人们的自我认知水平，规范人们自身的行为实践；反面的错误爱国典型反映了一种错误落后的思想观念，易对人们产生一种消极的影响和破坏作用。因此，进行爱国主义教育要“两手抓”，既要大力培养、树立、宣传正面典型，发挥其模范带头作用，也要剖析反面典型，充分发挥其威慑、劝阻、警示警戒作用。无论哪种爱国典型，在选择使用的时候，一要注意爱国典型选择的真实性，尤其是先进典型，要有广泛的群众基础，切合人们的生活实际，让人们感觉先进典型可亲可爱可敬、可比可学，而不能人为拔高，以一种“高大全”的形象出现，让人们难以企及，否则就会失去典型的作用。二要注意爱国典型使用的全面性。典型是一个真实动态的存在。要以全面的、一分为二的方法看到典型。先进典型不可能是一种完美的存在，也有自身的缺点和不足，而不能因为这些缺点和不足而加以否定抛弃，否则会使先进典型产生消极情绪，甚至向落后典型转化。反面典型体现了消极落后的精神，对此要加以控制，指导人们判断、分析反面典型，而不能对其不管不问，放任自流，否则会成为“反面英雄”，产生极大的消极影响。当然，使用反面典型不是为了整人，而是为了让人们吸取教训，提高警惕，增强防范能力。反面典型不是永远都是反面典型，反面典型在一定条件下可以向先进典型转变，这是要鼓励和争取的。三要通过多种途径、多种方式宣传爱国典型，既要利用书籍、报刊、广播、电视等传统传播工具，也要利用互联网、手机等新的传播工具，更要让典型自身现身说法，以全方位、立体化的现代传播体系宣传典型，形成学典型、赶先进的浓厚氛围，充分发挥爱国先进典型的影响力，增强爱国主义教育的感召力。

第二，有效使用爱国主义教育基地。爱国主义教育基地在爱国主义教育的过程中起着十分重要的作用，不仅承载着丰富的教育信息，而且是一种有效的教育载体。改革开放以来，党和国家高度重视爱国主义教育基地的建设。建设爱国主义教育基地对人们增强诚挚的爱国情感、坚定崇高的爱国信念、培育伟大的民族精神、确立远大的报国志向、规范日常的爱国习惯、践行具体的效国行为等方面具有十分重要的意义。因此，要高度重视、加强建设并积极利用爱国主义教育基地开展爱国主义教育。这就要求加大财政投入，广泛吸收社会资本，改善条件，完善设施，整治环境，拓展爱国主义教育基地的发展空间；要优化爱国主义教育基地的管理，创造良好环境，加强队伍建设，提供一流服务，坚持社会效益；要把思想教育与实践活动结合起来，组织开展形式多样、特色鲜明、生动活泼的主题教育活动，让人们在活动中受到教育，得到提高；要注重革新，改进陈列方式，创新陈列手段，充分利用现代科技手段提高展示的精彩度，增强教育的吸引力；要充分发挥基地本身的优势，多开发与此相关的文化产品和文化服务，扩大教育的影响力；要拓展思路、吸收借鉴国内外著名博物馆、科技馆、文化场馆、纪念设施的布展经验和布展方式，积极采取多种方法，把网上陈列和现实展览、馆内陈列与流动展出结合起来，扩大教育的覆盖面；要着力挖掘基地的思想内涵，不仅要见物、见人、见景，更要见思想、见精神，增强教育的深刻性；要准确结合人们的思想实际，根据不同年龄段群体的心理特点、认知能力、知识水平和接受能力，有针对性地开展不同的主题活动，采用不同的解说词，以增强教育的实效性。

第三，大力发展红色旅游。红色旅游，是我国特有的一种主题性旅游形式，主要是指以中国共产党领导人民在革命和战争时期建立丰功伟绩所形成的纪念地、标志物为载体，以其所承载的革命历史、革命事迹和革命精神为内涵，组织接待旅游者开展缅怀学习、参观游览的主题性旅游活动。在全面建成小康社会、加快推进社会主义现代化建设的宏观背景下，红色旅游作为一种特色鲜明、内涵丰富、作用突出的载体形式，对加强和改进新时代爱国主义教育具有相当重要的意义。它不仅有利于人们通过旅游的方式接受党的革命历史、革命传统和革命精神，而且有利于传播、弘扬红色文化和社会主义先进文化，践行伟大的民族精神，更有利于提高人们的思想道德素质，增强人们的爱党、爱国、爱社会主义的情感。虽然发展红色旅游十分重要，但现实中还存在诸如人们对其认识不够、把握不清，甚至实践错误等问题，需要我们切实采取针对性的措施，大力发展红色旅游，有效地进行爱国主义教育。这需要我们深入挖掘红色旅游的文化内涵，大力开发其精神内蕴，让人们在感同身受的情景中增长革命传统知识、提高道德素养和坚定理想信念；要综合利用报刊、广播、电视和互联网等大众传媒，大力宣传红色旅游的相关知识、重点景区、精品线路，总结推广红色旅游的优秀经验和做法；要组织开展符合不同人群心理特点、知识背景、接受能力的生动活泼、深入浅出的相关活动，使爱国主义教育入耳、入脑、入心，增强教育的效果；要加强管理，优化旅游环境，提高服务意识，培育特色品牌，实现教育的持续性；要秉承正确导向，坚持社会效益优先，防止奢侈游乐和低俗倾向，加大监督力度，对红色旅游市场出现的非法经营行为给予坚决地抵制和查处；要通过开展走出去和引进来的学习交流活动，虚心学习借鉴发达国家在发展旅游产业和文化产业等方面的先进经验，以推动我国文化旅游产业的发展。

第四，充分发挥重大节庆日的教育意义。民族节庆日是民族文化的结晶。中华民族在长期的发展历程中，形成了种类多样、内涵丰富、风格迥异、特色鲜明的节庆日，既包括文化意蕴丰厚的春节、元宵节、清明节、端午节、中秋节、重阳节等，也包括影响深远广泛的建党节、建军节、国庆节、抗日战争胜利纪念日、国家公祭日等。这些节日是民族生活长河里的珍珠，富含民族气息，是民族精神、民族情感与民族智慧的结晶与寄托。利用重大节日这一特殊载体开展爱国主义教育，不仅对追忆民族历史、传承民族文化、弘扬民族精神具有重要的意义，而且对人们珍视爱国人物、培育爱国情感、践行爱国精神、实践爱国行为也具有丰富的意义。近年来，随着我国综合国力的增强，文化越来越受到重视，并提升到国家软实力的高度且以国家法律的形式加以规定。而传统节日作为文化的承载体，也随之受到重视并得到大力开发。现如今，许多地方围绕春节、清明节、端午节、中秋节、国庆节等中华民族传统节日，精心策划爱国主义教育活动，取得了显著成效。如北京以春节为契机，每年都举办的两大庙会—地坛庙会和龙潭庙会，已成为北京市乃至全国传承传统文化、弘扬民族精神的品牌活动；元宵节期间举办的“前门上元节”“崇外元宵灯会”也成为人们必不可少的节日大餐；清明节时期北京东四街道举办的“忆家训、谈家风、促和谐”主题教育活动，将祭奠先人与培育家风结合起来，成为人们津津乐道的好活动；此外，龙潭端午文化节、重阳文化节等已成为较有影响力的文化节日品牌。近两年来，围绕抗日战争胜利纪念日、国家公祭日，我国开展了主题突出、特点鲜明、效果良好的教育实践活动，取得了很大的反响。在共同的传统纪念节日的民族欢庆中，既能对全民族进行传统美德的教育，也能培育全民族成员的民族意识与民族品格。开发这些富含民族精神资源的教育载体，并对其做出制度化的规定，是进行爱国主义教育不可或缺的重要条件。因此，要充分挖掘传统节日的精神内涵，精心设计主题，创新活动形式，广泛进行动员，加大投入补贴，打造特色品牌，增强爱国主义教育的吸引力、感染力和影响力。

五、健全爱国主义教育体制机制建设

体制机制建设属于制度建设，而制度是一种刚性的规定，具有根本性意义。正如邓小平所强调的：“制度问题更带有根本性、全局性、稳定性和长期性。”① 加强爱国主义教育是一项意识形态性很强的工作，似乎是一项“软”任务，但要使其影响广泛、持久有效就必须把其做“实”、做

① 邓小平．邓小平文选（第2卷）［M］．北京：人民出版社，1994：333.

“硬”，就必须加强制度建设。这就要求建立健全爱国主义教育的体制机制，作为增强爱国主义教育实效性的制度保障。在新的形势下，加强爱国主义教育的制度建设主要包括领导保障机制、队伍保障机制、投入保障机制、考核评估机制以及反馈调整机制等五个方面。这五大机制是彼此各司其职、相互配合、相互作用的一个有机制度整体。

（一）爱国主义教育的领导保障机制

爱国主义教育的领导机构，指的是为了达到爱国主义教育的成效，通过对其进行全面的研究，从制度上来确定其在爱国主义教育中的位置，并对爱国主义教育的实施做出宏观的计划和引导的一种领导运作模式。这一机制在爱国主义教育机制的大体系中，是一个十分重要的环节，它自身组织的科学性，领导正确性，直接关系到其他机制的运行是否顺利。事实表明，凡是被各级党委和政府高度关注，并有效地领导爱国主义教育相应活动，爱国主义教育效果就会很好，相反，它的效果就差强人意。要强化对爱国主义教育的科学有效的领导，就要对各级领导干部的爱国主义教育认识进行更深层次的提升，让他们了解到其重要性、紧迫性、必要性；要对工作内容进行界定，细化责任，建立起一个由主要领导亲自抓、主管领导重点抓、各相关部门分工负责又相互合作的领导体系，确保爱国主义教育的工作落实到位；要对区域和部门的爱国主义教育目标任务进行科学的制订，并对其工作进行具体的规定，明确其工作的具体内容，从而保证爱国主义教育工作的有效开展、爱国主义教育工作队伍开展工作时候能够有所依据。

爱国主义教育领导机构要做好各项组织协调工作，在党委的统一、科学、理性的指导下，由各级政府、共青团以及人民团体等共同努力，把各项工作层层落实下去；要强化对爱国主义教育工作的日常引导，强化对爱国主义教育活动的把关，通过教育、组织和引导，让有关工作人员对爱国主义教育的大政方针和政策有一个全面、清晰的认知，避免在工作过程中发生政策上的偏离，从而保证工作中始终保持着正确的政治方向；各级领导要将自己的联系面广、思考力度深等优点充分地展现出来，要深入到基层，深入到广大人民群众中去，将爱国主义教育的调研工作做好，从而在社会中营造出人人都关注并身体力行的良好氛围。有关单位要进一步加强对港澳台同胞、海外侨胞和海外中国同胞的了解与服务，为他们提供关于祖国建设的方针政策、国家建设所取得的成就，引导他们宣传祖国、关爱祖国。相关领导机构要将这项工作提上议程，调动全社会的积极性，共同努力，使其得到有效实施。要注意在爱国主义教育过程中，充分利用好各民主党派的力量，要团结一切能够团结的力量，爱国主义教育也要做好统一战线工作。此外，各地区要按照《纲要》要求，结合本地的具体情况，制订一套适合当地实际的爱国主义教育方案，并在具体工作中加以落实。要强化督导，将爱国主义教育的落实，纳入两个文明创建工作中来。

（二）爱国主义教育人才队伍建设机制

爱国主义教育需要进行相关人才队伍建设。为了增强爱国主义教育，需要对爱国主义教育的人才进行补充和进一步优化，对其主体结构和素质进行动态性的优化。爱国主义教育工作的主体即指爱国主义教育人才队伍，这支队伍结构数量的多少，实力的强弱、素质的高低，都会影响到爱国主义教育的效果，还会影响到人们，特别是青少年对这个民族、国家的价值评判，影响到他们实际的爱国行为。所以，在新形势下，要建立一支结构优化、相对稳定的政治素质强、纪律要求高、作风端正的爱国主义教育队伍。

这支“队伍”包含了两个层面的意思，一个是对爱国主义教育承担着直接领导职责的领导人，另外一个层面是指学校、社区、企事业单位等，直接或间接地参与了爱国主义教育工作的教育者。领导者要强化全局观念，要拥有坚强的政治信念、敏锐的政治思维、较强的观察和判断能力，以及综合分析、统筹协调能力等。普通教育工作者，要对自己的定位准确、提高责任意识、具备相关的基础知识，同时，还要有提出问题、分析问题、解决问题的能力，能够依据实践不断地提升爱国主义教育的能力。

当前，我国爱国主义教育人才队伍建设仍有待进一步完善。要构建并完善爱国主义教育队伍的保障制度，就要设定一个中长期规划目标，制定和完善人才队伍的素质标准、选用及培训制度，对人才队伍进行调整、提升，从而使人才队伍在思想政治素质、理论知识水平、能力结构素质等方面得到有效的提升，对爱国主义教育人才队伍的培训要有计划、有步骤地进行落实。爱国主义教育工作者还需要掌握毛泽东思想、中国特色社会主义理论体系、习近平新时代中国特色社会主义思想的知识，坚定不移跟党走，在政治上、行动上与党同步；要具有较强的敬业精神，责任担当意识要强；要有高度的政治敏锐性，大局意识和宏观分析能力要强；要注重调研，注重总结经验，在爱国主义教育工作中要注重实际，反对走过场，这样才能找到适合自己也适合被教育者的爱国主义教育方法。

（三）爱国主义教育的投入保障机制

爱国主义教育投入保障机制，即进行爱国主义教育的资金、资源的科学投入，以保障爱国主义教育工作持续推进的制度运作模式。开展好爱国主义教育，需要及时的、充足的投入，这是物质基础和根本保障，它能将各部门工作人员的积极性、主动性和创造性有效地激发出来，对提高爱国主义教育的设施、条件、环境等方面都有着重要的现实意义。要保障爱国主义教育的顺利开展，就要持续增加爱国主义教育的资金。但是，从当前的实际情况来看，我国对爱国主义教育事业的资金投入与当今社会的发展有着较大的差距，特别是欠发达部分地区的爱国主义教育资金投入不到位，与发达地区相比，投入不充足，这制约了爱国主义教育工作的深入开展。

所以，要构建和完善爱国主义教育投入保证制度，将爱国主义教育的资金投入列入每年的财政预算中，并将其作为必要和必须的思想政治工作的资金，并保证其专款专用。在应用爱国主义教育专项资金时，应通过专项申请，集体协商，内部协调等方式，确保爱国主义教育重要工作的研究资金充足供给；当然，要按照国家和有关地区的发展态势，对爱国主义教育工作的资金进行适当的调整，做到实事求是，在有能力的地区和部门，可以进行适当的增加；如果资金不够，则要多动脑筋，寻求其他部门支持，如积极寻求宣传文化专项资金扶持以获得资金支持；在利用资金进行爱国主义教育时，要进行科学规划，重点是要在对办公经费投入、重大专项资金投入以及奖励和扶持资金投入进行统筹安排。

针对爱国主义教育日常办公经费的投入方面，它的重点是要满足和爱国主义教育相关工作的日常运行，以及各类爱国主义教育设施建设的基础费用，具体包含了有关部门所需的人员经费、业务费用、相关建设经费等，这些都是推动爱国主义教育工作的根本保障。关于重大专项资金的投入，它是指对国家或区域性的重大调研课题项目、业务培训、以及对爱国主义教育基地的设施设备等投入所需的经费。它是进一步细化、拓展爱国主义工作的坚实保障。在奖励和扶持经费的投入方面，它的重点是通过专项经费，对在爱国主义教育工作中作出杰出贡献的地方、单位及个人进行评比和奖励，此外，还对经济欠发达地区等部门、基地在装备、设施等方面进行相应的扶持和必要的资助。

（四）爱国主义教育的考核评估机制

爱国主义教育的考核评估即爱国主义教育评价，指以爱国主义教育的要求、考核评估对象的实际情况为依据，明确考核标准，通过科学手段，对教育现象进行价值评判的过程。它是爱国主义教育的基本环节，也是提高爱国主义教育效果的有效手段之一，它能推动爱国主义教育按照既定的目标开展，增强其教育实效性，扩大影响力与渗透力。当前，爱国主义教育考核评估机制亟待完善。构建科学的爱国主义考核评估机制，需要基于具体实际来成立考核评估机构，坚持其评估原则，将评估的内容、方式、结果、目标、主客体等有机融合，保障考核评估科学性、常态性。

要对爱国主义教育的主要领导责任部门展开考核评估，重点关注其领导的方式和工作的力度，以及规划的科学、合理性等；要对基层单位和人民团体展开考核评估，如学校、企事业单位、工会、妇联等，重点关注工作的落实程度、方式方法的运用、效果和质量等；要对各类文化馆、纪念馆、文物保护单位、风景胜地、城乡先进单位等爱国主义教育基地展开考核评估，重点关注设施设备的齐全程度与运行质量、作用效果；要对爱国主义教育形成的影响展开考核评估，这个影响包括国内外与环境的影响、宏观与微观环境的影响等，重点关注环境质量、氛围情况、实际效果等；要充分利用上下级之间、教育者和受教育者之间的互动，革新考核评估模式，构建科学、合理的多主体参与的考核评估体系。

（五）爱国主义教育的反馈调整机制

爱国主义教育反馈调整机制，可以是一种由上级部门利用特定的信息工作媒介，将对下级报送的爱国主义教育信息的处理状况或者建议和工作部署和要求，进行反馈或传递给下级的一种工作运作模式，也可以是受教育者对教育者的教育效果、希望改进的建议性反馈。最好的教育反馈机制在于教育者和受教育者的双向互动型反馈机制。在爱国主义教育的实施中，通过及时、高效的反馈，既能加强和改善爱国主义教育体系的沟通与交流，又可以让爱国主义教育工作者及时掌握领导决策人员的工作部署与需求，又能让教育者及时了解被教育者的实际感受和建议进而及时改进教育方式，还能提高爱国主义教育工作者的工作针对性。更主要的是，这对于促进爱国主义教育成果的高效转化，以及对领导部门的决策和工作部署，都有着重要的作用。双向反馈机制为爱国主义教育领导机构、受众和教育工作者搭建起相互交流的平台，促进爱国主义教育信息的有效运行。所以，要完善爱国主义教育的反馈机制，就要遵循真实准确、全面客观、及时便捷的原则，把握实际性、准确性、连续性的原则，始终遵循流程步骤开展工作，将爱国主义教育的上情下达、下情上报垂直反馈以及同级工作部门之间的信息交换横向反馈工作做好；要持续地提升爱国主义教育相关工作人员的素质素养，激发其工作的积极性、主动性和创造力，同时要制定相应的工作机制，对工作人员进行制约和激励；要从爱国主义教育的实际出发，拓宽眼界，着重把爱国主义教育信息反馈的每一个步骤都做好，确保每一个步骤本身的运行品质和彼此之间的关联互动性；要根据工作实际，适时调整和优化爱国主义教育的信息反馈机制，要坚持勤于谋划、严于落实，工作方式方法要科学、规范，进而推动爱国主义教育信息反馈工作质量的不断提升。

第七章　社会层面的爱国主义教育

第一节　社会层面爱国主义教育对象

一、新时代爱国主义教育对象要面向全体人民

在新时代爱国主义教育的教育对象中，全体人民都是实践者，也都是受教育者。新时代爱国主义教育要面向全体人民，着力激发社会各界人士的爱国热情，着力在伟大实践中弘扬爱国主义精神，团结全体人民共担民族复兴的历史责任、共享祖国繁荣富强伟大荣光。

（一）着力激发社会各界人士的爱国热情

爱国主义是我们民族精神的核心，是中华民族团结奋斗、自强不息的精神纽带。新时代爱国主义教育必须是面向全体人民的爱国主义教育。根据2021年5月国家统计局公布的第七次全国人口普查公报显示，至2020年11月1日零时，我国全国总人口为1443497378人，其中：普查登记的大陆31个省、自治区、直辖市和现役军人的人口共1411778724人；香港特别行政区人口为7474200人；澳门特别行政区人口为683218人；台湾地区人口为23561236人。[①] 这14亿多人又可以依据不同的职业、工作、性

① 国家统计局. 第七次全国人口普查公报（第二号）——全国人口情况. 国家统计局网站.

别、年龄、地域等，而构成不同类型、不同层次的多个群体。但从爱国主义的角度看，这14亿多中国人都是当代爱国主义的教育对象，都应该接受爱国主义教育，都应该具有爱国主义精神，都应该是爱国主义的实践者。

新时代爱国主义教育要着力激发社会各界人士的爱国热情。社会各界的代表性人士具有较强的示范效应，要加强对社会各界的代表性人士的教育引导，促进代表人士成为爱国主义精神的传承者和传播者，凝聚起中华儿女团结奋斗的磅礴力量。要坚持信任尊重团结引导，增进和凝聚政治共识，夯实共同思想政治基础，不断扩大团结面，充分调动社会各界人士的爱国热情和社会担当。通过开展职业精神职业道德教育、建立健全相关制度规范、发挥行业和舆论监督作用等，引导社会各界人士增强道德自律、履行社会责任。坚持我国宗教的中国化方向，引导他们热爱祖国、拥护社会主义制度、拥护中国共产党的领导，遵守国家法律法规和方针政策。加强“一国两制”实践教育，引导人们包括香港特别行政区同胞、澳门特别行政区同胞、台湾同胞和海外侨胞增强对国家的认同，自觉维护国家统一和民族团结。

（二）在伟大实践中弘扬爱国主义精神

当前，广大中国人民在中国共产党领导下已经如期实现了第一个百年奋斗目标，正在以史为鉴、开创未来，埋头苦干、勇毅前行，向着实现第二个百年奋斗目标努力奋进；正在立足新发展阶段、贯彻新发展理念、构建新发展格局、推动高质量发展，不断推进社会主义现代化强国建设的伟大进程；正在统筹推进物质文明、政治文明、精神文明、社会文明、生态文明各领域建设，促进国家治理体系和治理能力现代化不断深化，综合国力和国际影响力不断增强，人民富裕、国家强盛、中国美丽的目标不断在更高水平变为现实。在这一伟大征程中，人民是历史的创造者，人民是真正的英雄，发展为了人民、发展依靠人民、发展成果由人民共享。在这一伟大征程中，无论职务高低，不管职业异同，人人都有任务，人人都要担当，人人都是见证者，人人都是参与者，人人应是推动者，没有旁观者，也没有局外人，都将同祖国人民共担民族复兴的历史责任、共享祖国繁荣富强的伟大荣光。这一伟大征程本身就是当代中国最生动、最深刻、最广泛、最有效的爱国主义教育大课。

例如，在抗击新冠肺炎疫情（以下简称疫情）的过程中，以习近平同志为核心的党中央坚持人民至上、生命至上，把人民生命安全和身体健康放在第一位。习近平总书记亲自指挥、亲自部署，各党政军群机关、企事业单位和广大人民群众坚持全国一盘棋，迅速打响疫情防控的人民战争、总体战、阻击战，坚决遏制了疫情扩散蔓延的势头，统筹疫情防控和经济社会发展工作取得重大成果。在这场严峻斗争中，广大党员、干部牢记党和人民重托，充分发挥先锋模范作用，不畏艰险、冲锋在前；广大医务工作者发扬救死扶伤、医者仁心的崇高精神，义无反顾、日夜奋战；人民解放军指战员闻令而动、敢打硬仗；广大公安民警、疾控工作人员、社区工作人员忠诚履职、坚守岗位；广大科研人员、新闻工作者、下沉干部、志愿者、企业职工真诚奉献、不辞辛劳；广大人民群众顾全大局、守望相助，以牺牲和奉献、坚持和努力，为全国抗疫斗争做出了重要贡献。彰显了中国共产党领导和中国特色社会主义制度的显著优势，展现了中华民族团结奋斗、自强不息的伟大精神，唱响了中国人民风雨同舟、和衷共济的英雄凯歌。①

新时代爱国主义教育要着力在伟大实践中弘扬爱国主义精神。要统筹实现中华民族伟大复兴战略全局和世界百年未有之大变局，统揽伟大斗争、伟大工程、伟大事业、伟大梦想，持续用好当前的伟大实践和今后一个时期新的伟大实践的生动教材。要用中国共产党百年奋斗的伟大实践、中国特色社会主义的伟大实践、全面建设社会主义现代化国家的伟大实践、构建人类命运共同体的伟大实践，不断丰富爱国主义的时代价值。用广大人民创造的新的历史，持续激发广大人民的爱国情怀，不断增强广大人民的信心底气，不断释放广大人民的创造精神，团结一致在新时代、新

① 新华社．中共中央国务院中央军委关于表彰全国抗击新冠肺炎疫情先进个人和先进集体的决定（2020 年 9 月 8 日）．新华网．

征程上开创更加伟大的胜利和荣光。

二、新时代爱国主义教育要聚焦青少年

在新时代爱国主义教育的教育对象中，青少年是最重要的群体。青少年是祖国的未来，是中华民族的希望。新时代爱国主义教育必须把青少年作为重中之重。要面向青少年深入开展爱国主义教育，让爱国主义精神在青少年心中牢牢扎根，以爱国主义精神激励青少年成长成才。

（一）青少年是国家和民族的希望

青少年是主要基于年龄对人类划分形成的一个群体。青少年的具体含义在全世界不同的社会中是不同的，其定义随着政治经济和社会文化环境的变更一直在变化。我国目前对青少年年龄段没有明确的划分方法，有些学者将青少年理解为青年和少年的加总群体（一般为 10-28 岁），有些学者将青少年理解为处于少年向青年过渡的一个时期的群体（一般为 10-20 岁）。联合国世界卫生组织、联合国儿童基金会和联合国人口活动基金会则定义青少年的年龄范围为 14-25 岁。人口学是以人到青春发育期生理学生长发育的正态曲线遍布为基本，把 15-25 岁明确为青年人。2017 年 4 月，中共中央、国务院印发的《中长期青年发展规划（2016—2025 年）》界定该规划所指的青年年龄范围是 14-35 周岁。法律学是以彻底担负法律法规所要求的权利和义务为标准，把 18 周岁作为区分成年人和未成年人的界线。《中国少先队章程》规定，年龄在 6 周岁到 14 周岁的少年儿童，可以申请成为少先队员。《中国共产主义青年团章程》规定，年龄在 14 周岁以上，28 周岁以下的中国青年，可以申请加入中国共产主义青年团。《新时代爱国主义教育实施纲要》中的青少年，实际上涵盖了按照我国目前正常入学年龄计算，正在普通中小学、中职学校、高校就读的群体以及正处于这一年龄段的非在校同龄人。我国《中长期青年发展规划（2016—2025 年）》，对青年思想道德发展措施提出：大力弘扬以爱国主义为核心的民

族精神和以改革创新为核心的时代精神，把爱国主义教育贯穿国民教育和精神文明建设全过程，引导青年学习了解党史、国史、近现代史和改革开放史，继承五四运动以来的革命文化传统，坚持爱国、爱党、爱社会主义相统一，自觉培养爱国之情、砥砺强国之志、实践报国之行。[①] 新时代爱国主义教育必须把青少年作为重中之重。青少年是祖国的未来，是中华民族的希望。梁启超在《少年中国说》提到，“少年智则国智，少年富则国富；少年强则国强，少年独立则国独立；少年自由则国自由；少年进步则国进步；少年胜于欧洲，则国胜于欧洲；少年雄于地球，则国雄于地球”[②]。习近平总书记指出，“青年兴则国家兴，青年强则国家强。青年一代有理想、有本领、有担当，国家就有前途，民族就有希望”[③]。每一代青年都有自己的际遇和机缘，都要在自己所处的时代条件下谋划人生、创造历史。青年是标志时代的最灵敏的晴雨表，时代的责任赋予青年，时代的光荣属于青年。青年最富有朝气，最富有梦想，是未来的领导者和建设者。李大钊同志说过，青年要“为世界进文明，为人类造幸福，以青春之我，创建青春之家庭，青春之国家，青春之民族，青春之人类，青春之地球，青春之宇宙，资以乐其无涯之生”[④]。广大青年要坚定理想信念，志存高远，脚踏实地，勇做时代的弄潮儿，在实现中国梦的生动实践中放飞青春梦想，在为人民利益的不懈奋斗中书写人生华章。中华民族伟大复兴的中国梦终将在一代代青年的接力奋斗中变为现实。

（二）让爱国主义精神在广大青少年心中扎根

青少年正处于世界观、人生观、价值观形成的关键期。世界观、人生观、价值观对于一个人的成长至关重要，只有树立正确的人生观、世界观、价值观，青少年才能走上正确的人生道路，才能成为德智体美劳全面

① 中共中央、国务院．中长期青年发展规划（2016—2025 年）．中国政府网．
② 梁启超．少年中国说［M］．北京：中国言实出版社，2017：7.
③ 习近平．习近平谈治国理政（第 3 卷）［M］．北京：外文出版社，2020：54.
④ 中国李大钊研究会．李大钊全集（修订本）［M］．北京：人民出版社，2013：318.

发展的社会主义建设者和接班人。“培养什么人、怎样培养人、为谁培养人”是教育的根本性问题。古今中外，每个国家都是按照自己的政治要求来培养人的。我国是中国共产党领导的社会主义国家，这就决定了我们的教育必须把培养社会主义建设者和接班人作为根本任务，培养一代又一代拥护中国共产党领导和我国社会主义制度、立志为中国特色社会主义奋斗终身的有用人才。① 青少年从来都是爱国主义最活跃的群体。青年学生群体的爱国热情，经常成为呼应时代主题的先锋力量。毛泽东在《沁园春·长沙》中写道，“恰同学少年，风华正茂；书生意气，挥斥方遒。指点江山，激扬文字，粪土当年万户侯”。青年因为其思想活跃、敢作敢为而常常被寄予厚望。当代青少年大多是出生在新世纪的一代，是与新时代同向同行、共同前进的一代，是伴随着社会主义市场经济快速发展、经济全球化深刻变革和互联网技术高速迭代的一代，是市场经济的原住民、经济全球化的原住民和互联网的原住民。这一代青少年视野开阔、思想活跃、思维开放、自信自我，既有因亲身体验到国家发展辉煌成就而由衷产生的爱国主义情感，也有因直观看到国际局势而产生的爱国激情，同时也依然面临着来自其他国家的潜在影响。

新时代爱国主义教育要着力推动爱国主义精神扎根青少年心中。2021年8月，教育部发布的《2020年全国教育事业发展统计公报》显示，我国各级各类学历教育在校生达到2.89亿人，全国各类高等教育在学总规模达到4183万人。② 青少年阶段是人生的“拔节孕穗期”，这一时期心智逐渐健全，思维进入最活跃状态，最需要精心引导和栽培。革命传统教育要从娃娃抓起，既注重知识灌输，又加强情感培育，使红色基因渗进血液、浸入心扉，引导广大青少年树立正确的世界观、人生观、价值观。习近平总书记指出，“要把加强青少年的爱国主义教育摆在更加突出的位置，把爱

① 新华社．习近平在全国教育大会上强调坚持中国特色社会主义教育发展道路培养德智体美劳全面发展的社会主义建设者和接班人［N］．人民日报，2018-9-11.

② 2020年全国教育事业发展统计公报．教育部网站.

我中华的种子埋入每个孩子的心灵深处”①。要结合弘扬和践行社会主义核心价值观，在广大青少年中开展深入、持久、生动的爱国主义宣传教育，让爱国主义精神在广大青少年心中牢牢扎根，让广大青少年培养爱国之情、砥砺强国之志、实践报国之行，让爱国主义精神代代相传、发扬光大。② 新时代爱国主义教育要贯穿于青少年成长全过程和各环节，结合当代青少年熟悉的时代特征，探索青少年乐于接受的教育形式，丰富青少年喜闻乐见的教育内容，拓展适合各年龄段的教育途径，让新时代爱国主义教育入脑入心。

（三）新时代爱国主义教育要激励青少年成长成才

经过不懈奋斗，中华民族迎来了从站起来、富起来到强起来的伟大飞跃，实现中华民族伟大复兴有了更为完善的制度保证、更为坚实的物质基础、更为主动的精神力量，全体中国人民正朝着第二个百年奋斗目标、实现中华民族伟大复兴的中国梦、推动人类文明进步而奋勇前行。今天，我们比历史上任何时期都更接近、更有信心和能力实现中华民族伟大复兴的目标。青年一代有理想、有本领、有担当，国家就有前途，民族就有希望。展望未来，我国青少年一代必将大有可为，也必将大有作为。习近平总书记在纪念五四运动 100 周年大会上指出，“无论过去、现在还是未来，中国青年始终是实现中华民族伟大复兴的先锋力量”③。充分发挥新时代爱国主义教育对于促进青少年全面健康成长的重要作用，既是新时代爱国主义教育的重大使命，也是培育有理想、有信念、有本领、有担当堪当民族复兴重任的时代新人的重大课题。

新时代爱国主义教育要把激励青少年成长成才作为重要任务。要引导

---

① 习近平．在全国民族团结进步表彰大会上的讲话（2019 年 9 月 27 日）［N］．人民日报，2019-9-28.

② 新华社．习近平在中共中央政治局第二十九次集体学习时强调大力弘扬伟大爱国主义精神为实现中国梦提供精神支柱［N］．人民日报，2015-12-31.

③ 习近平．在纪念五四运动 100 周年大会上的讲话（2019 年 4 月 30 日）［N］．人民日报，2019-5-1.

广大青少年爱国爱民，不断坚定“四个自信”，不断增强做中国人的志气、骨气、底气，树立为祖国为人民永久奋斗、赤诚奉献的坚定理想。引导广大青少年锤炼品德，自觉树立和践行社会主义核心价值观，自觉用中华优秀传统文化、革命文化、社会主义先进文化培根铸魂、启智润心，加强道德修养，明辨是非曲直，增强自我定力，矢志追求更有高度、更有境界、更有品位的人生。引导广大青少年勇于创新，深刻理解、把握时代潮流和国家需要，敢为人先、敢于突破，以聪明才智贡献国家，以开拓进取服务社会。引导广大青少年实学实干，脚踏实地、埋头苦干，孜孜不倦，在攀登知识高峰中追求卓越，在肩负时代重任时行胜于言，在真刀真枪的实干中成就一番事业。广大青年要勇敢肩负起时代赋予的重任，志存高远，脚踏实地，“立大志、明大德、成大才、担大任，努力成为堪当民族复兴重任的时代新人，让青春在为祖国、为民族、为人民、为人类的不懈奋斗中绽放绚丽之花”①。

三、新时代爱国主义教育要重视知识分子

在新时代爱国主义教育的教育对象中，知识分子是一个非常重要的群体。我国知识分子历来有浓厚的家国情怀。新时代爱国主义教育要在广大知识分子中弘扬爱国奋斗精神，引导新时代知识分子自觉弘扬和践行爱国奋斗精神，把个人理想自觉融入国家发展伟业。

（一）中国知识分子具有浓厚的家国情怀

唯物史观认为，知识分子是人类社会发展到一定阶段的产物，是社会形成体力分工和脑力分工的具体表现，是具有较高知识水平且具备独立思考能力的脑力劳动者，通常指掌握一定科学文化知识的脑力劳动者。从人类社会发展历程来看，知识分子对人类物质文明和精神文明的发展起着重

---

① 新华社．习近平在清华大学考察时强调坚持中国特色世界一流重大建设目标方向为服务国家富强民族复兴人民幸福贡献力量［N］．人民日报，2021-4-20.

要作用，是人类精神财富的生产、传播和积累的主要承载者。[①] 根据 2021 年 5 月国家统计局公布的第七次全国人口普查公报显示，至 2020 年 11 月 1 日零时我国大陆 31 个省、自治区、直辖市和现役军人的人口中，拥有大学（指大专及以上）文化程度的人口为 218360767 人，与 2010 年第六次全国人口普查相比，每 10 万人中拥有大学文化程度的由 8930 人上升为 15467 人。[②]

我国知识分子历来有浓厚的家国情怀，有强烈的社会责任感，重道义、勇担当。中国一代又一代的知识分子在民族危亡、国家贫弱的年代，寻找光明和真理，在探索救国救民之路的艰难历程中有着高度的道德情操、忧国忧民的责任感和弘扬民族精神的担当。春秋时期曾子在《礼记·大学》中提出，“古之欲明明德于天下者，先治其国；欲治其国者，先齐其家；欲齐其家者，先修其身”。《汉书·贾谊传》中有“国耳忘家，公耳忘私”。唐代李白作诗，“中夜四五叹，常为大国忧”。唐代韩愈作诗，“一封朝奏九重天，夕贬潮州路八千。欲为圣明除弊事，肯将衰朽惜残年”。北宋思想家张载留下“为天地立心，为生民立命，为往圣继绝学，为万世开太平”著名的“横渠四句”。北宋范仲淹留下“先天下之忧而忧，后天下之乐而乐”。北宋苏洵写下“为一身谋则愚，为天下谋则智”。明代海瑞写下“丈夫所志在经国，期使四海皆衽席”。清代林则徐写下“苟利国家生死以，岂因祸福避趋之”。这些都是古代知识分子天下意识、家国情怀的真实写照。

在中华民族从站起来、富起来到强起来的伟大飞跃中，始终贯穿着伟大的爱国奋斗精神。以钱学森、邓稼先、郭永怀等“两弹一星”元勋和西安交通大学“西迁人”为代表的老一辈知识分子，以毕生努力展现出“党让我们去哪里，我们背上行囊就去哪里”“始终与党和国家的发展同向同行”的家国情怀和奉献精神；以黄大年、李保国、南仁东、钟扬等为代表

---

① 徐川，杨波．知识分子爱国奋斗精神的传承与践行［N］．光明日报，2018-9-11.

② 国家统计局：《第七次全国人口普查公报（第六号）—人口受教育情况》，国家统计局网站。

的新时代优秀知识分子以实际行动践行了“心有大我、至诚报国”的感人事迹和爱国情怀。近年来，中宣部、中国科协、科技部等部门联合宣传的最美科技工作者（2018年：张弥曼、多吉、倪光南、严纯华、邹学校、李贺军、李兴钢、蔚保国、秦川、王杜娟；2019年：姬秋梅、杨海燕、陶文铨、陈孝平、黄才发、陈云霁、邢继、梁建英、徐恭义、祁兴磊；2020年：王行环、李玉、陈厚群、胡郁、李东、陈亮、仝小林、次旦央吉、程相文、郝吉明；2021年：马玙、毛献群、冯益柏、庄文颖、刘家富、李德仁、吴尊友、沙国河、易志坚、赵淳生），中宣部、教育部联合发布的“最美教师”，中宣部、国家卫健委联合宣传的“最美医生”等，都是新时代知识分子爱国报国的杰出榜样。面对新的征程、新的使命，更加需要在知识分子中弘扬这种传统、激发这种情怀，引导广大知识分子在新时代自觉弘扬践行爱国奋斗精神，把个人理想自觉融入国家发展伟业。

（二）在广大知识分子中宣传和弘扬爱国奋斗精神

爱国奋斗精神是爱国情怀和奋斗精神的合称。爱国奋斗精神是深怀爱国情怀，为国家的独立、统一、完整，为国家的安全、发展、振兴，为国家的富强、民主、文明、和谐、美丽，艰苦奋斗，顽强奋斗，不懈奋斗的伟大精神。爱国是基础，奋斗是保障；爱国是情感，奋斗是行动；爱国是出发点也是落脚点，奋斗是关键点，更是爆发点、支撑点。[①] 爱国奋斗精神是爱国主义的知行合一，是爱国之情、强国之志、报国之行的有机统一，是知识分子发扬爱国主义精神最直接、最彻底的思想方式和实践方式。爱国奋斗精神在国家发展的不同时期，有着不同的具体内涵。在当代中国，爱国奋斗精神的价值指向已经体现为建设社会主义现代化强国、实现中华民族伟大复兴的时代使命。弘扬爱国奋斗精神是实现中华民族伟大复兴中国梦的必然要求，是新时代加强团结引领服务知识分子的现实需要，也是当代知识分子的光荣使命和应有担当。对于广大知识分子来说，

① 刘正斌．弘扬爱国奋斗精神建功立业新时代［N］．解放军报，2018-9-10.

胸怀祖国、矢志报国，弘扬爱国奋斗精神，为祖国拼搏奋斗，既是一种政治觉悟，也是一种精神追求。①

新时代爱国主义教育要在广大知识分子中弘扬爱国奋斗精神。要深入开展“弘扬爱国奋斗精神、建功立业新时代”活动，弘扬“两弹一星”精神、载人航天精神等，大力组织优秀知识分子学习宣传，引导新时代知识分子在新时代自觉弘扬践行爱国奋斗精神，把自己的理想同祖国的前途、把自己的人生同民族的命运紧密联系在一起，立足本职、拼搏奋斗、创新创造，在新时代做出应有的贡献。要广泛动员和组织知识分子深入改革开放前沿、经济发展一线和革命老区、民族地区、边疆地区、贫困地区，开展调研考察和咨询服务，感悟老一辈知识分子爱国奋斗之路，增进对国情党情的认识和了解，坚定爱国追求，在祖国最需要的地方建功立业，不负人民期望，不辱时代使命，为建设科技强国、质量强国、航天强国、网络强国、交通强国、数字中国不断提供重要的人才支撑、智力支撑、创新支撑，把爱国之情、报国之志融入祖国改革发展的伟大事业之中、融入人民创造历史的伟大奋斗之中。

第二节　营造新时代爱国主义教育的浓厚社会氛围

一、营造良好的理论氛围

在新时代爱国主义教育的氛围营造中，营造良好的理论氛围是筑牢爱国主义的重要举措。当代中国，激荡的大时代、宏阔的大实践孕育创生出博大精深的思想理论。新时代爱国主义教育要加强爱国主义理论研究，加

① 弘扬爱国奋斗精神六讲编写组．弘扬爱国奋斗精神六讲［M］．北京：人民出版社，2018：67、74、84.

强爱国主义理论宣传，把科学理论、科学思想研究好、阐释好、使用好、宣传好，引导广大人民确立爱国思想、坚定爱国信念。

（一）加强爱国主义理论研究

理论是科学的知识系统，是实践的先导，是行动的指南。科学而充分的理论既能为爱国主义教育提供必要内容，也能为爱国主义教育提供科学方法论。加强新时代爱国主义教育，需要有科学的基础理论做指导。营造良好的理论氛围是新时代爱国主义教育氛围营造的重要方面。

加强爱国主义理论研究，首先是要加强中国理论研究，增强理论自信。充分发挥思想理论的引导作用，是中国共产党的宝贵品质，也是中国共产党领导中国人民实现革命、建设、改革伟大胜利的重要法宝。我们党是高度重视理论建设和理论指导的党，强调理论必须同实践相统一。我们坚持和发展中国特色社会主义，必须高度重视理论的作用，增强理论自信和战略定力。[①] 党的十八大以来，以习近平同志为核心的党中央统筹国内国际两个大局，科学回答了新时代坚持和发展什么样的中国特色社会主义、怎样坚持和发展中国特色社会主义，建设什么样的社会主义现代化强国、怎样建设社会主义现代化强国，建设什么样的长期执政的马克思主义政党、怎样建设长期执政的马克思主义政党等重大时代课题，形成了习近平新时代中国特色社会主义思想。习近平新时代中国特色社会主义思想是当代中国马克思主义、21 世纪马克思主义，是中华文化和中国精神的时代精华，实现了马克思主义中国化新的飞跃。[②] 党的十八大以来中国所取得的的巨大的成就，正是在习近平新时代中国特色社会主义思想的指导下取得的。历史上从没有像现在这样距离中华民族伟大复兴的目标如此之近，我们也比任何历史时期都更有实现这个目标的能力和信心。习近平新时代中国特色社会主义思想具有强烈的中国自信和高度的理论自觉，为我国保

---

① 习近平．习近平谈治国理政（第 2 卷）［M］．北京：外文出版社，2017：62.

② 新华社．中共中央关于党的百年奋斗重大成就和历史经验的决议（2021 年 11 月 11 日中国共产党第十九届中央委员会第六次全体会议通过）［N］．人民日报，2021-11-17.

持发展的战略定力提供了科学理论指导，是新的历史条件下，开展爱国主义教育的首要内容，也是新时代爱国主义教育的根本遵循，必须深入研究好、阐释好、使用好。

加强爱国主义理论研究，还要加强新时代爱国主义教育基础理论的研究。主要包括新时代爱国主义教育基本理论、新时代爱国主义教育发展史、新时代爱国主义教育方法理论、新时代爱国主义教育比较理论、新时代爱国主义教育管理理论等。重点是要做好五项工作：一是要推进新时代爱国主义教育理论研究的体系化。深入探析新时代爱国主义教育的历史渊源、理论渊源、实践脉络、发展方向，深入探析新时代爱国主义教育的重要意义、使命任务、基本内容、工作方法，深入研究爱国主义教育的历史经验、实践经验、国际经验，着力构建有中国底蕴、时代特征、中国特色的新时代爱国主义教育的思想体系、学术体系和话语体系。二是要坚持新时代爱国主义研究的科学方法论原则，即辩证唯物主义和历史唯物主义，反对把个人与国家对立起来的个人主义国家观、把国家视为手段的工具主义国家观和把国家偶像化的虚无主义国家观。三是要把握好新时代爱国主义教育的理论逻辑、历史逻辑和实践逻辑。在理论逻辑上，要结合新时代的现实情况认识爱国主义，把握中国梦是新时代爱国主义的主线，国家振兴、民族复兴、人民幸福、国际情怀都是爱国主义的内涵；在历史逻辑上，要理解新时代爱国主义的理性与情怀的关系；在实践逻辑上，要领会新时代爱国主义精神的价值和担当，用科学的思想和科学的理论引领人民理性爱国。四是要处理好新时代爱国主义教育的几对关系。要正确认识和处理好情与理的关系，坚持爱国情感和理性爱国相统一；处理好知与行的关系，坚持爱国认知和行动自觉相统一；处理好古与今的关系，坚持历史传统和时代特征相统一；处理好中与外的关系，坚持立足民族和面向世界相统一；处理好点与面的关系，坚持典型示范和群众参与相统一。五是要坚持课题引领和成果带动。要持续组织开展新时代爱国主义教育的课题研究，推进重大现实问题、重大理论问题、重大实践经验总结的课题研究，推动建立爱国主义教育目标体系、方法体系、内容体系、制度体系，不断推出具有里程碑意义的研究成果。及时推动研究成果的发表、出版和转化。围绕爱国主义教育、公民道德教育主题，推广展示一批精品项目，编写一批优秀作品并纳入思想政治工作文库。推动出版一批反映中国特色、中国风格、中国气派的哲学社会科学重大原创性著作。

（二）加强新时代爱国主义理论宣传工作

理论宣传是对社会科学理论进行推广和普及，或从理论上说明现行路线、政策、方针的宣传活动，是促进人们提高认识、掌握科学思想方法和工作方法的重要工作。理论宣传是理论研究的延伸，是把理论研究的成果向全社会推广，从而实现用科学理论武装头脑、指导实践、推动工作。理论宣传也是党的宣传思想工作的重要组成部分，是推动党的理论、路线、方针、政策深入群众、深入人心的重要途径和重要方法。在开展爱国主义教育的过程中，理论宣传地位重要、意义重大，是促进教育对象真正确立爱国思想、坚定爱国信念的重要基础。

做好新时代理论宣传工作要增强政治意识，注重创新思维，践行群众路线。理论宣传工作要坚持党性原则，高扬党的理论旗帜，体现党的意志，反映党的主张，深入宣传阐释党中央重大决策部署，服务党和国家工作大局，旗帜鲜明坚持正确的政治方向、舆论导向、价值取向，更好构筑中国精神、中国价值、中国力量；理论宣传工作要增强创新意识，在坚持马克思主义立场、观点、方法的基础上，坚持思想和实际相结合、主观和客观相结合、马克思主义基本原理同中国具体实际相结合，着力宣传、宣讲党的最新理论成果，不断丰富宣讲内容，不断改进宣讲方式，不断优化话语表达，善于对新情况、新任务、新矛盾、新挑战进行理性看待、科学研究、系统解答；理论宣传工作要深入人民群众，坚持以人民为中心，坚持理论与实践相结合，坚持宣讲灌输与讨论启发相结合，深入基层、深入群众广泛开展形式多样的宣传、宣讲，贴近实际、贴近生活、贴近群众，让人民群众真正听得进、学得懂、记得牢、受感动，打通基层理论宣讲“最后一公里”，切实推动理论宣讲入脑入心、落地生根，筑牢新时代爱国主义的理论基础、思想基础和群众基础。

二、营造良好的舆论氛围

在新时代爱国主义教育的氛围营造中，营造良好的舆论氛围是激扬爱国主义主旋律的重要举措。当代中国，主旋律强劲，正能量充盈。新时代爱国主义教育要增强大众传媒爱国情怀和爱国主义主题传播，全面营造爱国主义教育的浓厚氛围，大力传播爱国主义主流价值观。

（一）增强大众传媒爱国情怀

舆论是公众言论的内容和样态，是社会心理、社会观念、群体意识、群体态度的外在反映。舆论的本体是蕴含其中的主导意见和价值倾向。好的舆论能促进主流价值观的形成，具有成风化人重要作用。消极的舆论则对于社会主流价值观及其建构具有明显的消解作用。习近平总书记曾就党的新闻舆论工作重要性作出重要指示：党的新闻舆论工作与党的旗帜、道路息息相关，直接关系到党的理论和路线方针政策的贯彻执行，关系到党和国家的各项事业能否成功地向前发展，影响着全党、全国各族人民的凝聚力与向心力，关系到党和国家的未来。加强新时代爱国主义教育，需要有健康的舆论环境为支撑。营造良好的理论氛围是新时代爱国主义教育氛围营造的重要方面，有利于激扬爱国主义的主旋律。

在社会舆论形成和传播过程中，媒体的作用越来越重要。媒体是传播信息的媒介，是人借助用来传递信息与获取信息的工具、渠道、载体、中介物或技术手段，是传送文字、声音等信息的工具和手段。对于包括开展爱国主义教育在内的思想政治教育来讲，用好报纸、杂志、书籍等印刷媒体和广播、电视、电影、网络等电子媒体，充分发挥大众媒体的作用十分必要。大众传媒作为拥有强大话语权的媒介体，具有速度快、范围广、影响大等特点，在新的历史时期，要创造出更加浓郁的爱国主义教育氛围，就要将报刊、影视、网络等大众媒体充分利用起来，将爱国主义作为一个重要的话题，进行重点关注。此外，还要对爱国主义教育的传播方式进行创新，讲好爱国故事，不断巩固、壮大爱国主义思想舆论，生动鲜活地开展爱国主义教育。一是要加强大众媒体管理。媒体的信息传递和舆论引导功能，决定其意识形态阵地属性，必须将其作为党的新闻舆论工作的重要范畴，要坚持党性原则和党管媒体原则，把坚持正确政治方向、舆论导向、价值取向的要求贯穿到媒体管理全过程，加强规范管理，加强过程管控，明确责任机制，确保导向安全。二是要强化各类媒体的爱国属性。各类媒体自身要切实提高政治站位，增强参与建设主流舆论的使命感和责任感，必须严格落实意识形态责任制，自觉宣传爱党、爱国主张，持续传播爱党、爱国声音，把体现党的主张和反映人民心声有机结合起来，实现新闻事业的党性和人民性的统一，不断提升媒体的传播力、引导力、影响力、公信力。三是要坚持以正确的舆论引导人。把正确价值导向和道德要求体现到经济、社会、文化等各领域的新闻报道中，体现到娱乐、体育、广告等各类节目栏目中。

（二）增强爱国主义主题的传播

爱国主义是新闻宣传的永恒主题。大众传播媒介具有宣传功能、新闻传播功能、舆论监督功能、实用功能和文化积累功能，传播信息具有速度快、范围广、影响大等特点。媒体行业是面向广大群众的行业，各类新闻报道中所传导的价值观会直接影响千万人的取向判断。媒体传播的基调是什么，传播的重点是什么，播发的内容是什么，对于社会主流舆论的构建影响深刻。指导各级各类媒体，切实加大爱国主义主题传播意义重大。

爱国主义主题传播，是指以爱国主义为宣传主题，经过精心策划、精心准备、整合资源、畅通渠道，推出的一系列、多角度、多层面、多形式、成体系的宣传报道。一是要把爱国主义作为永恒主题。各级各类媒体要把爱国主义作为常设议题，围绕爱国主义思想、爱国主义理论、爱国主义精神、爱国主义人物、爱国主义实践，结合重要会议、重大活动、重大节日、重要时点，开设专题专栏、推出重磅报道，持续、深入、广泛地开展爱国主义主题宣传。二是要创新爱国主义报道形式。要突出议题引领，对报道的方式方法进行创新，要与传播的分众化、差异化趋势相一致，创作推出贴近实际、有温度、有热度的爱国主义宣传报道。三是要将爱国主义教育与媒体融合发展。要打破网络与现实的壁垒，增设系列主题专栏、言论评价等，强化融媒体中心的建设，实现传播立体化、推介柔性化，生动讲好爱国故事、大力传播主流价值观。

三、营造良好的文化氛围

在新时代爱国主义教育的氛围营造中，营造良好的文化氛围是唱响爱国主义正气歌的重要举措。文化兴则国家兴，文化强则民族强。当代中国，江山壮丽，人民豪迈，前程远大。新时代爱国主义教育要增强图书媒介爱国内涵，增强文艺作品爱国意蕴，唱响爱国主义的正气歌，充分激发广大人民的爱国豪情。

（一）增强图书媒介爱国内涵

文化是文明的外在形式，文明是文化的内在价值。文化氛围是指蕴含在社会整体环境中，体现社会所推崇的特定传统、价值、习惯及行为方式的精神格调。文化氛围对于身处其中的社会成员具有潜移默化的影响作用，可干预、引导和塑造其精神追求、思想境界和行为方式。文化氛围可以将图书媒介及文艺作品等作为重要载体，进行改造、建设和重建。加强新时代爱国主义教育，需要有健康的文化环境为支撑，要注重运用文化引领前进方向、凝聚奋斗力量、推动事业发展。营造良好的文化氛围是新时代爱国主义教育氛围营造的重要方面，有利于唱响爱国主义的正气歌。其中，增强图书媒介的爱国内涵具有重要意义。

图书是图画和书本等书籍的总称，是最常见的文化氛围建设载体。图书媒介以其可及性强、便利性高、信息容量大、价值属性强、制作成本低等优势和特点，天然在爱国主义教育中具有突出位置。强化图书媒介的爱国内涵，是营造良好文化氛围的有效举措。一是要有针对性地策划、发行优秀的爱国主义书刊。根据不同的年龄、成长阶段，始终保持优秀的刊物品质，不断地提高作品写作水平，向青少年推荐能够体现爱国主义、高品质的儿童读物和教辅读物，让他们发自内心地接受爱国主义的熏陶。二是要大力开展爱国主义教育读书活动。结合时代主题，积极推荐爱国主义主题出版物，依托学校、书店、社区、网络持续开展读书活动，发挥优秀图书春风化雨般的爱国主义教育重要作用。三是要推出爱国主义多媒体媒介。根据青少年的兴趣所在与接受能力、习惯，加大力度向其推介富有中华文化精髓和爱国主义气息的文学作品、短视频、游戏等，在潜移默化中感染教育对象，尤其是青少年。

（二）增强文艺作品的爱国意蕴

文化是民族的精神命脉，文艺是时代的号角。文艺作品包括文学作品和艺术作品两种，是内容与形式的统一，是一定的社会生活在文学家、艺术家头脑中反映的产物。积极、向上、健康、高水平的文艺作品，具有突出的艺术价值和社会效益，是促进社会主义文化大发展、大繁荣的重要内容。举精神之旗、立精神支柱、建精神家园，都离不开文艺。爱国主义是中国当代文艺始终自觉遵循并积极倡导的文艺观念和精神伦理。爱国主义既是一种写作传统，也是人民群众的情感底色；既是高尚的文化气质，也是高贵的美学风范；既是读者想象、崇尚英雄的根据，也是中国文艺永恒的主题。具有家国情怀的文艺作品，可以跨越时间和空间，能鼓舞中华人民共同努力。文学艺术在各个时期都要与国家、民族紧密联系，才能产生发人深省的力量。对爱国主义精神的深度挖掘，对推动中华民族不断前行的杰出人物及其伟大事迹的充分尊重，是文艺作品弘扬爱国主义精神应当持有的基本态度。

“凡作传世之文者，必先有可以传世之心”。优秀的文艺作品能够启迪人的智慧、浸润人的心田、将不良的风气一扫而空。爱国情怀是优秀文艺作品应有的文化内核。当代文艺更要把爱国主义作为文艺创作的主旋律，引导人民树立和坚持正确的历史观、民族观、国家观、文化观，增强做中国人的骨气和底气。加强新时代爱国主义教育，在强化文艺作品爱国意蕴方面需要做好以下工作：一是要突出爱国主义主题。要把培育和弘扬社会主义核心价值观作为根本任务，把爱国主义作为常写常新的主题，坚持以人民为中心的创作导向，加大现实题材创作力度，为时代画像、为时代立传、为时代明德，不断推出讴歌党、讴歌祖国、讴歌人民、讴歌劳动、讴歌英雄的精品力作，创作出属于当今时代的新的“红色经典”，以新颖的思想、角度和新鲜的话语、形象实现对爱国主义的新拓展，以富于时代特征、符合受众心理的内容形式完成对爱国主义的新表达，以更深沉的心灵滋养和更高超的艺术创造激发民众爱国豪情，润物无声传播真善美，弘扬崇高的道德理想和道德追求。二是要紧跟时代步伐。文艺工作者要把握时代的节奏，让自己的创作面向千千万万人民的伟大奋斗，面向千姿百态的现实生活，从时代的变迁、人民的呼声中提炼主题，展示中华历史、文化的美，描绘中国人民奋斗的意志、创造的力量、发展的成果，将新时代的精神面貌，全面、立体地呈现出来。三是要做好重点项目建设工作。大力开展中国现代文艺创作工程等，大力扶持爱国题材的文学创作、词曲创作等，大力发掘并推广优秀的爱国歌曲、爱国电影，不断推出有分量、有影响，思想精深、艺术精湛、制作精良，具有较高的精神高度、文化内涵、艺术价值，具有较强的吸引力和感染力的作品，用健康向上的文艺作品温润心灵、启迪心智、引领风尚，唱响爱国主义正气歌。四是要把社会效益放在首位。文艺创作和评论评奖要具有鲜明爱国主义导向，坚持把社会效益放在首位，倡导讲品位、讲格调、讲责任，抵制低俗、庸俗、媚俗，坚决反对亵渎祖先、亵渎经典、亵渎英雄，始终保持社会主义文艺的爱国底色。

四、营造良好的社会氛围

在新时代爱国主义教育的氛围营造中，营造良好的社会氛围是构建爱国主义同心圆的重要举措。当代中国，守望相助、社会和谐，无数平凡英雄汇聚成新时代中国昂扬奋进的洪流。新时代爱国主义教育要增强爱国奉献典型引领，用榜样的力量激励人、鼓舞人；增强爱国报国社会心态，夯实构筑中华民族共同体的社会基础。

（一）增强爱国奉献典型引领

社会是人类的各种关系的总和，也是人们赖以生存的基本环境。狭义的社会，也叫“社群”，指人类群体活动和聚居的特定范围；广义的社会，则指一个国家、一个大范围地区或一个文化圈。社会具有交流功能、整合功能、导向功能、继承发展功能、自组织调节功能，为个体提供生存和发展的政治环境、经济环境、法制环境、科技环境、文化环境、心理环境等具体环境。社会形成的文化风气、道德准则、行为准则、人与人、人与事之间的环境氛围，对个体的存在及思想时刻产生着深刻影响。加强新时代爱国主义教育，需要有健康的社会环境为背景。营造清朗的社会氛围是新时代爱国主义教育氛围营造的重要方面，有利于构建爱国主义的同心圆。其中，一个重要的方面就是要强化爱国奉献典型引领，把典型示范作为重要途径，用榜样的力量温暖人、鼓舞人、启迪人。

先进典型是一个时代的精神标杆。典型是最好的教科书，榜样是鲜活的价值观。崇尚英雄才会产生英雄，争做英雄才能英雄辈出。回望历史，抓典型教育是中国共产党思想政治教育的重要手段，是党凝聚人心的重要法宝。在党领导中国人民进行革命、建设、改革的各个时期，先进典型都承载着时代的主流精神诉求和价值取向。榜样承载时代主流精神，激励中华儿女不忘初心，继续前进。爱国奉献的先进典型是爱国主义教育的宝贵资源，是值得不断学习的杰出榜样。

我们的时代是先进典型辈出的时代，崇高事业的赓续传承伴随着他们的前赴后继。新时代以来涌现和宣传了一大批爱国奉献的先进典型，主要包括“乡村振兴的带头人”王传喜、“点亮万家的蓝领工匠”张黎明、“筑梦九天写忠诚”的中国航天员群体、勇担民族复兴大任的“天眼”巨匠南仁东、“航空报国英模”罗阳、老百姓念叨的“车轮子县长”兰辉、太行山上的新愚公李保国、全国优秀县委书记廖俊波、“公正为民的好法官”邹碧华等，他们身上展现着忠诚、执着、朴实的鲜明品格。在新时代爱国主义教育中，要充分用好历史上的爱国奉献典型和新时代涌现出的新典型的先进事迹和崇高精神。强化爱国奉献典型引领要做好以下工作：一是要发挥先进典型的引领作用。要对那些为中国人民和中华民族做出巨大贡献的英雄们、对那些在革命建设过程中涌现出来的模范人物和时代楷模以及道德模范、对有爱国情怀的名人等进行全方位、立体化、有温度、有情感的大力宣传。二是大力开展向优秀榜样学习的活动。在宣传好“大典型”的同时，也用好群众身边的“小典型”，在宣传好个人典型的同时，也宣传好集体典型，通过广泛开展向先进典型学习活动，引导全党全军全国各族人民将榜样的力量融入祖国改革发展的伟大事业之中、融入人民创造历史的伟大奋斗之中，学习先进、保持先进、赶超先进，撸起袖子加油干，把敬仰和感动转化为干事创业、精忠报国的实际行动。三是要做好先进模范人物的关心帮扶工作。加大先进典型的表彰奖励力度，落实好针对先进模范人物的相关待遇和礼遇，解决好先进典型的工作生活实际困难，让先进典型政治上有待遇、社会上受尊重、经济上有保障。在全社会大力营造崇尚英雄、学习英雄、捍卫英雄、关爱英雄的浓厚氛围。

（二）增强爱国报国社会心态

社会心态是人们对自身及现实社会所持有的较普遍的社会态度、情绪情感体验及意向等心理状态。社会心态产生于社会个体心理，又以整体的形态存在，进而影响着每个社会成员的社会价值取向和行为方式，影响着国家经济政治和社会发展大局。社会心态代表了全社会的心理感受、情绪基调、社会共识和价值观，是民心民意的晴雨表。良好的社会心态，是促进个人、社会、国家发展进步的重要心理基础。强化爱国报国社会心态是新时代爱国主义教育的重要工作，不仅是凝聚社会共识的重要举措，也是构筑中华民族共同体的基础工程。

加强新时代爱国主义教育，在大力弘扬爱国主义精神的基础上，还要涵养积极进取开放包容理性平和的国民心态。当前，我们的社会心态总体是好的，自尊自信、理性平和、积极向上的主流社会心态日益形成。但不健康的社会心态在部分群体中也仍然存在。我们需要做好三方面工作：一是要倡导理性爱国、开放包容。要加大宣传力度，使人民群众能够准确地了解国内外的发展趋势，对中国同国际社会的关系有一个清晰的认知，不能骄傲自满、也不妄自菲薄，要自尊、自信、理性、平和。爱国是各国人民的普遍感情，和平发展是世界各国人民的普遍追求。弘扬爱国精神的同时，也要养成开放包容的气度，要把坚持和平发展，实现合作共赢，建立人类命运共同体，共建“一带一路”的思想传播出去，鼓舞中国人民与世界各地的人们携手共进，共创更加美好的明天。二是要强化公平正义、民生改善。要维护好社会公平正义，提升治理效能，不断推进全面依法治国，进一步补齐发展过程中的民生短板，持续加大改善民生政策力度，让心理服务全面覆盖重点人群，结合新农村社区建设，采取心理广场、心理周、讲座等群众易接触或易接受的形式开展心理健康教育，让人民群众的归属感更强、认同感更高。三是坚持正确导向、善于斗争。要坚持正确的舆论导向，努力塑造积极的社会价值观，在全社会深入塑造和不断强化自尊自信、理性平和、积极向上的社会心态，提振中华民族的自信心、自豪感，涵养理性自信的大国心态；同时，要努力化解消极情绪根源，适时地对历史虚无主义、消极主流价值的谬误思想言论予以批判，并加以辨析和引导。对于每个中国人而言，爱国是天经地义的事，更是一种责任、一种情怀，是内心情感的寄托。爱国主义教育要坚持“知行合一”，将爱国情怀变为报国行动，引导人民合理地表达自己的爱国情怀，抵制偏激行为。

五、营造良好的网络氛围

在新时代爱国主义教育的氛围营造中，营造良好的网络氛围是汇聚爱国主义正能量的重要举措。当代中国，信息技术飞速发展，网络强国建设深入推进。新时代爱国主义教育要加强爱国主义内容供给，让爱国主义充盈网络空间；加强网络文明综合治理，共建共享网上美好精神家园。

（一）加强爱国主义教育内容供给

当今世界已经进入互联网时代。网络走入千家万户，网民数量世界第一，我国已成为网络大国。互联网是一场革命，其对人类社会的影响早已从信息技术领域延伸到产业领域、社会领域、生活领域、文化领域等各个方面。只有科学认识网络传播规律，不断提高用网治网水平，才能使互联网这个最大变量变成事业发展的最大增量。新时代爱国主义教育离不开时代背景，必须放到互联网时代这个新的大背景下来谋划和推动。这就需要科学认识和把握好互联网传播的基本规律，切实开展好网上爱国主义教育，强化爱国主义网络内容供给，大力加强网络氛围营造，推进网上宣传理念、内容、形式、方法、手段等创新，把握好时、度、效，构建网上网下同心圆，更好凝聚社会共识，为爱国主义汇聚强大正能量。

网络爱国主义教育与传统爱国主义教育在内容上是一致的，都是要大力弘扬爱国主义精神，营造全社会爱国氛围，唤起公众的爱国情感，使自发自觉的爱国情感转变为理性务实的爱国行动，巩固全党全国人民团结奋斗的共同思想基础，但网络爱国主义教育的重点在于充分利用网络的特性和优势来加强爱国主义教育。[①] 强化爱国主义内容供给，具体要做好以下工作：一是要唱响互联网爱国主义主旋律。在互联网大力弘扬和践行社会主义核心价值观，传播文明理念、营造良好的网络环境，更好地提高广大网民，尤其是青少年的爱国情怀、道德品质，在新时代、新征程背景下，汇聚起一股巨大的精神动力。要敢于使用灵活的艺术形势以及新媒体形态，积极抢占网络高地，利用青年人群中较为受欢迎的内容元素与语言方法，创作出有温度、有深度、有广度的爱国主义网络作品，实现爱国主义教育的目的，对爱国主义教育传播的格局进一步优化，高举爱国主义伟大

① 张智．新时代爱国主义教育十五讲［M］．北京：人民出版社，2021：190.

旗帜。

二要提高爱国主义网络内容的建设。大力推进网上主题教育活动，创作、推广适合在网络传播的爱国主义音视频、文学作品等，丰富爱国主义网络内容。大力开展网上爱国主义的正面宣传和舆论引导，提高网络爱国主义内容创作生产传播能力，培育爱国爱党、积极健康、向上向善的网络文化，构建网上网下同心圆。要广泛开拓爱国主义教育资源，结合重大历史纪念日、国家发展重要节点、传统文化节日等时机，适时推介体现爱国主义内容，适合网络传播的音频、短视频、网络文章、纪录片、微电影等，同时整理制作专题性的爱国主义教育资源，让教育对象不仅在关键时间节点接受爱国主义教育，在日常生活中也能接受和浸润在生动丰富的爱国主义教育资源和氛围中。

三是要实施爱国主义数字建设工程。推动爱国主义教育基地、红色旅游与网络传播有机融合，统筹利用好线上线下多种平台和资源，因时因势、因人因地研发爱国主义特色网站和红色数字爱国主义教育基地，建立资源共建共享机制，发挥系统优势，呈现轰动效应，夯实网络爱国主义教育阵地。从内容供给、载体创新、话语引领、制度保障等方面着手，使网络爱国主义教育成为一个全网统筹、多方联动、协同发力的基础性、系统性工程，让爱国主义充盈网络空间。

四是要进行网上教育方法和途径的改革。对宣传媒介和方法进行革新，对社交媒体、视频网站、手机客户端等进行充分的利用。运用新技术、新产品，开展丰富多彩的网上爱国主义教育活动。要使“学习强国”学习平台在爱国主义教育中起到应有的效果。网络信息社会传播方式不断迭代升级，要求我国的爱国主义传播方式也要与时俱进。要积极运用虚拟现实、增强现实、混合现实等新技术新产品，迎合不同受众的特点和适应性，为民众创造出有针对性的爱国主义教育形式，生动活泼地开展网上爱国主义教育。

（二）加强网络文明综合治理

随着互联网的发展，网络文化已经成为一种新型的文明形态，并成为当代社会文明进步的一个显著特征。在新的历史条件下，要把网络文明建设和社会文明建设作为一个整体来看待。建设网络强国是建设社会主义现代化国家的一项重大课题。网络安全关系着国家的安全。网络空间已经成为人们精神之乡的重要载体。网络生态环境良好，将对民众有利；网络环境污浊不堪、网络生态环境恶化，对人们思想的净化和纯洁是非常不利的。近年来，我国稳步推动互联网的发展进程，大力弘扬新风正气，不断加强对互联网的管理，互联网网络环境净化已经获得了显著的成果。同时，互联网的正能量也变得更为旺盛，法治保障也变得更为有效，整个网络生态环境变得更为干净，文明风尚也变得更为良好，整个社会已经开始构建起了一个共建、共享网上美好精神家园新格局。①

强化网络文明综合治理是加强网络文明建设的重要方面，也能为新时代爱国主义教育提供良好的网络氛围。新时代加强网络文明建设，强化网络文明综合治理，要做好以下工作：一是要坚持依法治网。自党的十八大以来，我国对互联网的整体规划和制度建设进行了进一步的优化，并进一步巩固了其建设的法制基础。十九届五中全会提出了大力推进网上文明，培育积极向上健康网络的重大要求，为"十四五"期间网络文明建设奠定了坚实的基础。《关于加强网络文明建设的意见》的发布对新时期的互联网文明建设提出了新的要求，对新时期的互联网文明建设作出了科学的指引；为了保证互联网的合法、合规、健康运转，国家相继颁布了《中华人民共和国网络安全法》《中华人民共和国个人信息保护法》等相关的法律、规章；通过制定《互联网用户公众账号信息服务管理规定》《互联网群组信息服务管理规定》等一批网络监管制度，推动网上舆情的良性发展，在"互联网不是法外之地"理念的影响下，推动了网络法治环境这一概念的广泛传播，治理互联网、建设互联网文明要进一步完善法律法规，切实做到有法可依，有法必依，执法必严，违法必究。二是要凝聚治理力量。要把发展与管理有机结合起来，把网上与网下有机结合起来，广泛凝聚起一

① 王思北，余俊杰．共筑网上美好精神家园—我国加强网络文明建设成就综述［N］．光明日报，2021-11-19.

股向善、向上的强大力量。始终坚持正能量总目标，各级党委和政府要承担起相应的职责，网络平台、社会组织、广大网民等要充分地起到自己的积极影响，一起推动文明办网、文明用网、文明上网，用时代的新风来对网络空间进行重塑和净化，共建网上的美好精神家园。三是要坚决打击不良之风。要继续健全网络联合辟谣的工作，继续进行网络大扫除，对各种网络犯罪进行严惩，对网络侵权、网络恶劣的言论进行重点整治，对影响未成年人的身心发展的恶劣言论进行坚决清除，对网络黑客、电信网络诈骗等违法犯罪行为予以严惩，指导广大网友对有损于国家名誉、否定中华优秀文化的不当言论进行有效地抵制，在网络上凝聚起强大的正能量。

第八章　新时代爱国主义教育教学

第一节　新时代爱国主义教育教学的总体要求

新时代爱国主义教育教学是一个包含许多方面内容和工作的系统工程，需要全面把握、统筹兼顾、协同推进，特别是要准确把握好新时代爱国主义教育的核心要义，深刻理解实现中华民族伟大复兴的中国梦是其鲜明主题。坚持以人民为中心是其根本立场，坚持爱国和爱党、爱社会主义高度统一是其本质特征，为实现中国梦提供共同精神支柱和强大精神动力是其根本任务，把爱国主义教育作为永恒主题贯穿国民教育和精神文明建设全过程是其基本要求。

一、教育教学主题：实现中华民族伟大复兴的中国梦

爱国主义的时代内涵是新时代爱国主义教育教学的前提与基础。爱国主义是一个历史范畴，具有明确的主题和本质。爱国主义的时代内涵及表现随着中华民族的不同境遇而不断变迁，新时代的爱国主义必然具有新的时代内涵。

主题是一个思想理论的核心，往往起到提纲挈领的重要作用。爱国主义主题不仅具有延续性和稳定性，而且能在历史与时代的变化中不断地演变。在一个时期内，爱国主义的主题是这个时期内的主要命题与核心思

想，是一个时期内国家和民族重要、关键的历史任务。

在革命时代，爱国主义以争取民族独立和人民解放为主题。在新民主主义革命时期，爱国主义的主题是为了推翻帝国主义、封建主义和官僚资本主义的反动统治，使中国从一个昏暗的旧社会变成一个充满希望的独立的解放的新中国。中华人民共和国成立后，爱国主义的主题转变为追求民族振兴、国富民强，这主要体现在以下几个方面：独立自主、艰苦奋斗，探求社会主义发展之路，坚定不移地实行改革开放等。在 1994 年版的《爱国主义教育实施纲要》中指出，党在新的历史时期，以建设有中国特色的社会主义为主题。① 中国特色社会主义迈入新时代后，习近平对爱国主义的主题做出了新的界定，他强调当今中国的爱国主义主题，是实现中华民族伟大复兴的中国梦。纵观中国近现代爱国主义思想的发展变化，虽然在表达方式上存在着一些差异，如，革命时期的“救国立国”、改革时期的“强国复兴”等，但是，其共同目标都是要实现中华民族的伟大复兴。中国梦是中华民族伟大复兴的形象表达，是当代中国爱国主义的鲜明主题，是对过去每一个时期爱国主义主题的深入发展与时代表现，是对爱国主义本质的深刻揭示，有着很强的时代特色与目标导向，对当今中国起到了很好的凝聚与引导作用。

当前中国的爱国主义与古代中国的爱国主义在本质上是一样的，但在新的历史时期和新的社会环境下，又呈现出不同于以往的独特特征。中国梦是中国人民共同努力的方向，是新的历史时期我国社会主义建设事业发展的必然要求。正如习近平总书记说的那样，在党领导下进行的革命、建设、改革等伟大实践，是一个不断努力的历史过程。是一项从救国逐渐发展到实现中华民族伟大复兴的完整事业。习近平总书记关于中国梦的一系列重要论述，是对伟大梦想和当代中国爱国主义内在联系的深入剖析，它不仅揭示了爱国主义的时代内涵，也为新时期爱国主义目标指明了方向，这也是正确认识新时代爱国主义精神内涵的关键点。

---

① 中共中央文献研究室．十四大以来重要文献选编（上）［M］．北京：人民出版社，1996：921-922.

二、坚持以人民为中心

马克思主义最大的特点就是具有人民性。中国共产党的根本立场在于坚持以人民为中心，这是马克思主义政党与其他当政党不同的鲜明特征。习近平总书记“江山就是人民，人民就是江山”的论述辩证地回答了人民与政权的关系。共产党员的宗旨是全心全意为人民服务，中国共产党制定的路线方针政策要符合最广大人民的根本利益，以得到最广大人民群众的支持为最高标准。以人民为中心不仅是习近平新时代中国特色社会主义思想的核心理念，更是新时代进行爱国主义教育必须遵循的基本原则，这主要体现在：深刻理解人民本位，自觉维护人民的情怀，坚定不移地维护党的宗旨等方面。

在人民主体地位的把握上，要对人民是历史的创造者和最主要的推动力量、人民对党和国家的未来起决定性作用要有深入的理解。人民是党的根基，是党力量的来源，是党执政的底气所在，是强党兴国的基础，因此要始终坚持一切为了人民、一切依靠人民，要将广大人民群众的积极性、主动性、创造性充分地调动起来。凡是违背人民的意志，离开人民的支持，任何事业都是不可能取得成功。

关于人民情怀，党要与人民密切联系在一起，将人民放在第一位，将人民的利益放在首位，爱国爱民，这是最深刻、最有力的感情，为人民谋幸福，是中国共产党人的初心使命。在根本任务上，要坚持以人民的立场、为人民谋幸福作为根本立场与使命，人民对美好生活的向往就是党努力和奋斗的方向。要始终坚持为人民服务的根本宗旨，坚持执政为民、靠人民执政，坚持发展为了人民、发展依靠人民，发展成果由人民共享，要坚定不移地朝着实现人民共同富裕的目标前进。坚持以民为本的根本立场，是中国共产党爱国主义思想的集中反映，它始终遵循着群众史观和群众道路，把人民的利益放在第一位，对人民的主体地位给予足够的重视，蕴含着发自内心的对人民的情感，它反映着发展为人民的价值观，反映着党的理想信念、性质宗旨、初心使命，表现出了党性与人民性的高度一致性，确定了新时代中国共产党人的人民观，是新时代爱国主义教育的起点和终点。

三、坚持爱国和爱党、爱社会主义高度统一

爱国主义作为一个历史范畴，在不同的发展阶段、不同的历史时期有着不同的内容，是由不同的时期国家的特殊社会经济、政治体制所造成的。在新时代，爱国主义的基本特点是要始终保持爱国、爱党、爱社会的高度一致性。

新时代的爱国主义实质是要将爱国、爱社会主义、爱党高度统一起来，深入剖析了今天中国的爱国主义与爱党、爱社会主义的内在联系，三者有机统一与一致性的本质属性特征，揭示了“中国共产党的领导是中国特色社会主义的最大特点，中国特色社会主义制度的最大优势是中国共产党领导，中国共产党是最高政治领导力量”这一思想核心，体现了“唯有社会主义能够拯救中国，唯有坚持和发展中国特色社会主义，才能够使中华民族得到更好发展”的基本规律，这是从中国革命、建设、改革的实践经验总结出来的重要的结论。在新时代，爱国主义的本质就是要始终保持爱国和爱党、爱社会主义高度一致，它对爱国主义思想的理论核心进行了充实和深化，同时也是新时代爱国主义的精神实质和鲜明特征。

四、为实现中国梦提供强大的精神动力

爱国主义是中华民族精神的精髓。在民族精神的理论架构中，爱国主义的基本范畴和核心概念一直处于核心位置；在建设民族精神的进程中，爱国主义一直担负着打地基、立柱、架梁的根本使命；在中国历史发展的历史进程中，爱国主义一直起着固本培元、凝聚人心的根本作用。

在中国上下五千年的发展历程中，爱国主义始终是激发人民积极性、主动性和创造力的重要的精神力量，是凝聚人心、引领价值、整合共识的一面精神旗帜，是抵御侵略、保持活力的重要的精神支柱。爱国主义是使中华民族更加团结的精神力量，是激励各民族人民奋发图强的强大的精神力量，是中国人民、中华民族捍卫国家独立自主、捍卫民族尊严的精神力量，是兴国之要、强国之魂。在新时代，爱国主义的基本使命就是要弘扬爱国主义精神，与以改革创新为核心的时代精神，为中国梦的实现，提供共同的思想支撑。

在实现中华民族伟大复兴的伟大征程上，既有美好的未来和战略性的机遇，也有重大的挑战、风险、阻力、矛盾，为此，要付出更加艰巨、艰苦的努力，尤其是要用爱国主义来不断地提供信仰与精神力量。新时代的爱国主义的主要使命，就是要为中国梦的实现提供精神支撑，新时代的爱国主义教育教学要激发广大青年学生的主观能动性，应精准把握新时代爱国主义的主题，深入地挖掘它对中国梦的支持与推动作用。在新的历史条件下，爱国主义教育要使广大青年能够更好地了解、掌握爱国主义所具有的本质意义和关键意义，能够通过爱国主义教育起到强大的凝心聚力的作用，进而激发广大青年为推动中华民族伟大复兴而努力的决心和意志。

五、将爱国主义教育作为永恒主题贯穿学校教育教学全过程

爱国主义教育是一项固本培元、凝心铸魂的工程，必须坚持不懈、久久为功。新时代的爱国主义教育有着非常广泛的内容，它含有一系列新范畴、新论断、新思想，其中蕴含着新时代爱国主义的目标和工作要求，而其中最根本的一点，就是要将爱国主义教育这一永久的主题，贯彻在整个国家的思想文化和精神文明建设中，特别是贯穿到学校教育教学整个过程中。这主要表现在对爱国主义进行长期、持久的教育，以及对其内涵的持

续充实等方面。

从时间的角度看，爱国主义是我国社会主义核心价值观教育最直接也是最本质的要求，要在全国范围内开展爱国主义的教育，将爱国主义教育渗透到国民教育和精神文明建设的全过程当中，尤其是学校的教育教学要始终贯彻爱国主义教育这一主题。爱国教育要从学生抓起，要从娃娃抓起，将爱我中华的火种植入每个儿童的内心，将爱国主义精神牢固地根植于每个学生的心里。

关于新时代的爱国主义，从教育教学的角度来看，其教育内容正在不断地丰富和发展，它的内容主要有以下八个部分：第一，注重强化对习近平新时代中国特色社会主义思想的研究和教育，夯实学校教育教学的思想根基；第二，重视中国特色社会主义和中华民族伟大复兴中国梦的教育，进行归属感、认同感、尊严感、荣誉感等方面的教育；第三，重视对国情、形势、方针等方面的教育，使人民群众深刻认识到，我国的基本国情没有改变——处于并将长期处于社会主义初级阶段，尽管我国主要矛盾变了，但我们的世界第一大发展中国家的地位并没有改变；第四，强化中国精神的教育，建立起牢固的精神纽带和强大的精神力量；第五，加强“四史”教育，即党史、新中国史、改革开放史、社会主义发展史的教育，使广大青年学生对中国政治体制、中国特色社会主义道路的历史必然性有一个更加清晰的理解；第六，重视中华优秀传统文化的教育，以培养和弘扬社会主义核心价值观；第七，重视强化国家的统一与民族进步教育，为国家的团结统一构筑坚固的“钢铁长城”；第八，要对学生大力开展国防教育与国家安全教育，培养学生爱国爱家的责任担当意识。总之，我们要不断丰富并不断健全学校爱国主义教育教学内容，切实保障并持续推动爱国主义教育在各层级学校的有效贯彻实施。

第二节　新时代爱国主义教育教学的实践载体

一、核心载体——建设好爱国主义教育基地

在进行新时代学校爱国主义教育载体建设时，要将重点放在对爱国主义教育基地的建设上，新时代的爱国主义教育基地是爱国主义教育载体建设的核心，也是党和国家的红色基因库。对爱国主义教育基地建设要加强，加强爱国主义教育基地的学习教育功能建设，要对爱国主义教育基地的宣传教育进行创新，能够使爱国主义教育基地的功能更好地发挥作用。

（一）爱国主义教育基地承载着党和国家的伟大历程和红色基因

习近平曾指出各类革命纪念馆、烈士陵园等都是党和国家的红色基因库。① 这是对各类革命教育场所作用的高度肯定，更是对其历史价值的深入阐释，明确了其历史地位、基本功能和作用。

当下，我国的爱国主义教育基地体系在不断健全。在全国爱国主义教育示范基地中，有周口店遗址博物馆、河姆渡遗址博物馆、西安半坡博物馆等人类文明的历史见证，有都江堰水利工程、八达岭长城、南京长江大桥、三峡工程等各个时期的宏伟工程，有中国历史博物馆（现为中国国家博物馆）、中国人民革命军事博物馆、故宫博物院以及多个省市的博物馆等文博重地，有中国共产党第一次全国代表大会会址纪念馆、井冈山革命纪念地、瑞金中央革命根据地纪念馆、延安革命纪念地、西柏坡中共中央旧址等革命圣地，有中国人民抗日战争纪念馆、侵华日军南京大屠杀遇难同胞纪念馆、抗美援朝纪念馆以及各地烈士陵园等纪念设施。这些爱国主

① 习近平．用好红色资源，传承好红色基因把红色江山世世代代传下去，求是［J］，2021（10）：19-24.

义教育基地从不同角度、不同层面记录着中华民族自强不息的历史文化和精神根脉，承载着中国共产党带领中国人民英勇奋斗的伟大历程和红色基因，是光荣历史、优良传统、爱国情怀、革命力量的集中真实展现，是中国共产党人的精神殿堂、中国人民的精神家园、中华民族的精神高地。

爱国主义教育基地作用日益凸显。要充分利用红色资源，发扬红色传统，继承红色基因。作为最直观、最立体的历史教材，爱国主义教育基地还是开展爱国主义和革命传统教育的珍贵资源。作为弘扬民族精神和时代精神的重要依托，在实践中已经成为广大人民群众尤其是青年学生了解党的历史、革命历史并进行自我心灵锤炼的重要场所，是培养广大青少年爱国精神的重要场所，是增加青少年学习革命传统、提高道德情操的重要渠道之一。随着近年来建设力度的不断加大，爱国主义教育基地硬件设施不断完善，组织能力日趋提升，可以承担的社会教育功能更多，能够发挥的宣传教育作用更大。增强爱国主义教育基地在“四史”（党史、新中国史、改革开放史、社会主义发展史）学习中的职责使命，广泛开展理想信念教育、爱国主义教育和革命传统教育，对于持续激发广大青少年的爱国热情、凝聚人民力量、弘扬民族精神、传承红色基因，具有不可替代的重要作用。

（二）提高爱国主义教育基地党史教育功能

中国共产党是爱国主义精神最坚定的弘扬者和实践者。当代中国，爱国主义的本质就是坚持爱国和爱党、爱社会主义高度统一。爱国主义教育基地的一个基本职责和重要任务就是要结合基地自身的特色资源开展好党史学习教育，引导人们深刻认识党的领导是中国特色社会主义最本质特征和最大制度优势，坚持党的领导、坚持走中国特色社会主义道路是实现国家富强的根本保障和必由之路。

要突出党史教育。每个爱国主义教育基地有着不同的历史背景、具体内涵，但也有共同特征，即它们都见证了中国共产党领导中国人民经历的波澜壮阔、艰辛坎坷的奋斗历史，也见证了中华民族的发展历程与取得的成果，它们有着共同的红色印记。爱国主义教育基地的常设主题是明确稳定的，但具体展陈内容不是一成不变的，需要根据时代主题而完善优化。爱国主义教育基地要着力讲好中国共产党的故事，展示中国共产党的初心宗旨、伟大历程，展示中国共产党为国家和民族做出的伟大贡献、取得的伟大成就、铸就的伟大精神、形成的宝贵经验，从而引导广大青少年坚定不移听党话、矢志不渝跟党走，为奋力开启全面建设社会主义现代化国家新征程时刻准备着。

要丰富内容资源。爱国主义教育基地要深入挖掘其所依据的历史事件、历史人物、文物史料、精神特质在党的历史上的时空方位、关联要素和历史价值，以此折射党的奋斗历程和伟大成就来之不易，展现党的光荣传统和优良作风弥足珍贵，彰显党的实践创造和历史经验伟大光辉。要丰富与党史相关的教育内容，着力打造主题突出、导向鲜明、内涵丰富的精品陈列，宣传阐释教育资源的思想内涵和时代价值，以此揭示历史发展的主题主线、主流本质。要补充体现时代精神的展陈内容，用真实、丰富的革命文物、档案史料、历史实物和持续深入的宣教活动，引导广大青少年，厚植爱党、爱国、爱社会主义情感，坚定信念、砥砺品格，从百年党史中汲取奋力前行的不竭动力，走好新时代的长征路。

（三）拓展爱国主义教育基地宣传教育形式

新时代新阶段，爱国主义教育基地要发挥更大的作用、取得更好的教育效果，必须坚持与时俱进，以讲好红色故事提升效果，以建好网上展馆拓展阵地，以搞好主题活动激发活力，持续推动爱国主义教育活动的思路理念、渠道载体和方法手段守正创新。

一是要讲好红色故事。爱国主义教育基地一般依托于旧址、纪念碑、纪念地、文物等实物资源而建设，表现为展览馆、纪念馆、博物馆、会址、陵园等实体形式。但这些实物资源、实体形式所蕴含的深厚历史和思想文化内涵，难以仅靠其自身充分展示，必须通过语言表述和生动讲述才能得到充分展现和持续发扬。爱国主义教育基地要把讲好故事作为宣传教育工作的核心内容和重要方式，充分挖掘好、深入研究好、生动讲述好以红色故事为代表的历史故事、文化故事、革命故事、当代故事，为爱国主义教育基地的历史文化内容注入活的灵魂。

二是要建好网上展馆。网络空间已成为亿万民众共同的精神家园，爱国主义教育基地在网络空间不能缺位。新时代爱国主义教育必须占领互联网这个意识形态斗争的主阵地、主战场、最前沿，这需要爱国主义教育基地尽快转变观念，把基地同步建在网上，实现网上网下共建、线上线下融合，以新技术、新理念、新方式提升对社会公众特别是青少年的吸引力和影响力。在新媒体环境下，要注重搭建“互联网+”爱国主义教育基地和国防教育基地，创办微信公众号、官方 App、微信小程序等网络平台，通过向青少年推送相关知识来达到爱国主义教育的目的，从而打破爱国主义教育的时空限制，开展线上爱国主义教育。

三是要搞好主题活动。爱国主义教育基地作为相对固定的场所，特别是以历史信息为主要展陈内容的场所，如何保持其对社会公众的新鲜感和吸引力是一个难题。聚焦重要时间节点、围绕重大庆祝纪念活动、紧扣中央部署开展学习教育，有节奏地推出系列主题活动，是解决这一难题的有效举措。在全社会开展党史、新中国史、改革开放史、社会主义发展史的宣传教育中，各级各类爱国主义教育基地应充分发挥特色优势，精心组织开展有针对性的主题活动，并主动对接对接大中小学，让基地资源动起来、宣传教育新起来、历史文化活起来，持续保持爱国主义教育基地的生机活力，实现功能作用的充分发挥。

二、重点载体——举办好爱国主义仪式礼仪

在新时代学校爱国主义教育教学的载体建设中，爱国主义仪式礼仪是重点载体。中华民族自古以来就是礼仪之邦，自古以来就十分重视仪式礼仪，仪式礼仪具有非凡的叙事功能和独特的凝聚力量，能够增强民族认同感和集体归属感，因此具有强大的教化作用。当下，仪式礼仪的内涵和形

式也在不断地丰富和发展，日益成为新时代爱国主义教育的重要载体。新时代学校爱国主义教育教学要运用好国旗、国徽和国歌相关仪式礼仪，运用好宪法宣誓、入党入团入队等仪式礼仪，充分发挥仪式礼仪的教育功能，强化国家意识、集体观念和人民情怀。

（一）有效运用国旗、国徽和国歌等相关仪式礼仪

仪式礼仪能够通过一系列具有特定象征意义的符号或者模式化的程序和行为方式传递抽象的理念和情感，因此，爱国主义这种抽象的感情通过运用的语言和行为找到了实践的载体，实现了具象化的转变，变成了可看见、可听见甚至可摸到的具体的形式。[①] 仪式礼仪是新时代学校爱国主义教育教学的一种重要形式，其所具备的特殊的教育作用，可以在一定程度上促进中华优秀文化的传承，促进民族精神和时代精神的传播，培养和激励青少年的爱国主义情怀。新时代学校爱国主义教育教学要注重运用仪式礼仪，特别是与国旗、国徽和国歌相关的仪式礼仪。

国旗、国旗、国徽等作为国家的象征，是当代中国爱国主义的重要标识。中华人民共和国国旗是五星红旗；中华人民共和国国徽，中间是五星照耀下的天安门，周围是谷穗和齿轮；中华人民共和国国歌是《义勇军进行曲》。国旗、国徽和国歌是中华人民共和国的象征和标志，包括广大青少年在内的一切公民和组织都应当尊重和爱护国旗，都应当尊重和爱护国徽，都应当尊重国歌，维护国歌的尊严。《中华人民共和国国旗法》《中华人民共和国国徽法》《中华人民共和国国歌法》通过国家立法对国旗、国徽和国歌使用的场合、礼仪和宣传教育进行了规范，对于增强公民的国家观念，弘扬爱国主义精神，培育和践行社会主义核心价值观具有重大意义。

《新时代爱国主义教育实施纲要》强调，要利用好与国旗、国徽和国歌有关的仪式礼仪，严格执行国旗法、国徽法、国歌法，并对国旗升挂、

---

① 本书编写组．《新时达爱国主义教育实施纲要》学习读本，人民出版社，2020 年 9 月版.

国徽使用、国歌奏唱的基础知识进行宣传学习。要在全国范围内，大力推行“一起升国旗，一起唱国歌”的活动，使广大青少年能够尽情地抒发自己的爱国心。各级广播电台和电视台每日在主频率和主频道定时播放国歌。在国庆节的时候，要在全国各地的党政机关、大型企业以及全国的爱国主义教育基地，进行升旗仪式。鼓励居民在门前合适和地方悬挂国旗，[①]从而不断强化国旗、国徽和国歌在人们心中的崇高地位，使国旗始终在人们心中高高飘扬，国徽始终在人们心上高高悬挂，国歌始终在人们心里嘹亮奏响。要加大对国家重要礼仪的普及教育与宣传力度，在国家重大节庆活动中体现仪式感、庄重感。比如国旗是国家的标志，代表国家的主权和尊严，升旗仪式能够激发青少年对祖国的热爱和崇敬之情，规范的升旗仪式能够从内到外强化青少年的爱国热情。升国旗时候广大青少年要面向国旗肃立、身姿要立正，不能旁若无人地做着无关的动作，要行注目礼，少先队员要行队礼，不能东张西望、交头接耳，更不能嬉闹谈笑，眼睛要始终随着国旗移动并跟唱国歌，持续到升旗仪式结束才能自由活动。

（二）有效运用宪法宣誓、入党入团入队等仪式礼仪

宣誓是参加某一组织或担任某一职务时，在一定的仪式下当众说出表示忠诚和决心的话，由于宣誓一般有正式的场合，正式的仪式，庄严地举行，因此能够起到教育、警戒和约束的作用，可以作为爱国主义教育的重要载体。新时代学校爱国主义教育教学要充分发挥各类宣誓礼仪的作用，特别是宪法宣誓、入党宣誓、入团宣誓、入队宣誓等仪式礼仪的作用。

宪法是国家的根本法，是治国安邦的总章程，具有最高的法律地位、法律权威、法律效力。国家工作人员必须树立宪法意识，恪守宪法原则，弘扬宪法精神，履行宪法使命。2015 年，全国人大常委会以立法形式做出了关于宪法宣誓的决定，明确规定，各级人大及县级以上各级人大常委会选举或者决定任命的国家工作人员，以及各级人民政府、人民法院、人民

① 中共中央，国务院．新时代爱国主义教育实施纲要［N］．人民日报，2019-11-13.

检察院任命的国家工作人员，在就职时应当公开进行宪法宣誓。2018 年 3 月 11 日，第十三届全国人民代表大会第一次会议审议通过的《中华人民共和国宪法修正案》规定，宪法第二十七条增加一款，作为第三款："国家工作人员就职时应当依照法律规定公开进行宪法宣誓"，将《全国人民代表大会常务委员会关于实行宪法宣誓制度的决定》所确立的宣誓制度上升到宪法层面。中华人民共和国宪法宣誓誓词为——"我宣誓：忠于中华人民共和国宪法，维护宪法权威，履行法定职责，忠于祖国、忠于人民，恪尽职守、廉洁奉公，接受人民监督，为建设富强民主文明和谐美丽的社会主义现代化强国努力奋斗！"实行宪法宣誓制度有利于增强国家工作人员履行职务的使命感和责任感，强化国家工作人员对人民和人民赋予的权力、对宪法和法律的敬畏之心。

《中国共产党章程》规定："预备党员必须面向党旗进行入党宣誓。誓词如下：我志愿加入中国共产党，拥护党的纲领，遵守党的章程，履行党员义务，执行党的决定，严守党的纪律，保守党的秘密，对党忠诚，积极工作，为共产主义奋斗终身，随时准备为党和人民牺牲一切，永不叛党。"将入党誓词明确写入党章，体现了党对入党誓词的重视。入党誓词是新党员在入党时对党和人民做出的庄严承诺，是每一名党员的思想和行为规范准则，体现了党对党员的基本要求。入党宣誓仪式及重温入党誓词仪式，是对党员进行的庄严神圣而有效的党性教育，是共产党人强化党性的必修课。另外，加入中国共产主义青年团，加入中国少年先锋队也都有相应的入团、入队仪式。

新时代学校爱国主义教育要充分发挥学生入党宣誓、入团宣誓、入队宣誓等仪式礼仪的作用，把学生入党入团入队仪式作为对学生党员、共青团员、少先队员开展爱国主义教育的重要载体，认真组织好入党入团入队仪式等，通过公开宣誓、重温誓词等形式，强化国家意识、集体观念和人民情怀。

三、常规载体——组织好爱国主义纪念活动

在新时代学校爱国主义教育教学的载体建设中，爱国主义纪念活动是日常载体。新时代学校爱国主义教育教学要充分挖掘重大纪念日、重大历史事件蕴含的爱国主义教育资源，组织开展好重大纪念活动，运用好传统和现代节日，引导广大青少年激发爱国热情，增进家国情怀。

（一）充分利用重大纪念活动

不忘历史才能开辟未来，善于继承才能善于创新。我国的法律法规规定了一些重大纪念活动、年节及纪念日等，充分利用这些纪念活动、年节及纪念日，有计划地组织开展富有特定意义和特色的爱国主义教育，是加强爱国主义教育的重要载体和有效方式。充分挖掘重大纪念日、重大历史事件蕴含的爱国主义教育资源，组织开展系列庆祝或纪念活动和主题教育对于加强学校爱国主义教育教学具有重要意义。

国庆节对于爱国主义教育意义重大。国庆节是由一个国家制定的用来纪念国家本身的法定假日。国庆纪念日是近代民族国家的一种特征，是伴随着近代民族国家的出现而出现的，并且变得尤为重要。它成为一个独立国家的标志，反映这个国家的国体和政体。国庆这种特殊纪念方式一旦成为新的、全民性的节日形式，便承载了反映这个国家、民族的凝聚力的功能。同时，国庆日上的大规模庆典活动，也是政府动员与号召力的具体体现。1949 年 12 月 2 日，中央人民政府委员会第四次会议接受全国政协的建议，通过了《关于中华人民共和国国庆日的决议》，决定每年 10 月 1 日为中华人民共和国宣告成立的伟大日子，为中华人民共和国国庆日。要抓住国庆节这一重要时间节点，广泛开展“我和我的祖国”系列主题活动，通过主题宣讲、大合唱、共和国故事汇、快闪、灯光秀、游园活动等形式，引导人们歌唱祖国、致敬祖国、祝福祖国，使国庆黄金周成为爱国活动周。

"七一"党的生日、"八一"建军节等时间节点对于爱国主义教育具有重大意义。1921年7月23日至31日，中国共产党第一次全国代表大会在上海和嘉兴南湖召开，正式宣告中国共产党庄严诞生。1941年在中国共产党成立20周年之际，中共中央发出《中央关于中国共产党诞生二十周年、抗战四周年纪念指示》，提出："今年'七一'是中共产生的二十周年。"①从此，7月1日便被象征性地作为党的生日固定下来。"八一"建军节是中国人民解放军建军纪念日，定为每年的8月1日。要充分运用"七一"党的生日、"八一"建军节等时间节点，广泛深入组织各种纪念活动，唱响共产党好、人民军队好的主旋律。国家已将每年的9月3日确定为中国人民抗日战争胜利纪念日，每年的9月30日设立为烈士纪念日，每年的12月13日设立为南京大屠杀死难者国家公祭日，要在中国人民抗日战争胜利纪念日、烈士纪念日、南京大屠杀死难者国家公祭日期间，精心组织公祭、瞻仰纪念碑、祭扫烈士墓等，引导人们牢记历史、不忘过去，缅怀先烈、面向未来，激发爱国热情、凝聚奋进力量。

老一辈革命家诞辰纪念日、重大革命历史事件纪念日、各大城市解放纪念日、各民族自治区成立纪念日、香港回归祖国纪念日、澳门回归祖国纪念日等，也都具有重大的爱国主义教育意义，各级学校要结合纪念日组织的开展相关的纪念活动，激发广大青少年的爱国情怀。

（二）充分利用传统和现代节日

节日是人类社会生活中具有纪念价值和意义的时间节点，是人们在认识世界、改造世界的过程中，共同探索和创造的带有世界性、民族性和地域性特征的文化类型。重大节日体现着民族的共同情感和价值取向，是民族精神的标志和符号，在弘扬新时代爱国主义精神方面具有不可替代的重要作用，包含情感熏陶、正向激励、约束、引导与凝心聚力四重爱国主义涵育功能。我国有许多传统节日和现代节日，其中有很多富有爱国主义意

① 中央档案馆．《中共中央文件选集》（第十三册）［M］．北京：中共中央党校出版社，1991：140.

蕴，具有重要的爱国主义涵育功能，可以作为爱国主义教育的重要契机和有效载体。2013 年国务院修订颁布的《全国年节及纪念日放假办法》中规定，全体公民放假的节日包括：新年，放假 1 天（1 月 1 日）；春节，放假 3 天（农历正月初一、初二、初三）；清明节，放假 1 天（农历清明当日）；劳动节，放假 1 天（5 月 1 日）；端午节，放假 1 天（农历端午当日）；中秋节，放假 1 天（农历中秋当日）；国庆节，放假 3 天（10 月 1 日、2 日、3 日）。部分公民放假的节日及纪念日包括：妇女节（3 月 8 日），妇女放假半天；青年节（5 月 4 日），14 周岁以上的青年放假半天；儿童节（6 月 1 日），不满 14 周岁的少年儿童放假 1 天；中国人民解放军建军纪念日（8 月 1 日），现役军人放假半天。少数民族习惯的节日，由各少数民族聚居地区的地方人民政府，按照各该民族习惯，规定放假日期。①这些节日是我国传统节日和现代节日中的一部分。

新时代学校爱国主义教育教学要深挖重大节日的爱国主义涵育功能，运用好传统节日，大力实施中国传统节日振兴工程，结合传统节日加强爱国主义情怀的发掘和教育引导。2017 年 1 月，中共中央办公厅、国务院办公厅印发《关于实施中华优秀传统文化传承发展工程的意见》，将中国传统节日振兴工程列入《中华优秀传统文化传承发展工程“十四五”重点项目规划》中提出的重点项目，旨在丰富中华传统节日文化内涵，形成新的节日习俗。“我们的节日”主题活动，是为大力弘扬中华民族优秀传统文化，充分发挥民族传统节日思想熏陶和文化教育功能，深入挖掘传统节日蕴含的思想观念、人文精神、道德规范而在全国范围开展的特色主题活动。要深化“我们的节日”主题活动，通过在春节、元宵节、清明节、端午节、七夕节、中秋节、重阳节等中华民族传统节日期间开展传统民俗展示、经典名篇诵读、爱国歌曲传唱、传统技艺展演等丰富多彩、积极健康、富有价值内涵的民俗文化活动，倡导文明、健康、和谐、节俭、绿色的节日理念，培育特色鲜明、气氛浓郁的节日文化，引导广大青少年感悟

① 《全国年节及纪念日放假办法》，中国政府网.

中华文化、增进家国情怀。

新时代学校爱国主义教育教学要运用好现代节日，结合现代节日加强爱国主义教育。“五四”青年节、“八一”建军节、国庆节等具有鲜明的“红色基因”，是爱国主义的具象载体。要结合元旦、“五一”国际劳动节、“五四”青年节、“六一”国际儿童节等，开展各具特色的庆祝活动，将重大节日打造成为弘扬新时代爱国主义精神的重要载体，激发青少年的爱国主义和集体主义精神。

四、形象载体——利用好爱国主义景观工程

在新时代学校爱国主义教育教学的载体建设中，爱国主义景观工程是形象载体。新时代学校爱国主义教育教学要善用自然人文景观和重大工程，依托自然人文景观对广大青少年开展爱国主义教育，依托重大工程深化爱国主义教育，引导人们感受中国之美、时代之美，厚植爱国情怀。

（一）依靠自然人文景观组织开展爱国主义教育教学

自然景观是天然景观和人文景观的自然方面的总称。人文景观又称文化景观，是指自然与人类创造力的共同结晶，反映区域独特的文化内涵，特别是出于社会、文化、宗教上的要求，并受环境影响与环境共同构成的独特景观。自然景观和人文景观都是开展爱国主义教育的良好载体。新时代学校爱国主义教育教学要善用自然景观和人文景观，寓学生爱国主义教育教学于游览观光之中，通过宣传展示、体验感受等多种方式，引导广大青少年领略壮美河山时能切身感受到我们国家自然风光的秀丽壮美，同时又能体会到自然景观背后内涵丰富的文化底蕴，进而增强民族自豪感，并油然而生爱国情。

就自然景观和人文景观而言，中国历史悠久，拥有丰富而深厚的传统文化资源，是世界上拥有世界遗产类别最齐全的国家之一，也是世界文化与自然双重遗产数量最多的国家，周口店北京人遗址、敦煌莫高窟、长

城、陕西秦始皇陵兵马俑、北京故宫、西藏布达拉宫、四川都江堰，山东泰山、安徽黄山、四川峨眉山、福建武夷山等都是举世瞩目的文化景观或者自然遗产。新时代学校爱国主义教育教学要利用好这些自然人文景观，系统梳理传统文化资源，加强对文物古迹、传统村落、民族村寨、传统建筑、农业遗迹、灌溉工程遗产、工业遗迹等遗产资源的合理利用。

同时，学校爱国主义教育教学要利用好国家公园体制。建立国家公园体制是我国生态文明制度建设的重要内容，能够保护自然生态和自然文化遗产的原真性、完整性，对重要生态系统进行更为严格地保护，对珍稀野生动植物进行长效保护，给子孙后代留下自然遗产。2017 年 9 月，中共中央办公厅、国务院办公厅印发《建立国家公园体制总体方案》。2019 年 6 月，中共中央办公厅、国务院办公厅印发《关于建立以国家公园为主体的自然保护地体系的指导意见》。截至 2020 年，我国已经开展了三江源、东北虎豹、大熊猫、祁连山、长城、湖北神农架、武夷山、钱江源、南山、普达措 10 个国家公园体制试点。我国《“十四五”文化和旅游发展规划》提出，推进长城、大运河、长征、黄河等国家文化公园建设，整合具有突出意义、重要影响、重大主题的文物和文化资源，生动呈现中华文化的独特创造、价值理念和鲜明特色，推介和展示一批文化地标，建设一批标志性项目。学校爱国主义教育教学要对其所包含的爱国主义内容进行深度的发掘，从而达到教育引导广大青少年领略中国大好风光，感悟中华大美文明。

学校爱国主义教育教学还要积极发展红色旅游，把中国共产党在革命和战争时期的伟大成就建立起来的纪念地、标志作为载体，把它们所蕴含的革命历史、革命精神作为内容，来组织广大青少年学生进行缅怀学习、参观游览等主题性的旅游。这就要求相关红色旅游景点要促进红色旅游的内涵式发展，对国家的红色旅游典型景点进行完善，突出教育作用，对讲解员、导游等从业人员进行有效的管理和培训，对解说词、旅游项目等进行优化和规范，从而建立高素质的红色旅游人才队伍，始终保持良好的历史观和历史标准。

（二）依靠重大工程组织开展爱国主义教育

重大工程是人类文明的标志，代表时代科技进步水平，反映经济社会发展程度。在中国历史的各个年代，都留下一大批举世瞩目的重大工程，成为中华文明的物质承载和精神象征，具有直观而强大的爱国主义教育功能。以进入全国爱国主义教育示范基地名单的重大工程为例，既有八达岭长城、都江堰、敦煌莫高窟等代表中国辉煌历史的重大工程，也有故宫博物院、圆明园遗址公园等记载了中国近代命运的重大工程；既有南京长江大桥、三门峡水利枢纽工程、丹江口水利枢纽工程、秦山核电站、三峡工程、青藏铁路、矮寨大桥等见证中国发展奇迹的重大工程，也有港珠澳大桥、北京大兴国际机场等彰显当代中国发展成就的重大工程。例如，包括八达岭长城在内的长城，是中国也是世界上修建时间最长、工程量最大的一项古代防御工程。自公元前七八世纪开始，延续不断修筑了2000多年，分布于中国北部和中部的广大土地上，总计长度达5万多千米，被称之为“上下两千多年，纵横十万余里”。如此浩大的工程不仅在中国就是在世界上，也是绝无仅有的，因而在几百年前就与罗马斗兽场、比萨斜塔等列为中古世界七大奇迹之一。长城是我国古代劳动人民勤劳智慧的结晶，是中华民族的重要历史载体和精神象征。另外，中国高铁、中国天眼、载人航天、探月工程、深海工程、国产航母、华龙一号等重大科学工程、重大创新成果更是不断涌现、不胜枚举。这些都是新时代学校爱国主义教育教学的最形象、最直观、最瞩目的良好载体。

新时代学校爱国主义教育教学要依托国家重大建设工程、重大科学工程等一批展现新时代风采的主题教育基地，有计划地开展学校的实践教学、观光体验、红色旅游等活动，组织广大青少年，走进重大工程，体验大国重器，在重大工程实地看到行业发展成就、科技发展成就、祖国发展成就、民生改善成就，聆听建设者亲身讲述重大工程背后感人至深的爱国奋斗故事，从而感受中国力量，体悟责任担当，厚植爱国情怀。

第三节 新时代爱国主义教育教学的保障体系建设

一、加强学校的组织领导

加强学校的组织领导，学校要从实际出发，重视学生的爱国主义教育教学。要形成学校党委书记为第一责任人，各分管单位齐心协力、各学科教师广泛参与的爱国主义教育教学组织架构。首先，学校就目前对学生进行的爱国主义教育的现状进行调研分析，包括目前学校开展的爱国主义教育的内容、采用的教学方式以及教育的载体等。其次，学校要根据自身、学生的特点，以及时代的要求，对当代学生的爱国主义教育内容进行与时俱进的补充；再次，对目前学校开展的爱国主义教育的方式、载体进行进一步的健全与改进，要注意在学校开展的爱国主义教育进程中，采用一些更容易被学生所接纳、喜爱的实践性方式与新媒体手段。通过这种方式，能够把课程中的爱国主义理论与实际教学进行有效的融合，达到将理论与实践相融合的目的，从而提升学生爱国主义教育的有效性。与此同时，在对爱国主义教育有关理论研究方面，学校应该更多地重视对学生爱国主义意识、爱国主义情感和爱国主义行为进行研究并进行实践培育。学校只有根据目前的爱国主义教育教学实际，逐步提高教育的有效性，才能逐步地改变一些学校对学生进行爱国主义教育流于形式的问题，从而有助于学校更好地进行学生的爱国主义教育教学。

二、构建师资队伍保障机制

（一）加强学校班级管理者的综合素质

在校园里开展爱国主义教育的一个重要前提就是建设有德才兼备的师

资队伍。在学校，爱国主义教育通常由班主任、思想政治课教师、党群办公室管理人员和学校特聘的专家学者等构成。其中与学生密切接触的是班主任和思想政治理论课的教师，他们在爱国主义教育中发挥着主导作用，特别是要关注班主任这支力量。但由于班主任要负担很多的事务性工作，可能会对学生爱国主义教育引导存在不足的情况，学校要充分重视这支队伍的培训与理论提升，从而能够更好地开展爱国主义教育。

（二）提高学校思想政治教育者的综合素质

思想政治教育者的综合素质，要着重从以下三个方面去不断提高。

1. 树立对学生爱国主义教育的正确认识

（1）思想政治理论课教师应该对学生爱国主义教育理念有正确的认识。思想政治理论课老师是对学生进行爱国主义教育的主要指导者，只有对学生爱国主义教育有一个准确、完整的理解，才能对学生进行适当的指导。思想政治理论教师应该正确认识学生爱国主义教育理念，例如，在进行爱国主义教育的时候，应当以学生为中心，尊重他们的主体地位，让他们的主体性得到最大程度的发挥，让自己成为爱国主义教育的主要引导者，而不是主导者。

（2）思想政治理论课教师要明确学校思想政治理论课教学对学生爱国主义教育的培养目标。比如，“立德树人”是学校爱国主义教育的一个主要目标，就是要把学生培养成一个有理想、有能力、有责任感的时代新人；也要把培养“圆梦人”作为学校爱国主义教育的培养目标之一，让学生将自己的理想融入中国梦当中，为中国梦的实现贡献力量。在学校爱国主义教育教学中，思想政治理论课教师应意识到自己的责任和使命，就是为国育才，为党育人。

（3）思想政治理论课教师要正确认识学生爱国主义教育的任务。比如，为了实现中国梦，爱国主义教育要将学生培养成可以承担起中华民族伟大复兴重任的爱国者，因此，思想政治理论课程的老师要对学生的爱国主义教育理念、目标和任务等都要有一个准确的理解和把握，从而有效地改变一些思想政治理论课程老师对学生进行爱国主义教育仅仅是为了完成任务的错误观念，只有教育者本身能够端正认识，这样才可以帮助学生建立起对爱国主义的正确理解。

2. 增强对学生爱国主义教育的责任感

无论是在思想政治理论课程中，还是在学校的管理中，都要加强学生的爱国主义教育工作。

（1）思想政治理论课程的老师要加强对学生爱国主义情怀的培养，把爱国主义理论的学习放在第一位，同时，还要加强学生爱国主义的实践教学，培养他们运用爱国主义知识进行爱国主义实践的能力。除此之外，还应适时关注在爱国主义教育教学中学生爱国情感、态度及价值观发生的重大改变，并对其进行适当的思想引领和指导。

（2）学校管理者也要加强对学生爱国主义责任意识的培养，要改变教育观念，不要认为给学生进行爱国主义教学是只是思想政治理论课教师的责任，而是要主动承担自己身为学校管理者的责任。比如，积极地前往其他做得较好的学校进行学习，并将他们在实践中所取得的有益的成果和效果，与本校实际相联系，在此基础上，进一步地对本校爱国主义教育工作进行改进。增强对学生进行爱国主义教育的责任感，这对于改变一些思想政治理论课老师只是为了满足他们的工作需要的思想观念，对于改变一些学校管理者对爱国主义教育口头重视而实际不重视的现状有着重要的现实意义。

3. 提高对学生爱国主义教育的反思和终身学习意识

思想政治理论课老师要不断提升自己的爱国主义教育教学水平，就要重视自己对学生爱国主义教育教学的反思和践行终生学习意识。

（1）思想政治理论课老师要加强自身爱国主义教育教学的反思意识。在开展爱国主义教育教学过程中，思想政治理论课教师要进行前中后的反思。在进行爱国主义教育教学之前，在进行仔细备课的同时，对自己备课过程中发现的教学难点和重点问题要进行思考，并在教学的时候尽量加以改善。在进行教学的过程中，思想政治理论课老师要对学生在爱国主义教育教学中的学习状况进行观察，根据学生的反应及时调整教学进度和内容的重难点。在爱国主义教育教学结束之后，思想政治理论课老师应当仔细地审视自己在爱国主义理论讲解时，是否系统深刻，要及时了解学生对教学的评价和反馈，并根据学生的反馈和其他教师的同行评价，对自己的教学内容进行深刻的教学反思。思想政治理论课老师要在学校爱国主义教育教学之后，跟踪观察学生的表现，看有没有帮助学生形成良好的爱国主义行为。这样，对学生进行爱国主义教育教学的效果才能逐步地提升。

（2）提高爱国主义教育教学的终生学习意识。俗话说“学无止境”，思想政治理论课老师要不断地完善自己的教学理念和知识结构，提高自己的专业水平，以适应时代发展的要求，满足学生爱国主义教育教学的需求。这对解决一些思想政治理论课老师如何保持教学的主动性、积极性和教育主体意识，保持与时俱进的爱国主义教育教学所需要的开放性的创新思维，都是有益的。

三、加大爱国主义教育经费投入的比重

在进行学校爱国主义教育教学时，要注意增加相关教育经费投入的比例。在学校的教学资金十分有限的情况下，要对这些资金进行科学、正确的配置，才能充分发挥这些资金的效能。要提高学校对爱国主义教育教学的投资比例，就要依靠国家财政资金和其他的社会资源，采取多种措施筹集教育教学所必需的资金。

一是要重视在国家和地区财政预算中，对学校进行爱国主义教育教学的资金投入；其次，要想发设法调动调动社会资源，为学校的爱国主义教育提供资金支持。学校在获得了足够的经费以后，接下来要做的就是将这些资金进行有效的分配。将爱国主义教育教学经费充分利用起来。例如，可以把一些教育资金用在爱国主义的教学改革上，对现行的爱国主义的教育方式和教育载体进行持续的改进和充实；也可以将一些教育经费投资于思想政治理论课老师对学生的爱国主义教育研究方面，并对目前进行的爱

国主义教育内容进行更新和充实。可以说，增加对学生进行爱国主义教育教学的经费支持，可以有效地提升学生爱国主义教育教学的质量。

四、建立爱国主义教育实践基地

为使在校园中所学的爱国主义有关理论可以被更好的应用，国家和社会应该将新时代需求和学生的现实情况相联系，对爱国主义教育实践基地进行建设和健全，从而更好地促进其在社会中的爱国主义教育实践过程中作用发挥。可以从学生的现实需求出发，将爱国主义教育基地分为公益性、名人故居、服务基地等，从而可以有针对性地对学生进行爱国主义实践教育。为让学生可以在较长时间内，持续有效地参与，学校应该与社会爱国主义教育实践基地的相关部门，形成长久而密切的合作关系，与此同时，社会相关单位也应该积极地与学校爱国主义教育实践开展相配合。如积极配合学校在爱国主义教育实践基地开展以爱国为主题的系列实践活动；如学校可以充分利用寒暑假时间组织学生进行红色旅游、参观纪念馆和博物馆、到烈士陵园扫墓、瞻仰烈士等。这样的爱国主义教育基地实践可以使学生在参与爱国主义实践的过程中，自觉接受爱国主义教育的熏陶，从而引导其逐渐形成良好的爱国行为。积极发挥爱国主义教育实践基地的作用，有利于解决当前学校爱国主义教育教学实践教学不充分的问题。

五、积极发挥新媒体传播优势

在互联网飞速发展的今天，人们的思想观念、价值观受到了网络极大影响。在互联网环境下，学生可以获取更多的信息，因而更容易受到网络上各种思潮和舆论的冲击。因此，要占领思想制高点，用社会主流价值观在意识形态领域引导作用，培育公民的自觉意识。在夺取爱国主义教育教学先机上，新媒体有其独特的优点，学校可以利用有关网络技术，及时更好地掌握学生思想的实际状况。在新时代，要对学生有效的爱国主义教育，就要将互联网对学生的影响和作用进行有效的利用，从三个角度让他们认识到自己应该如何做人、做什么人，即什么是可以做的、什么是应该做的、什么是必须做的。要让新媒体在宣传、营造正确舆论方面的作用得到充分的发挥，要在网络上采取“互联网+爱国主义教育”方式拓展爱国主义教育的途径，采取广大青少年易于接受的方式进行爱国主义教育教学，这样才能让爱国主义教育教学的学习效果得到更大程度的提高。

（一）更新完善教育素材，提高爱国主义教育内容的时代性

将互联网上的爱国主义教育与学生的特点相联系，对其进行深入的研究，做到从学生的差异化需要入手，充分考虑到他们的个人喜好，并以其为依据，制定差异化的教育计划，以个性化和定制化的教育方式来提升教育的效果。

通过对学生爱国主义教育教学现状的研究，发现学生爱国主义教育教学内容还有待改进。许多学生容易被网上的消极评论所感染，极易被其所误导和鼓动，有的学生没有能够做到理智的爱国，反而会以极端的方式来表现自己的爱国主义情怀。所以，利用新媒体技术进行爱国主义教育教学，一定要准确地掌握学生的年龄段特点以及他们的内在需求，以此为依据，持续地对教育素材进行更新、完善，从而提升爱国主义教育内容的时代性和针对性。爱国主义教育要与学生的实际需要相联系，针对一些时候他们可能会出现的一些不合理的爱国行为，来制作推荐一些更容易让他们接受，并在网络上传播的音频、网络文章、微电影等来引导他们的思想观念。利用由政府和学校共同开发的论坛、微信等网络平台，来占领网络上的爱国主义教育宣传阵地，让网络上的爱国主义教育资源得到不断充实，同时还可以将这些教育资源中传播的正能量进行充分的利用，有针对性地对学生进行合理的引导，让爱国主义充盈整个网络空间。在进行爱国主义教育教学时，要以学生们所关心的热点问题作为切入点，将这些热点问题转变成了爱国主义的教育材料，并利用互联网直播等手段，让学生们能够

积极地参与进来，敢于发表自己的看法，并在师生网络互动过程中接受爱国主义教育。思想政治理论课老师要善于运用马克思主义的基本原理，解决当前学生在政治上的迷茫与心理上的忧虑，从而使其树立正确的政治立场、成为理性的爱国主义者。

（二）提升教师网络素养，强化爱国主义教育的队伍建设

学校教师要始终坚守教育者先受教育的原则，要做优秀的思想文化传播者，做党执政的坚强拥护者和宣传者，要更好地承担引导学生健康成长的指导者和引路人职责。在学校中，思想政治理论课教师是进行爱国主义教育的关键，他们在整个教育过程中处于主导的位置。因此，在新媒体环境中，作为一名思想政治教育工作者，作为思想政治理论课教师，要具有网络思维，要能够熟练地运用相关网络技术，要能够运用新媒体手段来实现精准教育、高效教育，提升爱国主义教育教学的成效，这样才能更好地满足新时代学生的爱国主义教育教学工作的需要。

（三）加强网络空间治理，营造爱国主义教育的有利环境

在新媒体时代，每个人都有发表自己看法的渠道，网上各种观点形成的各种舆论可谓是鱼龙混杂，这就使得互联网的生态环境变得更为复杂。如前所述，如今我们国家已经拥有十亿以上的互联网用户，互联网的快速发展使得各种信息在互联网上得以更便捷的传播，从而对人们的思想观念、道德情感都有着深刻的影响或者冲击。因此，我们需要净化互联网环境。作为信息的接收方和传播方，应对网络上言论加强意识形态管控，并对那些有损于国家荣辱、否定中华优秀文化的不当言论和行为进行坚决的清理。在新媒体环境下，应加强对学生政治立场和政治素养的培养。只有这样，在面临比较复杂的舆情形态时，才能够坚定立场，面对互联网的乌烟瘴气，能够发挥正能量的作用，与整个社会一道，为构建一个天晴气朗的舆情氛围而努力。网络不是法外之地，只有加强对互联网的监管，创造一个良好的互联网氛围，对学生和广大青少年进行网络爱国主义教育才能

形成一个有利的环境。

（四）强化媒体阵地建设，占领爱国主义教育的网络场域

习近平总书记指出，网络是社会信息交汇的大平台，无数的网民通过网络获取信息、交流信息，将对他们的求知途径、思维方式、价值观念产生重大的影响，尤其对他们如何看待世界、看待国家的发展、看待人生的观点产生着重大的影响。

新型媒体环境下，特别是在互联网技术迅猛发展的背景下，互联网对广大青少年学生的价值理念和行为规范更是产生了深远的影响。因为学生时期心理还很不成熟，很容易受到互联网环境的影响。因此，学校要对全媒体发展趋势展开深入的研究，借助强有力的媒体阵地，进行多样化的思想教育，让爱国主义的思想和精神在互联网中飞扬，占领互联网的主战场，这样，才能以强有力的舆论力量，对学生的爱国主义思想进行引领，对他们的爱国主义情怀进行培育。

第四节　新时代爱国主义教育教学的目标、方法与途径

一、新时代爱国主义教育教学的目标

牢牢扎根学生头脑是加强爱国主义教育的重要目标。《新时代爱国主义教育实施纲要》指出，要把青少年作为爱国主义教育的重中之重，将爱国主义精神贯穿于学校教育全过程，推动爱国主义教育进课堂、进教材、进头脑。其中，推进爱国主义教育进课堂是方法，进教材是途径，进头脑是目标。

推动爱国主义教育进头脑首先要把握人的价值观的形成规律。人的认知过程是指人脑通过感觉、知觉、记忆、思维、想象等形式反映客观对象

的性质及对象间关系的过程。人的价值观形成过程是人类在认识、改造自然和社会的过程中逐步形成对事物的价值的总看法和根本观点的过程。思想政治教育是做人的工作，是引导学生形成国家观、民族观、历史观、文化观等价值观的过程。爱国主义精神的培育过程就是通过教育引导等工作手段，让教育对象逐步对爱国主义的价值理念有所认知、乐于接受和主动实践的过程，就是爱国主义精神入脑入心的过程。社会主义教育要始终坚持目标导向，紧扣“为谁培养人，培养什么样的人，怎样培养人”这一根本问题开展好爱国主义教育，努力培养爱国主义的坚定信仰者和忠实实践者。

新时代爱国主义教育要把握教育对象爱国主义观念形成的内在规律，立足日常、注重经常、用好平常，把开展深入、持久、生动的显性爱国主义教育与开展融入式、嵌入式、渗入式的隐性爱国主义熏陶有机结合，强化爱国思想的持续涵育和爱国情感的厚植培养，推动爱国主义精神在学生心中牢牢扎根。要找准教育工作规律、爱国主义教育规律和青少年身心成长规律的结合点，着力将爱国主义理论体系转化为价值体系，将知识体系转化为认知体系，将规范体系转化为行为体系，为爱国主义教育明确路径、提供动力。

二、新时代爱国主义教育教学的方法

（一）推动爱国主义教育进课堂

今天的广大青少年学生是学校教育的对象，也是未来国家建设的生力军和主力军。推进改革开放更高质量发展，并以中国式现代化推进中华民族伟大复兴，都需要一批批德才兼备的人才，人才是第一资源。但国无德不兴，人无德不立。各层级学校教育的首要的根本的任务是立德树人。在各种各样的学校教育活动中，课堂教学是最基本、最重要和最稳定的教育活动，是学校进行爱国主义教育的主渠道。爱国主义教育时课堂教学的主线和红线，课堂教学理应发挥爱国主义在各级各类学校教育中的主渠道作用。[①]《新时代爱国主义教育实施纲要》也明确指出，要“充分发挥课堂教学的主渠道作用”[②]。

在新时代这一大历史背景下，爱国主义教育要充分利用好课堂教学这一主要渠道，在各层级学校中，把爱国主义教育同其他课程进行有机地融合，增加爱国主义教育内容所占的比例。在对学生进行爱国主义教育教学时，要对爱国主义教育的形式进行创新，对课程内容进行丰富、优化，同时还可以对课程进行各种形式的开发，比如微课、微视频，以及在线课程等，同时还可以开发出一些能够反映爱国主义教育教学要求的艺术作品等，从而进一步增强爱国主义教育教学的吸引力、感染力。在对学生进行爱国主义教育教学时，要坚持“思政课程”与“课程思政”并驾齐驱，将思想政治工作与爱国主义教育教学进行有机结合，推进“三全育人”的有效实施，以社会主义核心价值观进行引领，贯穿教育教学的全过程，形成育人长效机制。要以政治认同、文化素养、道德修养等核心内容，结合教育阶段的不同特征，充分发掘出每一门课程中所包含的爱国主义教育要素，以及它们所具有的爱国主义教育作用，加强知识的道德教化作用，建立起将爱国主义教育教学与知识体系教育教学结合起来的育人机制。

（二）推动思想政治理论课教育改进创新

在新时代爱国主义教育的阵地中，思想政治理论课是主阵地，地位、作用至关重要。思想政治理论课是思想政治教育和爱国主义教育的显性课程，要坚持问题导向和目标导向相结合，坚持守正和创新相统一，要理直气壮地开好思想政治理论课，推动思想政治理论课建设内涵式发展。新时代爱国主义教育要着力加强思想政治理论课建设，推动思想政治理论课教育形式、教育方法、教育内容改进创新，让思想政治理论课爱国主义教育

① 本书编写组．《新时达爱国主义教育实施纲要》学习读本［M］．北京：人民出版社，2020：211-212.

② 中共中央，国务院．新时代爱国主义教育实施纲要［N］．人民日报，2019-11-13.

主阵地作用落地见效。

近年来，“课程思政”的教育理念受到普遍重视。“课程思政”这一概念在2014年由上海市教育委员会提出并在上海的一些高校进行了试验，取得了较好的成效。“课程思政”的本质不在于增加一节课或增加一次活动，而在于把学生的思政意识与学生的思维融合到课程教学的各个环节、各个方面中去，使学生在不知不觉中达到立德树人的目的。以“知识教导与价值引导相融合”的课程目标为核心，对显性思政进行加强，对隐性思政进行提炼，从而建立起全课程育人的教学体系。课程思政将思想政治教育的理论知识、价值理念以及精神追求等内容，与各学科相结合，在潜移默化中对学生的思想意识、行为举止产生了深远的影响作用。课程思政本质上是一种教育，目的是实现立德树人。根据“思政课程”教育理念，学校的每一门课程、每一类课堂都与爱国主义教育紧密结合，都承担着爱国主义教育的明确任务，都要充分体现爱国主义的精神意蕴和价值追求。无论是传统课堂还是网络课堂或是实践课堂，都应成为开展爱国主义教育的生动课堂。教师承载着传播知识、传播思想、传播真理，塑造灵魂、塑造生命、塑造新人的时代重任。要切实加强各学科教师队伍建设，发挥教师的积极性、主动性、创造性，不断提升课堂教学水平，打造一批具有家国情怀的优质课、精品课、一流课，为爱国主义教育教学夯基垒台、立柱架梁。

1. 思想政治理论课对爱国主义教育的作用

思政课对于大中小学来说都是一门非常重要的课程，是用一定政治观点、道德规范，对教育对象进行有目的、有计划、有组织的教育引导，使他们形成符合一定社会所要求的思想品德和政治立场的社会实践活动。思想政治理论课作为爱国主义教育教学的主阵地，是一个非常好的意识形态教育的平台，可以用来加强马克思主义的指导地位，可以用来继续保持社会主义的办学方向，可以用来贯彻党的教育方针，也可以用来培养中国特色社会主义的合格建设和可靠接班人，可以用来实现立德树人的基本目标，也可以用来对学生进行社会主义核心价值观的教育，帮助学生树立起正确的三观。党对思想政治课程的建设一直给予了极大的关注。在革命、建设和改革的各个历史阶段，党都对高校思想政治教育的建设作出了重大部署。新时代以来，党更是高度关注思想政治理论课建设。2019 年 3 月 18 日，习近平总书记在学校思想政治理论课教师座谈会上更是强调："青少年是祖国的未来，民族的希望。我们党立志于中华民族千秋伟业，必须培养一代又一代拥护中国共产党领导和我国社会主义制度、立志为中国特色社会主义事业奋斗终身的有用人才。在这个根本问题上，必须旗帜鲜明、毫不含糊。这就要求我们把下一代教育好、培养好，从学校抓起，从娃娃抓起。在大中小学循序渐进、螺旋上升地开设思想政治理论课非常必要，是培养一代又一代社会主义建设者和接班人的重要保障。"《新时代爱国主义教育实施纲要》中再次强调"思想政治理论课是爱国主义教育的主阵地"这一重要论断，揭示了思想政治理论课与新时代爱国主义教育的内在关系，明确了思想政治理论课的重要使命和爱国主义教育的核心路径，为推动思想政治理论课与爱国主义教育共建互促、协同发力指明了方向。爱国主义教育是在思想灵魂里搞建设，是一项影响广泛、惠及长远的系统工程。在爱国主义教育系统工程的整体框架中，学校思想政治理论课地位凸显、至关重要，是爱国主义教育的主阵地。思想政治理论课爱国主义教育主阵地的内涵十分丰富，主要体现在承担首要任务、承载主体功能、发挥重大作用三个方面。

思想政治理论课承担着爱国主义教育的首要任务。青少年阶段是接受爱国主义教育的最佳时期。新时代加强爱国主义教育要面向全体人民、聚焦青少年。全面培养、持续涵育青少年的爱国情、强国志、报国行，着力培养担当民族复兴大任的时代新人，是爱国主义教育的重中之重，也是爱国主义教育的首要任务。学校思想政治理论课的教育对象正是青少年，正是爱国主义教育的首要群体。而且，思想政治理论课的教育目标与爱国主义教育内在一致，教育内容与爱国主义教育密切相关，教育范畴与爱国主义教育深度契合，教育方法与爱国主义教育一脉相通，教育资源与爱国主义教育高度协同，教育效果与爱国主义教育相互促进。因此，思想政治理论课始终是爱国主义教育的重要方式和关键领域，办好思想政治理论课意义重大。

思想政治理论课承载着爱国主义教育的主体功能。新时代爱国主义教育的主体功能是培养爱国之情、砥砺强国之志、实践报国之行，使爱国主义成为人们的坚定信念、精神力量和自觉行动。思想政治理论课有着鲜明的政治属性，贯穿着国家意志和社会主义核心价值观，是落实立德树人根本任务的关键课程，具有丰富的爱国主义教育内在功能。政治引导是思想政治理论课的基本功能。思想政治理论课的爱国主义教育功能具体体现在爱国主义思想建设、爱国主义知识教育、爱国主义精神弘扬、爱国主义情感激发、爱国主义志向培育、爱国主义行为养成等方面。同时，思想政治理论课还以其集中统一性和专业系统性，成为发展爱国主义教育基本理论、培育爱国主义教育关键群体、统合爱国主义教育整体资源的枢纽环节，在全社会爱国主义教育整体工作中的关键地位不可替代。

思想政治理论课发挥着爱国主义教育的重大作用。学校是意识形态工作的前沿阵地，思想政治理论课是铸魂育人的第一课堂。在爱国主义教育方面，思想政治理论课发挥着政治引领、思想引导、价值塑造、精神涵育、行为规范等多个层面的重要作用。明确思想政治理论课爱国主义教育主阵地地位，有利于推动思想政治理论课与爱国主义教育的有效贯通，实现两者同频共振、共建互促。以爱国主义教育为重要目标办好学校思想政治理论课，进一步加大思想政治理论课爱国主义教育内容比重，优化教育方式，提升质量效果，确保思想政治理论课爱国主义教育主阵地作用充分发挥，这不仅是全面提升学生思想政治素质和爱国主义情怀的现实举措，也是培养时代新人的内在需要，更是落实立德树人根本任务和爱国主义教育根本目标的重大部署。

新时代爱国主义教育要强化思想政治理论课主阵地意识，把爱国主义教育贯穿于思想政治理论课全过程，始终把爱国主义教育作为永恒主题，更加突出爱国主义教育鲜明主线对思想政治理论课教育教学的统领作用，让爱国主义精神成为思想政治理论课的主旋律。习近平总书记强调，讲思想政治理论课，要让信仰坚定、学识渊博、理论功底深厚的教师来讲，让有信仰的人讲信仰，才能讲得有底气，要讲深讲透讲活，才能有效引导学生真学、真懂、真信、真用。要按照政治强、情怀深、思维新、视野广、自律严、人格正的要求，加强思想政治理论课教师队伍建设，建设一支可信、可敬、可靠，乐为、敢为、有为的思想政治理论课教师队伍，理直气壮开好思想政治理论课，引导学生把爱国情、强国志、报国行自觉融入坚持和发展中国特色社会主义事业、建设社会主义现代化强国、实现中华民族伟大复兴的奋斗之中。

2. 推动思想政治理论课教育改进创新

思想政治理论课程具有政治性、学术性和专业性等特征。在思想政治课程的教学目标、课程设置、教材使用、教学管理等方面，都有统一的规定，但是在实施过程中，要根据实际开展教学工作，要积极探索各种方式和途径提高教学的实效性。但要在教学实践中严格贯彻统一性的规定，思想政治理论课的老师要以统一的马工程教科书为教学的基础，保证教学的规范性、科学性和权威性，但也要有创造性地开展教学。习近平总书记指出，爱国主义教育要“不断丰富教育内容、创新教育载体、增强教育效果”，思想政治理论课要“及时更新教学内容、丰富教学手段。”思想政治理论课爱国主义教育教学是一项非常有创造性的工作，思想政治理论课教师给予学生的不应该只是一些抽象的概念，而应该是观察认识当代世界、当代中国的立场、观点、方法。更好发挥思想政治理论课爱国主义教育主阵地作用，要求思想政治理论课建设向改革创新要活力，在实践中改进和创新思想政治理论课爱国主义教育的呈现形式、表述方式和话语体系，统筹好政治与学理、价值与知识、建设与批判、理论与实践、统一与多样、主导与主体、灌输与启发、显性与隐性的关系，推动教育形式、教育方法、教育内容更加富有时代性和实效性。

推动思想政治理论课教育改进创新重点是推进以下四方面工作。

一是在教育形式上统筹办好各类课堂。针对课堂教学的系统性优势，着力拓展思想政治理论课爱国主义教育的思想深度和理论深度，讲深讲透爱国主义的精神谱系和理论体系，为引导学生树立国家意识、增进爱国情感筑牢思想理论根基。针对网络教学的开放性优势，着力拓展思想政治理论课爱国主义教育的时间维度和内容广度，智慧展现爱国主义的广博资源和海量素材，为学生全时、全域接受爱国主义教育提供良好的基础条件。针对实践教学的体验性优势，着力拓展思想政治理论课爱国主义教育的空间场域和教育场景，直接激发爱国主义的真实感触和真切情感，为促进思想政治理论课爱国主义教育取得实效开辟多元有效路径。依托思想政治理论课逐步构建起以课堂教学为主渠道、网络教学为新渠道、实践教学为大渠道的新时代爱国主义教育体系，让思想政治理论课爱国主义教育主阵地作用落地见效。

二是在教育方式上协同用好多种方法。思想政治理论课爱国主义教育要坚持守正创新，在使用好、发展好灌输等基本教育方法的同时，要更加注重启发式教育，发挥多方法组合的乘数效应。重点是探索案例教学、探究教学、体验教学、互动教学、专题教学、分众教学、情景教学、实践教学、在线教学等新方法，研究每种方法的适用内容、应用场景和组织方式，提升思想政治理论课教学方法的丰富性。要善用微课、慕课、微视频、融媒体等现代化教育手段，积极引入音乐、影视、戏剧、图书等文化艺术形式，增强爱国主义教育的吸引力、感染力。要保持思政小课堂与社会大课堂的有效衔接，用好纪念馆、展览馆、教育基地等各类“硬的”资源和社会实践、志愿服务、庆典仪式等各类“软的”活动，发挥各类爱国主义教育资源合力，让思想政治理论课爱国主义教育主阵地作用不断放大。

三是在教育内容上及时讲好当代故事。要紧跟时代发展步伐，不断丰富思想政治理论课爱国主义教育内容，在全面讲好爱国主义优良传统和革命、建设、改革各时期爱国主义重要内容的同时，深入挖掘爱国主义的时代内涵，及时讲好当代中国的爱国主义新鲜内容。要在思想政治理论课上宣传贯彻好新时代爱国主义的最新理论成果和实践成果，阐释好中国精神、中国价值、中国力量的爱国主义深厚意蕴，讲述好脱贫攻坚精神、伟大抗疫精神、载人深潜精神、工匠精神等当代精神饱含的家国情怀。要善用正在发生的故事、大家身边的榜样、当代中国的实践，及时准确地诠释爱国主义的深邃内涵、彰显爱国主义的永恒价值、展现爱国主义的蓬勃力量，以思想政治理论课的持续改进创新助力爱国主义教育永葆生机活力，让思想政治理论课爱国主义教育主阵地作用持续发挥。

四是在教育体系上注重实现学段衔接。要把思想政治理论课爱国主义教育贯穿国民教育全过程，统筹好小学阶段、初中阶段、高中阶段、大学阶段的教学体系和课程设计，实现循序渐进、不断深化、有序衔接。从思维发展过程来看，人的思维经历了从具象思维到抽象思维不断发展的过程，小学阶段以具象思维见长，中学阶段处于具象思维向抽象思维过渡阶段，而大学则是抽象思维充分发展的阶段。所以，在小学的教学中，重点是对道德情感的培育，从而使他们形成爱党、爱国、爱社会主义、爱人民、爱集体的感情，让他们拥有成为社会主义建设者和继任者的良好意愿。在初中时期，重点是要夯实思想根基，指导学生将党、祖国、人民放在心里，具备成为社会主义建设者和接班人的观念；在高中阶段，注重提高学生的政治素质，并对其进行指导，从而对成为一名社会主义建设者和继任者，形成对政治认可。在大学这个时期，重点是要强化使命担当，并学生其进行引导，让他们能够坚定地听从党话，跟着党走，争取成为一个社会主义合格建设者和可靠的接班人。

三、新时代爱国主义教育教学的关键途径

将爱国主义教育系统写入学科教材是加强爱国主义教育的关键途径。教材又称课本，它是依据课程标准编制的、系统反映学科内容的教学用书，教材是课程标准的具体化，它不同于一般的书籍，通常按学年或学期分册，划分单元或章节。把爱国主义教育写进教材，必须先系统写入思想政治理论课教材。思想政治理论课的教材必须是彰显爱国主义精神的教材，同时还要努力成为爱国主义教育教材体系中最系统、最深入、最权威

的教材。要将爱国主义的重要知识谱系和核心价值要求充分体现在中小学思想政治理论课的相关教材里，分解落实到高校思想政治理论课的“马克思主义基本原理”课、“思想道德与法治”课、“中国近现代史纲要”课、“毛泽东思想和中国特色社会主义理论体系概论”课、“形势与政策”课、“习近平新时代中国特色社会主义思想概论”课等的教材中，为系统规范、科学权威的教学工作提供依据。

把爱国主义教育写进教材，同时要有机写入各学科教材。中小学教育、职业教育、高等教育都会开设很多课程，每一类课程、每一门课程都有其特定的教育内容、教学任务和专门教材。据不完全统计，截至2020年12月，我国在用的全国各级学历教育教材已近19万种，其中，基础教育类教材近1万种，职业教育与继续教育类教材近8万种，高等教育类教材近10万种。“十三五”期间，我国正式出版的、版权页标注“教材”字样的高校新增教材数量达4.3万余种。尽管教育形式和教材课本种类繁多，但从贯彻落实党的立德树人的教育方针的角度看，无论是中小学教育、职业教育，还是高等教育，都是社会主义教育事业的组成部分，都担负着爱国主义教育的基本职责。因此，除了思想政治理论课以外的其他各类课程、各门课程的教材，也都要根据实际采取适当方式体现爱国主义的价值要求，尤其不能出现违背爱国主义精神的内容。要大力推广和规范使用国家通用语言文字，优化爱国主义教材内容体系，推出反映爱国主义内容的高质量教辅读物。通过把爱国主义教育写进教材，逐步形成纵向多级贯通、横向多课联动，结构化、系统化的爱国主义教材体系和层次化、一体化的爱国主义教学系统，不断为爱国主义教育夯实载体、拓宽途径。

第九章　新时代大学生爱国主义情怀的培育

2018年9月10日，习近平总书记在全国教育大会上谈到如何培养社会主义建设者和接班人时强调："要在厚植爱国主义情怀上下功夫，让爱国主义精神在学生心中牢牢扎根。"① 我国高等教育的根本任务是立德树人，为党和国家培养合格的社会主义建设者和接班人。合格的社会主义建设者和接班人首先必须是一个爱国者，而成为一个爱国者，首要的是要有爱国主义情怀，要有爱国心，报国情和强国志。在新时代，厚植大学生爱国主义情怀具有怎样的价值意蕴？大学生爱国主义情怀的基本内涵有哪些？如何培育大学生爱国主义情怀？这些都是高校教育工作者无法回避且必须研究的现实课题。

第一节　大学生爱国主义情怀培育的价值意蕴及内涵

一、新时代大学生爱国主义情怀培育的价值意蕴

"情怀"本身是一个中性词，辞海解释为"心情、心境"。而"情

① 习近平在全国教育大会上强调 坚持中国特色社会主义教育发展道路 培育德智体美劳全面发展的社会主义建设者和接班人［N］. 人民日报. 2018-09-11（1）.

怀”与“爱国主义”结合起来，则使得“情怀”具有了高尚性和道德性。爱国主义情怀作为一种高尚的道德情操，体现了其在思想、情感和行动方面的指引性。在新时代对大学生进行爱国主义情怀培育，无论是对大学生个人，还是对社会、民族和国家都具有重要的价值意蕴。

（一）爱国主义情怀是青年大学生的立德之基

习近平总书记指出：“爱国，是人世间最深层、最持久的情感，是一个人的立德之源、立功之本……我们常讲，做人要有气节，要有人格。气节也好，人格也好，爱国是第一位的。”① 由此可见，爱国是中华儿女的一项基本美德，是中华儿女维护国家统一、捍卫民族尊严、陶冶道德情操、砥砺道德品性的有效形式。

自古以来，中国历代先贤都强调“内圣外王”的人格修行，强调从正心开始的修身齐家治国平天下的“家国情怀”道德格局。在今天，爱国主义情怀是新时代大学生追求理想人格的道德底色。大学生在大学阶段，生理方面已经成熟，但心智方面却并未完全成熟，正处于从不成熟向成熟发展的关键过渡期，其人格的发展和完善依然具有很强的可塑性。这个阶段的大学生随着学习范围的不断扩大，其社会阅历也不断增加，开始思考个人前途与社会关系，开始更多地关注国计民生，但其思想容易偏激，容易受社会上非主流观念甚至错误思潮的影响。在这样的“拔节孕穗”关键期，高校落实立德树人根本任务的着力点即在于培养大学生的爱国主义情怀，需要在大学生的内心深处厚植爱国主义情怀，让其成为大学生道德理想的根基。大学生爱国主义情怀的培育，绝非仅仅是理论知识的简单灌输和接受，更在于人格的养成。大学生对国家利益的自觉维护，对国家形象的自觉呵护，对祖国的忠诚与无比热爱，以及为人民的利益、国家的发展奉献自己的青春力量等应有的道德品格通过其深厚的爱国主义情怀表现出来，将使得大学生爱国主义素养得以升华，

① 习近平：在北京大学师生座谈会上的讲话［N］．人民日报．2018-5-3（2）．

从而为大学生健康的道德人格“铸魂”。

（二）爱国主义情怀培育有利于提升大学生的社会责任感

在中国几千年的历史长河中，爱国主义是中华民族之心和民族之魂，是中国人几千年来积累下来的最宝贵的、重要的文化遗产。就像习近平总书记所说，从古至今，爱国主义一直在中华民族的血液里流动着，它是抹不去、击不碎、消不灭的，它是中国人民、中华民族捍卫自己国家独立自主、民族尊严的精神力量。可以说，自古以来，中华儿女就有着浓厚的爱国主义情怀。在中国的历史上有“国之不存，毛将焉附”“先天下之忧而忧，后天下之乐而乐”的忧国忧民情怀，有“遥望中原怀故土，近观落叶总归根”这样的心怀祖国的深情表白，有“苟利国家生死以，岂因祸福趋避之”“天下兴亡，匹夫有责”“国有难，汝当为先锋”的豪情担当，有“砍头不要紧，只要主义真”“铁肩担道义，妙手著文章”的坚贞和侠气，也有“天下为公”“公而忘私，国而忘家”的为国为民风范。从苏武持节牧羊，岳飞精忠报国，到郑成功抗击侵略者收复台湾，再到钱学森克服千难万险回国成为两弹一星功勋，无不寄托着华夏儿女和先贤们的忧国忧民、舍生取义的爱国主义情怀。纵观古今，无论是和平安宁时期，抑或是国难当头之时，无论是传统社会追求天下大同，还是当代中国为实现中华民族伟大复兴而奋勇前进，都离不开一脉相承的文化源泉——爱国主义情怀。①

一代人有一代人的责任，一代人有一代人的使命。立足今天，面向未来，青年大学生要将个人的理想与社会的需要深度契合，将青春梦想与中国梦紧密结合，在社区建设和新时代乡村振兴的国家建设中献力献策②，为国家的发展主动承担起自己的一份责任与担当。100 年前毛泽东同志在《湘江评论》创刊词中疾呼的那样：“天下者，我们的天下；国家者，我们

① 杨威，张金秋．中国传统社会的家国情怀刍议［J］．长白学刊，2019（2）：145.

② 蔡扬波，徐承英．新时代大学生家国情怀教育探析［J］．思想教育研究，2020（1）：125.

的国家；社会者，我们的社会。我们不说，谁说？我们不干，谁干？”习近平总书记谈到中国梦时也强调：“中国梦是每一个中国人的梦。”这就需要每一个中华儿女要“撸起袖子加油干”，要脚踏实地、坚持不懈地去奋斗。在这样的为国家发展而奋斗的过程中，责任与担当意识尤为重要。而大学生作为未来国家建设的生力军，对大学生进行爱国主义情怀培育，在大学生心底厚植爱国主义情怀，对于他们的社会责任感的培养和历史担当意识的培育具有重要的推动作用。

（三）爱国主义情怀培育有利于增强大学生对民族国家的政治认同感

在全球化时代，随着国家与国家之间形成“你中有我，我中有你”“一荣俱荣，一损俱损”的格局状态，我国高校对大学生进行政治认同教育面临许多来自外部环境的严重挑战。全球化的发展引发了广泛的价值观念认同危机，因我国全面融入全球化，许多来自资本主义国家的价值观念比如新自由主义对我国高校大学生的思想观念也形成了强烈的冲击。大学生的政治认同感，关于国家、政党和制度等相应观念的认同度或多或少受到一定程度的影响。在现实生活中，就有人提出“世界公民”的观念，并提出“全球化时代还需要爱国吗”的质疑，甚至喊出“爱国主义过时论”的谬论。尽管我国的发展已经进入新的历史方位——新时代，国家发展日新月异，但依然有人认为“外国的月亮比国内的圆”，在大学生群体中依然有极少数“精美”“精日”分子，由此可见，大学生群体中有极少数人对中华民族、对中国的政治认同出现问题。当下，随着以美国为首的资本主义国家对我国进行的意识形态斗争日益激烈，我国高校的意识形态教育也面临严峻挑战。受外界思潮冲击影响，部分大学生出现政治方向不明确，政治立场不坚定，政治意识不够强等问题。而应对价值认同、政治认同危机最根本的就在于在全社会全力推进社会主义核心价值观的培育，以便促进社会主义核心价值观从认识到被认可再到践行。[①] 而爱国则是社会主义核心价值观最核心、最根本、最深层的因素。所以，对大学生进行爱国主义情怀教育，让大学生系统地认知、理解马克思主义的国家观；让大学生充分认知在全球化时代世界各国对自身国家利益的坚守；通过爱国主义情怀教育中的“四史”教育，即党史、新中国史、改革开放史、社会主义发展史教育大学生深刻认知和理解中国共产党的领导、中华人民共和国的成立是历史和人民的选择，人民代表大会制度是我国的根本政治制度等等，引导大学生提高政治站位，增强“四个意识”，坚定“四个自信”，坚决做到“两个维护”。通过爱国主义情怀教育让大学生有知国之明，报国之情，强国之志，让大学生深刻认知爱国爱党爱社会主义的一致性，等等，对于增强大学生的政治认同具有重大的推动作用。爱国主义情怀教育的着力点就是要为推动解决高校“培养什么人，为谁培养人，怎么培养人”这一根本问题，为大学生关乎民族、国家的政治认同构筑根基。

二、新时代大学生爱国主义情怀的基本内涵

在中华民族上下五千年的发展历程中，爱国主义作为“特有的价值信仰和民族精神得以长久延续，既是中国传统社会生活的积淀，也是中国传统文化内化而成的一种人格规定”[②]。而爱国主义情怀则是爱国主义情感的寄托与表达[③]，是千百年来中华儿女基于对国家的忠诚热爱情感，以及强烈的归属意识而蕴养的使命与责任，爱国主义情怀蕴含着丰富的思想内涵。

（一）爱祖国的大好河山

一个国家赖以生存的最稳定因素显然是其地理因素。中国的陆地面积

---

① 王赟鹏．如何让思想政治理论课有高度：“课堂革命”与情怀培育［J］．思想教育研究，2020（1）：90.

② 王冬云．国家认同构建中的家国情怀［J］．长白学刊，2019（2）：151

③ 肖群忠，李营营．“爱国主义”意蕴论析［J］．教学与研究，2019（1）：77-85.

约 960 万平方公里，东部和南部大陆海岸线 1.8 万多千米，岛屿岸线 1.4 万多千米，内海和边海的水域面积约 470 多万平方千米。中国的国土北起漠河附近的黑龙江江心，南到南沙群岛的曾母暗沙，西起帕米尔高原，东至黑龙江乌苏里江汇合处。祖国的山河江川在人们的心中有着至高无上的地位，祖国的山山水水滋养哺育着古往今来的中华儿女。"皮之不存，毛将焉附?"国之无土难存。祖国的大好河山，不只是供人欣赏的山川河流等自然风光、旖旎风景，也不仅仅是丰富的自然资源、矿藏物产，更是国家主权、民族生存与发展的基本载体。因此，领土完整是国家核心利益。每一个中国人都应把"保我国土，爱我河山"，维护祖国领土完整与国家主权统一作为自己的神圣使命和义不容辞的责任。① 国家领土主权不容侵犯，历代中华儿女誓死捍卫祖国领土完整，维护国家统一。今天，大学生也应具有习近平总书记在党的十九大报告中强调的决心与情怀："我们决不允许任何人，任何组织，任何政党，在任何时候以任何方式，把任何一块中国领土从中国分裂出去!"

（二）爱人民

人民作为国家的基本构成要素之一，爱国必然包括爱人民。习近平在纪念五四运动 100 周年大会上指出："新时代中国青年要听党话、跟党走，胸怀忧国忧民之心、爱国爱民之情，不断奉献祖国、奉献人民，以一生的真情投入、一辈子的顽强奋斗来体现爱国主义情怀。"② 爱人民、爱自己的骨肉同胞是爱国主义情怀的底色。爱人民，最主要的是培养对人民群众的深厚感情。能不能坚持以人民为中心的发展理念，能不能始终紧密地同人民群众站在一起？对人民群众感情的深浅程度是检验一个人对祖国忠诚程度的试金石。

马克思主义唯物史观关于"人民"的基本观点即认为人民群众是历史的创造者和推动者。毛泽东同志认为"战争的伟力在于人民"，"只有人

---

① 本书编写组．思想道德修养与法律基础，高等教育出版社，北京，2018.

② 习近平．在纪念五四运动 100 周年大会上的讲话［M］．北京：人民出版社，2019：8.

民，才是创造世界历史的动力”，把“全心全意为人民服务”作为中国共产党的根本宗旨，把“群众路线”作为我党的根本工作路线。习近平总书记在谈及中国梦时说：“中国梦归根到底是人民的梦”，“是每一个中国人的梦”，“要让人民共享人生出彩，梦想成真的机会。”可见，“爱人民”是中国共产党的执政之基，共产党的初心即在于“为人民谋幸福，为民族谋复兴。”2020 年 8 月，习近平总书记在安徽调研时走进巢湖之滨的渡江战役纪念馆时十分感慨，习近平总书记动情地说：“淮海战役的胜利是靠老百姓用小车推出来的，渡江战役的胜利是靠老百姓用小船划出来的。任何时候我们都要不忘初心、牢记使命，都不能忘了人民这个根，永远做人民的忠诚的服务员。”

新时代的大学生作为社会主义接班人，爱人民就应该是服务人民、扎根人民，关心民生疾苦，情系于民。新时代大学生扎根人民，就是到西部去，到基层去，到人民最需要的地方去。2018 年五四青年节前夕，习近平总书记给河北保定学院西部支教毕业生群体代表回信时，向新时代的大学生发出动员令：“希望越来越多的年轻人，以你们为榜样，到基层和人民中建功立业，让青春之花绽放在祖国最需要的地方，在实现中国梦的伟大实践中书写别样的精彩人生。”① 新时代的大学生爱人民、扎根人民反映的是对人民利益共同体的自觉认同，这不仅仅体现在《诗经·雅风》中所言的“岂曰无衣，与子同裳”的精神传承，也不仅仅是“老吾老以及人之老，幼吾幼以及人之幼”的人文关怀，更表现在“一方有难，八方支援”的团结互助情怀，而这一点在 2020 年的抗疫大考中得以充分的体现。

（三）爱祖国的灿烂文化和历史

习近平总书记强调：“对祖国悠久历史、深厚文化的理解与接受，是人们爱国主义情感培育和发展的重要条件。”中华儿女的爱国主义情怀本

① 不辱时代使命，不负人民期望——党的十八大以来习近平总书记对广大青年学子寄语[N]. 中国青年报，2018- 5-4.

身就是中华民族上下五千年历史积淀的优秀传统文化的结晶。因此，爱国主义情怀的基本内涵必然包含着爱祖国的灿烂文化和历史。文化是一个国家、一个民族的灵魂。文化传统则是一个国家和民族的胎记，是一个国家、民族得以延续的精神基因。[①] 中华文化延续数千年至今并发扬光大得益于一代又一代爱国的中华儿女对中华文化加以保护并传承。在现实生活中，人们可能相隔千里，可能身处异国他乡，但往往会因为一个共同的文化理念而产生心灵上的共鸣、价值上的认同而心心相印。之所以能够如此，在于人们对祖国悠久历史中传承下来的灿烂文化的欣赏和认同。在今天，文化软实力还是国家综合实力的重要组成部分，“文化自信”的源头即在于优秀的传统文化。“文化兴则国运兴”“文化强则国强”，如果抛弃优秀的传统文化，没有对传统文化的继承和发展，国家和民族就如同失去了“根”，失去了“魂”，就不可能得到更深入的发展。[②] 而优秀传统文化作为历史的结晶，爱祖国的灿烂文化就要认真学习国家的历史。历史是最好的教科书，正如钱穆所说：“故欲其国民对国家有深厚之感情，必先使其国民对国家以往历史有深厚的认识。欲其国民对国家当前有真实之改进，必先使国民对以往之历史有真实之了解。”[③] 因此，新时代的大学生在培育爱国主义情怀的过程中，必须尊重、传承并热爱中华民族的灿烂文化和历史。

（四）爱国家

中国人自古以来信奉“家国天下”理念，强调“正心修身齐家治国平天下”。可见，个体与国家之间存在着密不可分的相互关联，“家是最小国，国是最大家”。国家给予一定领土范围内的居民、文化、河山予以政治上的寓意，使彼此融合在一起。国家给生活在这个国家里的人们提供了生存发展的基本条件和屏障，也庇佑、呵护着生活在其中的人们。正因为

① 本书编写组．思想道德修养与法律基础，高等教育出版社，北京，2018 年版，P56
② 马振清．当前爱国主义被赋予什么样的时代内涵［J］．人民论坛，2019（20）
③ 钱穆．国史大纲·引论［M］．北京：商务印刷馆，1997：3.

如此，爱国主义情怀也必然包含着爱国家的成分。

尽管最近几十年经济全球化进程的飞速发展，使得国家的界限开始“模糊”，但维护自身的国家利益和主权安全依然是主权国家的普遍价值诉求。当下，民族国家并没有过时，它依然是当今国际关系的基本构成单位，也是人类社会的基本组织形式，所谓“世界公民”不过是少数人的不切实际的臆想。

爱国主义情怀中的爱国家情怀，要求坚定拥护自己的国家制度，严格遵守国家的宪法法律，切实巩固、维护国家的主流意识形态。对现代民族国家来说，政治力量、政治制度与政治意识形态是高度统一的。[①] 正是借助民族国家的政治体制，人口、民族、文化、领土才具有统一的国家身份和政治意识。国家总是以具体的政权形式体现出来，一个国家的政治制度规约和塑造相应国家治理体系。在历史上，爱国主义的对象即国家与制度总是具体的。具体到当代中国，中国共产党的领导是中国特色社会主义的最本质特征，也是当下中国的最基本国情之一，人民代表大会制度是中国特色社会主义的根本政治制度，马克思主义是实现中华民族伟大复兴的中国梦的主流意识形态，习近平新时代中国特色社会主义思想则是马克思主义中国化的最新理论成果。在当下，爱国主义的对象就是中国共产党领导下的中华人民共和国和中国特色社会主义制度。习近平总书记指出：“当代中国，爱国主义的本质就是坚持爱国和爱党、爱社会主义的高度统一。”[②] 这就意味着，在当代中国弘扬爱国主义必然要求坚持爱中国与爱中国共产党、爱中国特色社会主义制度相统一。作为新时代大学生的爱国主义情怀培育，必然地包含着爱党与爱社会主义情怀。

① 任志锋．新时代爱国主义教育新在哪里［J］．人民教育，2020（2）：51.

② 习近平．在纪念五四运动100周年大会上的讲话［N］．人民日报，2015-5-3.

第二节　新时代大学生爱国主义情怀培育的路径分析

习近平总书记高度重视爱国主义教育，突出强调大学生要“厚植爱国主义情怀”。情怀首先是有无的问题。爱国主义情怀，不会先天就有，也不会自然而然地自发生成，爱国主义情怀需要一个精心培育的过程。青年大学生正处于“拔节孕穗”关键期，更需要精心引导和栽培。作为新时代的大学生，他们有无情怀，有着怎样的爱国主义情怀，关系到民族、国家的前途和命运。情怀也有程度的问题，同样有情怀，但情怀深厚程度不同，有浅有深。爱国主义情怀要深，“深”主要就人的情感强度而言，指的是人的美好情感的深厚、深沉的程度。① 要使得大学生有深厚的爱国主义情怀，必然要求在有情怀的基础上，进一步深化和提升他们的爱国主义情怀，这就需要进一步加强对大学生进行爱国主义情怀的培育。新时代大学生的爱国主义情怀培育必须要有新的路径，主要靠教育引领、实践养成和制度保障。

一、加强爱国主义理论教育，进行思想引领

习近平总书记指出：“深厚的感情必须以深刻的认识为基础。”② 深厚的爱国主义情怀，必然建立在对自己国家深刻的认知基础上。因此，必须加强对大学生进行爱国主义认知教育，从而实现思想引领。

要丰富对大学生进行爱国主义认知教育的内容。一是要继续用习近平新时代中国特色社会主义思想的理论来武装和指导他们，使他们能够更好地理解其思想核心、丰富内涵，从而使他们更好地将理论与实践相结合，

① 刘建军．厚植爱国主义情怀的理论阐释［J］．思想理论教，2019（9）：14.

② 习近平．知之深爱之切［M］．石家庄：河北人民出版社，2015：1.

将所学应用到国家建设中去。二要在全国范围内大力进行中国梦教育、中国梦的教育要用中国特色社会主义在改革开放后所取得的巨大成绩说话，在古今中外的对比中，展现社会主义制度的优势，让大学生深刻认识“中国共产党为什么能”，“马克思主义为什么行”，“中国特色社会主义为什么好”，从而不断增强大学生关于对“四个自信”的理解与认同，进而坚定“四个自信”。要深入开展中国梦主题教育，让大学生深刻认知中华民族伟大复兴之路与个体的密切关联，深刻认知中华民族伟大复兴的艰难历程，认知实现中国梦需要一代又一代中国儿女的艰苦努力，从而让大学生立志争做新时代的奋斗者。第三，深入开展国情教育和形势与政策教育。爱国情感产生的前提在于你知道你爱的是怎样的一个国度。开展国情教育有助于大学生理解把握我国发展所处的新的历史方位，社会主要矛盾的变化，我国的政治、经济、文化、社会、生态、外交、军事等方面的发展现状，从而把握我国仍处于社会主义初级阶段的基本国情。要深入开展形势与政策教育，帮助大学生了解我国正处于百年未有之大变局，我国仍处于发展的重要战略机遇期，从而对我国当前面临的国内外形势有个清醒的认识，引导教育大学生要有斗争意识，要维护国家利益就要有过硬的斗争本领。第四，要在大学生群体中广泛开展“四史”教育，让大学生深刻了解中国革命史，党史，国史，改革开放史。历史是最好的老师，让大学生通过历史认知中华民族从站起来到富起来到强起来的伟大飞跃的历史历程，让大学生深刻认知历史和人民为什么选择了中国共产党，让大学生理解深刻理解“没有共产党就没有新中国”“只有社会主义才能救中国”的历史必然性，从而增强大学生对国家、对党、对社会主义制度的政治认同。第五，对大学生进行中华优秀传统文化教育。对大学生进行爱国主义情怀培育，必须让大学生了解自己的祖国，学习中华优秀传统文化。中华优秀传统文化是中华民族的精神基因，对自己国家历史认识和接纳，是进行爱国主义教育的关键，要指导大学生在认识中华民族辉煌文化的过程中，吸取养分和智慧，不忘记根本，以此让自己的民族自尊心、自信心和自豪感得到提升，进一步让自己对中华民族的归属感和认同及尊严感得到提升。第六，加强对高校学生国家统一与民族团结的教育，使他们充分认识到国家的统一是人类社会发展的必然趋势，民族团结是中华民族优良的历史传统，从而让大学生树立正确的国家观、民族观，引导大学生树立为实现祖国统一必须要有与任何分裂势力进行坚决斗争的意识，此外，还要对大学生进行国家安全教育和国防教育，使得大学生关心国防、建设国防和保卫国防成为大学生的思想意识和自觉行动。①

总之，通过加强对大学生进行爱国主义认知教育，让大学生深刻认识到爱国是一个人作为国民，要遵守的基本的道德要求、政治原则和法律规范。② 在此基础上，不断深化爱国主义情怀。

二、突出实践养成，达成自我教育

习近平总书记指出，爱国要付诸实际，而不是停留在口号上，要将自己的理想与国家的未来、民族的命运相联系，紧密联系人民群众，为祖国建设作出自己的贡献。因此，爱国更需要在实践中践行自己的爱国情和强国志。古语云："读万卷书不如行万里路""实践出真知"。所以爱国主义情怀的培育，不仅要加强对大学生进行爱国主义认知教育，进行思想引领，更要侧重于进行爱国主义情怀主题的研学实践活动加持养成。在实践过程中，要充分发挥学生自我教育的力量，充分发挥大学生的自觉性和积极性，使大学生朴素的爱国情感升华为高尚的爱国主义情怀扎根于心。

在实践中通过教师的指导，让大学生成为自我教育者，实现爱国主义情怀的自我培育。苏霍姆林斯基说过："只有激发学生自我教育的教育，才是真正的教育，而真正的教育，只有当学生有自我教育的需要时才能真正实现。"③ 爱国主义情怀不仅要正面宣传、灌输的浸润，也需要大学生自

---

① 中共中央国务院印发．新时代爱国主义教育实施纲要［N］．人民日报，2019-11-13（6）．

② 本书编写组．思想道德修养与法律基础，高等教育出版社，2018 年版，P55

③ 苏霍姆林斯基．苏霍姆林斯基选集（第五卷）［M］．北京：教育科学出版社，2001：32.

我感悟和自我说服，当爱国情感成为学生的自我需求时，爱国主义情怀才会真正厚植于心。所以高校教师要善于设计爱国主义主题实践活动中学生自我教育的环节，引导学生把实践教学的目标转化为自我主动追求的动力。①

一是要发挥高校思想政治理论课课堂的主渠道作用，进行课内实践教学环节，比如结合相关爱国主义教学内容，以国家重大主题纪念活动为契机，在思想政治理论课课堂上组织例如“我和我的祖国”的主题实践，可以包括爱国主义主题微电影、情景剧、纪念演讲、辩论会、时事评论、社会调研成果展示等活动以强化大学生的爱国主义思想的情感认同；② 二是在营造爱国主义氛围的校园文化过程中，充分发挥学生的参与作用，让学生参与到校园文化建设当中。比如让学生参与类似每日“五个一”的校园文化建设。所谓每日五个一是指：每日一曲、每日一景、每日一星、每日一图、每日一“频”。每日一曲即每日一首爱国主义歌曲，每日一景即每天在宣传栏图文并茂的展示一处祖国的秀丽风景，每日一星即每天展示一位中国历史上特别是新中国建国以来的英雄模范人物生平及事迹，每日一图即每日展示中华人民共和国某一行政区域的地图并配以简要的文字介绍该行政区域的地理人文，每日一“频”即每日选择一个五分钟左右长短的反映新中国成立以来翻天覆地变化的视频资料在校园文化广场 LED 屏幕上滚动播放。通过让学生参与类似每日“五个一”的爱国主义氛围文化建设，让学生成为学校爱国主义氛围校园文化建设的主要参与者的过程中，培育大学生的爱国主义情怀。三是在校园之外拓展爱国主义教育平台，延展情怀教育的深度和广度。比如通过思想政治理论课校外实践教学、假期社会调研实践，重点选择爱国主义教育基地，参观区域性红色文化开展爱国主义和革命英雄主义教育活动，在这样的实践教学中，让大学生深刻缅

---

① 金丽君．依托研学实践活动，打造家国情怀底色［J］．历史教学问题，2020（2）：124-127+155+156.

② 王赟鹏．如何让思想政治理论课有高度：“课堂革命”与情怀培育［J］．思想教育研究，2020（1）：90-94.

怀、深刻感知革命先辈为救国救民、救亡图存而勇于革命、勇于牺牲自我的大无畏爱国主义情怀，从而让大学生进行精神洗礼而产生情感共鸣。爱国主义红色教育基地平台使学生爱国主义情怀培育在校园之外得以有效延展，从而进一步提升情怀培育的效果。四是进一步推进青年大学生的“三下乡”活动和大学生青年志愿者服务活动，让大学生密切接触社会基层。组织学生通过现场演讲、定点帮扶、文化会演等方式对农村和社区提供人力、人才支撑。通过以上方式，让大学生深刻理解中国共产党“全心全意为人民服务”宗旨的深刻内涵，培育新时代大学生服务社会、扎根人民、奉献国家的责任担当意识和为国为民的爱国主义情怀。

总之，通过以上实践活动，将社会实践同大学生的自我教育结合起来，使爱国主义教育与现实生活紧密相连，从而实现爱国主义情怀在实际生活的引导激励中得以升华。

三、加强爱国主义情怀的制度保障

爱国主义情怀的培育，是一项系统性工程。不仅需要教师的教育引领，大学生要进行实践活动以达成自我教育养成，还需要稳定的制度保障。新时代爱国主义情怀培育的制度保障需要从四个方面来建构，即爱国主义情怀培育的动力机制、师资队伍建设、情怀培育的激励机制以及评价机制。

第一，爱国主义情怀培育的动力机制建设。首先要以制度来保障学校党委对爱国主义情怀培育的领导。高校应建立健全学校、系部、社团组织各层面关于爱国主义教育的规章制度，包括爱国主义教育的工作管理制度、责任管理制度、组织实施制度、激励制度、评价制度等。高校爱国主义情怀培育的制度安排关键在于构建一种有章可循、权责明确、分工合理、协同运行、部门分管全员参与的教育工作机制。其次，高校要加大对爱国主义教育的经费投入力度。包括爱国主义教育场所建设比如爱国主义教育主题文化馆或广场建设；成立专项资金来保障学校爱国主义教育活动的顺利开展，比如重大纪念日的主题教育活动经费保障；加大科研投入，专门设立校级“爱国主义”专项课题并予以充足的经费保障等方式来为推动高校爱国主义教育工作持续顺利开展提供坚实的物质基础，以便调动学校各方面的力量资源，提升参与主体的积极性和主动性。

第二，大学生爱国主义情怀培育的师资保障。高校爱国主义教育师资队伍是大学生爱国主义情怀培育工作的主体和引领者，其本身的情怀素养直接关乎大学生爱国主义情怀培育的成效。所以，高校应加强爱国主义教育工作队伍的培养和选拔，提高爱国主义教育工作者自身素养，以便为爱国主义教育工作提供可靠的人才保障。首先就是要加强学校从事思想政治教育工作的人才队伍建设，主要包括思想政治理论课教师、辅导员和班主任们，他们的思想和行为对学生将产生最为直接的影响，所以要坚持以习近平总书记在 2019 年 3 月 18 日在全国思想政治理论课教师座谈会讲话中提到的“六要”标准，即政治要强、情怀要深、思维要新、视野要广、自律要严、人格要正”的标准来严格要求高校思想政治教育工作者。他们作为高校从事爱国主义教育的一线人员，不仅要有扎实的学识，更要有严格的道德底线。对于学校间接参与大学生爱国主义情怀培育的教育工作者，比如学校其他部门的工作人员和其他专业学科的教师，同样要有深厚的爱国主义情怀，要富有责任心。唯有如此，才能形成学校爱国主义教育的全员合力和正向引领。

第三，建立健全大学生爱国主义情怀培育的激励机制。高校应对大学生爱国主义热情予以激励，包括物质奖励和精神激励。对于大学生小到爱国主义规章制度的遵守，大到维护国家利益的正义之举，学校应对彰显爱国主义情怀的典型人物予以不同层级的物质奖励，并予以授予奖章或证书进行精神嘉奖，来激励大学生的爱国情感，在学校营造崇尚爱国的氛围。

此外，高校还应建立爱国主义情怀教育的评价机制，以便对爱国主义情怀培育的成效进行评估，并及时发现爱国主义教育中的存在的问题，以便能及时加以解决，进而提高高校大学生爱国主义情怀培育的成效。

附录：《新时代爱国主义教育实施纲要》（2019 版）

爱国主义是中华民族的民族心、民族魂，是中华民族最重要的精神财富，是中国人民和中华民族维护民族独立和民族尊严的强大精神动力。爱国主义精神深深植根于中华民族心中，维系着中华大地上各个民族的团结统一，激励着一代又一代中华儿女为祖国发展繁荣而自强不息、不懈奋斗。中国共产党是爱国主义精神最坚定的弘扬者和实践者，90 多年来，中国共产党团结带领全国各族人民进行的革命、建设、改革实践是爱国主义的伟大实践，写下了中华民族爱国主义精神的辉煌篇章。党的十八大以来，以习近平同志为核心的党中央高度重视爱国主义教育，固本培元、凝心铸魂，作出一系列重要部署，推动爱国主义教育取得显著成效。当前，中国特色社会主义进入新时代，中华民族伟大复兴正处于关键时期。新时代加强爱国主义教育，对于振奋民族精神、凝聚全民族力量，决胜全面建成小康社会，夺取新时代中国特色社会主义伟大胜利，实现中华民族伟大复兴的中国梦，具有重大而深远的意义。

一、总体要求

1. 指导思想

坚持以马克思列宁主义、毛泽东思想、邓小平理论、“三个代表”重要思想、科学发展观、习近平新时代中国特色社会主义思想为指导，增强

“四个意识”,坚定“四个自信”,做到“两个维护”,着眼培养担当民族复兴大任的时代新人,始终高扬爱国主义旗帜,着力培养爱国之情、砥砺强国之志、实践报国之行,使爱国主义成为全体中国人民的坚定信念、精神力量和自觉行动。

2. 坚持把实现中华民族伟大复兴的中国梦作为鲜明主题

伟大事业需要伟大精神,伟大精神铸就伟大梦想。要把国家富强、民族振兴、人民幸福作为不懈追求,着力扎紧全国各族人民团结奋斗的精神纽带,厚植家国情怀,培育精神家园,引导人们坚持中国道路、弘扬中国精神、凝聚中国力量,为实现中华民族伟大复兴的中国梦提供强大精神动力。

3. 坚持爱党爱国爱社会主义相统一

新中国是中国共产党领导的社会主义国家,祖国的命运与党的命运、社会主义的命运密不可分。当代中国,爱国主义的本质就是坚持爱国和爱党、爱社会主义高度统一。要区分层次、区别对象,引导人们深刻认识党的领导是中国特色社会主义最本质特征和最大制度优势,坚持党的领导、坚持走中国特色社会主义道路是实现国家富强的根本保障和必由之路,以坚定的信念、真挚的情感把新时代中国特色社会主义一以贯之进行下去。

4. 坚持以维护祖国统一和民族团结为着力点

国家统一和民族团结是中华民族根本利益所在。要始终不渝坚持民族团结是各族人民的生命线,巩固和发展平等团结互助和谐的社会主义民族关系,引导全国各族人民像爱护自己的眼睛一样珍惜民族团结,维护全国各族人民大团结的政治局面,巩固和发展最广泛的爱国统一战线,不断增强对伟大祖国、中华民族、中华文化、中国共产党、中国特色社会主义的认同,坚决维护国家主权、安全、发展利益,旗帜鲜明反对分裂国家图谋、破坏民族团结的言行,筑牢国家统一、民族团结、社会稳定的铜墙铁壁。

5. 坚持以立为本、重在建设

爱国主义是中华儿女最自然、最朴素的情感。要坚持从娃娃抓起,着眼固本培元、凝心铸魂，突出思想内涵，强化思想引领，做到润物无声，把基本要求和具体实际结合起来，把全面覆盖和突出重点结合起来，遵循规律、创新发展，注重落细落小落实、日常经常平常，强化教育引导、实践养成、制度保障，推动爱国主义教育融入贯穿国民教育和精神文明建设全过程。

6. 坚持立足中国又面向世界

一个国家、一个民族，只有开放兼容，才能富强兴盛。要把弘扬爱国主义精神与扩大对外开放结合起来，尊重各国历史特点、文化传统，尊重各国人民选择的发展道路，善于从不同文明中寻求智慧、汲取营养，促进人类和平与发展的崇高事业，共同推动人类文明发展进步。

二、基本内容

7. 坚持用习近平新时代中国特色社会主义思想武装全党、教育人民

习近平新时代中国特色社会主义思想是马克思主义中国化最新成果，是党和人民实践经验和集体智慧的结晶，是中国特色社会主义理论体系的重要组成部分，是全党全国人民为实现中华民族伟大复兴而奋斗的行动指南，必须长期坚持并不断发展。要深刻理解习近平新时代中国特色社会主义思想的核心要义、精神实质、丰富内涵、实践要求，不断增强干部群众的政治意识、大局意识、核心意识、看齐意识，坚决维护习近平总书记党中央的核心、全党的核心地位，坚决维护党中央权威和集中统一领导。要紧密结合人们生产生活实际，推动习近平新时代中国特色社会主义思想进企业、进农村、进机关、进校园、进社区、进军营、进网络，真正使党的创新理论落地生根、开花结果。要在知行合一、学以致用上下功夫，引导干部群众坚持以习近平新时代中国特色社会主义思想为指导，展现新气象、激发新作为，把学习教育成果转化为爱国报国的实际行动。

8. 深入开展中国特色社会主义和中国梦教育

中国特色社会主义集中体现着国家、民族、人民根本利益。要高举中

国特色社会主义伟大旗帜，广泛开展理想信念教育，用党领导人民进行伟大社会革命的成果说话，用改革开放以来社会主义现代化建设的伟大成就说话，用新时代坚持和发展中国特色社会主义的生动实践说话，用中国特色社会主义制度的优势说话，在历史与现实、国际与国内的对比中，引导人们深刻认识中国共产党为什么“能”、马克思主义为什么“行”、中国特色社会主义为什么“好”，牢记红色政权是从哪里来的、新中国是怎么建立起来的，倍加珍惜我们党开创的中国特色社会主义，不断增强道路自信、理论自信、制度自信、文化自信。要深入开展中国梦教育，引导人们深刻认识中国梦是国家的梦、民族的梦，也是每个中国人的梦，深刻认识中华民族伟大复兴绝不是轻轻松松、敲锣打鼓就能实现的，要付出更为艰巨、更为艰苦的努力，争做新时代的奋斗者、追梦人。

9. 深入开展国情教育和形势政策教育

要深入开展国情教育，帮助人们了解我国发展新的历史方位、社会主要矛盾的变化，引导人们深刻认识到，我国仍处于并将长期处于社会主义初级阶段的基本国情没有变，我国是世界上最大发展中国家的国际地位没有变，始终准确把握基本国情，既不落后于时代，也不脱离实际、超越阶段。要深入开展形势政策教育，帮助人们树立正确的历史观、大局观、角色观，了解世界正经历百年未有之大变局，我国仍处于发展的重要战略机遇期，引导人们清醒认识国际国内形势发展变化，做好我们自己的事情。要发扬斗争精神，增强斗争本领，引导人们充分认识伟大斗争的长期性、复杂性、艰巨性，敢于直面风险挑战，以坚忍不拔的意志和无私无畏的勇气战胜前进道路上的一切艰难险阻，在进行伟大斗争中更好弘扬爱国主义精神。

10. 大力弘扬民族精神和时代精神

以爱国主义为核心的民族精神和以改革创新为核心的时代精神，是凝心聚力的兴国之魂、强国之魂。要聚焦培养担当民族复兴大任的时代新人，培育和践行社会主义核心价值观，广泛开展爱国主义、集体主义、社会主义教育，提高人们的思想觉悟、道德水准和文明素养。要唱响人民赞歌、展现人民风貌，大力弘扬中国人民在长期奋斗中形成的伟大创造精神、伟大奋斗精神、伟大团结精神、伟大梦想精神，生动展示人民群众在新时代的新实践、新业绩、新作为。

11. 广泛开展党史、国史、改革开放史教育

历史是最好的教科书，也是最好的清醒剂。要结合中华民族从站起来、富起来到强起来的伟大飞跃，引导人们深刻认识历史和人民选择中国共产党、选择马克思主义、选择社会主义道路、选择改革开放的历史必然性，深刻认识我们国家和民族从哪里来、到哪里去，坚决反对历史虚无主义。要继承革命传统，弘扬革命精神，传承红色基因，结合新的时代特点赋予新的内涵，使之转化为激励人民群众进行伟大斗争的强大动力。要加强改革开放教育，引导人们深刻认识改革开放是党和人民大踏步赶上时代的重要法宝，是坚持和发展中国特色社会主义的必由之路，是决定当代中国命运的关键一招，也是决定实现“两个一百年”奋斗目标、实现中华民族伟大复兴的关键一招，凝聚起将改革开放进行到底的强大力量。

12. 传承和弘扬中华优秀传统文化

对祖国悠久历史、深厚文化的理解和接受，是爱国主义情感培育和发展的重要条件。要引导人们了解中华民族的悠久历史和灿烂文化，从历史中汲取营养和智慧，自觉延续文化基因，增强民族自尊心、自信心和自豪感。要坚持古为今用、推陈出新，不忘本来、辩证取舍，深入实施中华优秀传统文化传承发展工程，推动中华文化创造性转化、创新性发展。要坚守正道、弘扬大道，反对文化虚无主义，引导人们树立和坚持正确的历史观、民族观、国家观、文化观，不断增强中华民族的归属感、认同感、尊严感、荣誉感。

13. 强化祖国统一和民族团结进步教育

实现祖国统一、维护民族团结，是中华民族的不懈追求。要加强祖国统一教育，深刻揭示维护国家主权和领土完整、实现祖国完全统一是大势所趋、大义所在、民心所向，增进广大同胞心灵契合、互信认同，与分裂祖国的言行开展坚决斗争，引导全体中华儿女为实现民族伟大复兴、推进

祖国和平统一而共同奋斗。深化民族团结进步教育，铸牢中华民族共同体意识，加强各民族交往交流交融，引导各族群众牢固树立“三个离不开”思想，不断增强“五个认同”，使各民族同呼吸、共命运、心连心的光荣传统代代相传。

14. 加强国家安全教育和国防教育

国家安全是安邦定国的重要基石。要加强国家安全教育，深入学习宣传总体国家安全观，增强全党全国人民国家安全意识，自觉维护政治安全、国土安全、经济安全、社会安全、网络安全和外部安全。要加强国防教育，增强全民国防观念，使关心国防、热爱国防、建设国防、保卫国防成为全社会的思想共识和自觉行动。要深入开展增强忧患意识、防范化解重大风险的宣传教育，引导广大干部群众强化风险意识，科学辨识风险、有效应对风险，做到居安思危、防患未然。

三、新时代爱国主义教育要面向全体人民、聚焦青少年

15. 充分发挥课堂教学的主渠道作用

培养社会主义建设者和接班人，首先要培养学生的爱国情怀。要把青少年作为爱国主义教育的重中之重，将爱国主义精神贯穿于学校教育全过程，推动爱国主义教育进课堂、进教材、进头脑。在普通中小学、中职学校，将爱国主义教育内容融入语文、道德与法治、历史等学科教材编写和教育教学中，在普通高校将爱国主义教育与哲学社会科学相关专业课程有机结合，加大爱国主义教育内容的比重。创新爱国主义教育的形式，丰富和优化课程资源，支持和鼓励多种形式开发微课、微视频等教育资源和在线课程，开发体现爱国主义教育要求的音乐、美术、书法、舞蹈、戏剧作品等，进一步增强吸引力感染力。

16. 办好学校思想政治理论课

思想政治理论课是爱国主义教育的主阵地。要紧紧抓住青少年阶段的

“拔节孕穗期”，理直气壮开好思想政治理论课，引导学生把爱国情、强国志、报国行自觉融入坚持和发展中国特色社会主义事业、建设社会主义现代化强国、实现中华民族伟大复兴的奋斗之中。按照政治强、情怀深、思维新、视野广、自律严、人格正的要求，加强思想政治理论课教师队伍建设，让有信仰的人讲信仰，让有爱国情怀的人讲爱国。推动思想政治理论课改革创新，发挥学生主体作用，采取互动式、启发式、交流式教学，增强思想性理论性和亲和力针对性，在教育灌输和潜移默化中，引导学生树立国家意识、增进爱国情感。

17. 组织推出爱国主义精品出版物

针对不同年龄、不同成长阶段，坚持精品标准，加大创作力度，推出反映爱国主义内容的高质量儿童读物、教辅读物，让广大青少年自觉接受爱国主义熏陶。积极推荐爱国主义主题出版物，大力开展爱国主义教育读书活动。结合青少年兴趣点和接受习惯，大力开发并积极推介体现中华文化精髓、富有爱国主义气息的网络文学、动漫、有声读物、网络游戏、手机游戏、短视频等。

18. 广泛组织开展实践活动

大中小学的党组织、共青团、少先队、学生会、学生社团等，要把爱国主义内容融入党日团日、主题班会、班队会以及各类主题教育活动之中。广泛开展文明校园创建，强化校训校歌校史的爱国主义教育功能，组织开展丰富多彩的校园文化活动。组织大中小学生参观纪念馆、展览馆、博物馆、烈士纪念设施，参加军事训练、冬令营夏令营、文化科技卫生“三下乡”、学雷锋志愿服务、创新创业、公益活动等，更好地了解国情民情，强化责任担当。密切与城市社区、农村、企业、部队、社会机构等的联系，丰富拓展爱国主义教育校外实践领域。

19. 在广大知识分子中弘扬爱国奋斗精神

我国知识分子历来有浓厚的家国情怀和强烈的社会责任感。深入开展“弘扬爱国奋斗精神、建功立业新时代”活动，弘扬“两弹一星”精神、载人航天精神等，大力组织优秀知识分子学习宣传，引导新时代知识分子把自己的理想同祖国的前途、把自己的人生同民族的命运紧密联系在一起，立足本职、拼搏奋斗、创新创造，在新时代作出应有的贡献。广泛动员和组织知识分子深入改革开放前沿、经济发展一线和革命老区、民族地区、边疆地区、贫困地区，开展调研考察和咨询服务，深入了解国情，坚定爱国追求。

20. 激发社会各界人士的爱国热情

社会各界的代表性人士具有较强示范效应。要坚持信任尊重团结引导，增进和凝聚政治共识，夯实共同思想政治基础，不断扩大团结面，充分调动社会各界人士的爱国热情和社会担当。通过开展职业精神职业道德教育、建立健全相关制度规范、发挥行业和舆论监督作用等，引导社会各界人士增强道德自律、履行社会责任。坚持我国宗教的中国化方向，加强宗教界人士和信教群众的爱国主义教育，引导他们热爱祖国、拥护社会主义制度、拥护中国共产党的领导，遵守国家法律法规和方针政策。加强“一国两制”实践教育，引导人们包括香港特别行政区同胞、澳门特别行政区同胞、台湾同胞和海外侨胞增强对国家的认同，自觉维护国家统一和民族团结。

四、丰富新时代爱国主义教育的实践载体

21. 建好用好爱国主义教育基地和国防教育基地

各级各类爱国主义教育基地，是激发爱国热情、凝聚人民力量、培育民族精神的重要场所。要加强内容建设，改进展陈方式，着力打造主题突出、导向鲜明、内涵丰富的精品陈列，强化爱国主义教育和红色教育功能，为社会各界群众参观学习提供更好服务。健全全国爱国主义教育示范基地动态管理机制，进一步完善落实免费开放政策和保障机制，根据实际情况，对爱国主义教育基地免费开放财政补助进行重新核定。依托军地资源，优化结构布局，提升质量水平，建设一批国防特色鲜明、功能设施配套、作用发挥明显的国防教育基地。

22. 注重运用仪式礼仪

认真贯彻执行国旗法、国徽法、国歌法，学习宣传基本知识和国旗升挂、国徽使用、国歌奏唱礼仪。在全社会广泛开展“同升国旗、同唱国歌”活动，让人们充分表达爱国情感。各级广播电台、电视台每天定时在主频率、主频道播放国歌。国庆期间，各级党政机关、人民团体、大型企事业单位、全国城乡社区和爱国主义教育基地等，要组织升国旗仪式并悬挂国旗。鼓励居民家庭在家门前适当位置悬挂国旗。认真组织宪法宣誓仪式、入党入团入队仪式等，通过公开宣誓、重温誓词等形式，强化国家意识和集体观念。

23. 组织重大纪念活动

充分挖掘重大纪念日、重大历史事件蕴含的爱国主义教育资源，组织开展系列庆祝或纪念活动和群众性主题教育。抓住国庆节这一重要时间节点，广泛开展“我和我的祖国”系列主题活动，通过主题宣讲、大合唱、共和国故事汇、快闪、灯光秀、游园活动等形式，引导人们歌唱祖国、致敬祖国、祝福祖国，使国庆黄金周成为爱国活动周。充分运用“七一”党的生日、“八一”建军节等时间节点，广泛深入组织各种纪念活动，唱响共产党好、人民军队好的主旋律。在中国人民抗日战争胜利纪念日、烈士纪念日、南京大屠杀死难者国家公祭日期间，精心组织公祭、瞻仰纪念碑、祭扫烈士墓等，引导人们牢记历史、不忘过去，缅怀先烈、面向未来，激发爱国热情、凝聚奋进力量。

24. 发挥传统和现代节日的涵育功能

大力实施中国传统节日振兴工程，深化“我们的节日”主题活动，利用春节、元宵、清明、端午、七夕、中秋、重阳等重要传统节日，开展丰富多彩、积极健康、富有价值内涵的民俗文化活动，引导人们感悟中华文化、增进家国情怀。结合元旦、“三八”国际妇女节、“五一”国际劳动节、“五四”青年节、“六一”国际儿童节和中国农民丰收节等，开展各具特色的庆祝活动，激发人们的爱国主义和集体主义精神。

25. 依托自然人文景观和重大工程开展教育

寓爱国主义教育于游览观光之中，通过宣传展示、体验感受等多种方式，引导人们领略壮美河山，投身美丽中国建设。系统梳理传统文化资源，加强考古发掘和整理研究，保护好文物古迹、传统村落、民族村寨、传统建筑、农业遗迹、灌溉工程遗产、工业遗迹，推动遗产资源合理利用，健全非物质文化遗产保护制度，推进国家文化公园建设。推动文化和旅游融合发展，提升旅游质量水平和文化内涵，深入挖掘旅游资源中蕴含的爱国主义内容，防止过度商业行为和破坏性开发。推动红色旅游内涵式发展，完善全国红色旅游经典景区体系，凸显教育功能，加强对讲解员、导游等从业人员的管理培训，加强对解说词、旅游项目等的规范，坚持正确的历史观和历史标准。依托国家重大建设工程、科学工程等，建设一批展现新时代风采的主题教育基地。

五、营造新时代爱国主义教育的浓厚氛围

26. 用好报刊广播影视等大众传媒

各级各类媒体要聚焦爱国主义主题，创新方法手段，适应分众化、差异化传播趋势，使爱国主义宣传报道接地气、有生气、聚人气，有情感、有深度、有温度。把爱国主义主题融入贯穿媒体融合发展，打通网上网下、版面页面，推出系列专题专栏、新闻报道、言论评论以及融媒体产品，加强县级融媒体中心建设，生动讲好爱国故事、大力传播主流价值观。制作刊播爱国主义优秀公益广告作品，在街头户外张贴悬挂展示标语口号、宣传挂图，生动形象做好宣传。坚持正确舆论导向，对虚无历史、消解主流价值的错误思想言论，及时进行批驳和辨析引导。

27. 发挥先进典型的引领作用

大力宣传为中华民族和中国人民做出贡献的英雄，宣传革命、建设、改革时期涌现出的英雄烈士和模范人物，宣传时代楷模、道德模范、最美人物和身边好人，宣传具有爱国情怀的地方先贤、知名人物，以榜样的力量激励人、鼓舞人。广泛开展向先进典型学习活动，引导人们把敬仰和感动转化为干事创业、精忠报国的实际行动。做好先进模范人物的关心帮扶

工作，落实相关待遇和礼遇，在全社会大力营造崇尚英雄、学习英雄、捍卫英雄、关爱英雄的浓厚氛围。

28. 创作生产优秀文艺作品

把爱国主义作为常写常新的主题，加大现实题材创作力度，为时代画像、为时代立传、为时代明德，不断推出讴歌党、讴歌祖国、讴歌人民、讴歌劳动、讴歌英雄的精品力作。深入实施中国当代文学艺术创作工程、重大历史题材创作工程等，加大对爱国主义题材文学创作、影视创作、词曲创作等的支持力度，加强对经典爱国歌曲、爱国影片的深入挖掘和创新传播，唱响爱国主义正气歌。文艺创作和评论评奖要具有鲜明爱国主义导向，倡导讲品位、讲格调、讲责任，抵制低俗、庸俗、媚俗，坚决反对亵渎祖先、亵渎经典、亵渎英雄，始终保持社会主义文艺的爱国底色。

29. 唱响互联网爱国主义主旋律

加强爱国主义网络内容建设，广泛开展网上主题教育活动，制作推介体现爱国主义内容、适合网络传播的音频、短视频、网络文章、纪录片、微电影等，让爱国主义充盈网络空间。实施爱国主义数字建设工程，推动爱国主义教育基地、红色旅游与网络传播有机结合。创新传播载体手段，积极运用微博微信、社交媒体、视频网站、手机客户端等传播平台，运用虚拟现实、增强现实、混合现实等新技术新产品，生动活泼开展网上爱国主义教育。充分发挥“学习强国”学习平台在爱国主义宣传教育中的作用。加强网上舆论引导，依法依规进行综合治理，引导网民自觉抵制损害国家荣誉、否定中华优秀传统文化的错误言行，汇聚网上正能量。

30. 涵养积极进取开放包容理性平和的国民心态

加强宣传教育，引导人们正确把握中国与世界的发展大势，正确认识中国与世界的关系，既不妄自尊大也不妄自菲薄，做到自尊自信、理性平和。爱国主义是世界各国人民共有的情感，实现世界和平与发展是各国人民共同的愿望。一方面要弘扬爱国主义精神，另一方面要培养海纳百川、开放包容的胸襟，大力宣传坚持和平发展合作共赢、构建人类命运共同体、共建“一带一路”等重要理念和倡议，激励广大人民同各国人民一道共同创造美好未来。对每一个中国人来说，爱国是本分，也是职责，是心之所系、情之所归。倡导知行合一，推动爱国之情转化为实际行动，使人们理性表达爱国情感，反对极端行为。

31. 强化制度和法治保障

把爱国主义精神融入相关法律法规和政策制度，体现到市民公约、村规民约、学生守则、行业规范、团体章程等的制定完善中，发挥指引、约束和规范作用。在全社会深入学习宣传宪法、英雄烈士保护法、文物保护法等，广泛开展法治文化活动，使普法过程成为爱国主义教育过程。严格执法司法、推进依法治理，综合运用行政、法律等手段，对不尊重国歌国旗国徽等国家象征与标志，对侵害英雄烈士姓名、肖像、名誉、荣誉等行为，对破坏污损爱国主义教育场所设施，对宣扬、美化侵略战争和侵略行为等，依法依规进行严肃处理。依法严惩暴力恐怖、民族分裂等危害国家安全和社会稳定的犯罪行为。

六、加强对新时代爱国主义教育的组织领导

32. 各级党委和政府要承担起主体责任

各级党委和政府要负起政治责任和领导责任，把爱国主义教育摆上重要日程，纳入意识形态工作责任制，加强阵地建设和管理，抓好各项任务落实。进一步健全党委统一领导、党政齐抓共管、宣传部门统筹协调、有关部门各负其责的工作格局，建立爱国主义教育联席会议制度，加强工作指导和沟通协调，及时研究解决工作中的重要事项和存在问题。广大党员干部要以身作则，牢记初心使命，勇于担当作为，发挥模范带头作用，做爱国主义的坚定弘扬者和实践者，同违背爱国主义的言行做坚决斗争。

33. 调动广大人民群众的积极性主动性

爱国主义教育是全民教育，必须突出教育的群众性。各级工会、共青团、妇联和文联、作协、科协、侨联、残联以及关工委等人民团体和群众组织，要发挥各自优势，面向所联系的领域和群体广泛开展爱国主义教

育。组织动员老干部、老战士、老专家、老教师、老模范等到广大群众特别是青少年中讲述亲身经历，弘扬爱国传统。坚持热在基层、热在群众，结合人们生产生活，把爱国主义教育融入新时代文明实践中心建设、学雷锋志愿服务、精神文明创建之中，体现到百姓宣讲、广场舞、文艺演出、邻居节等群众性活动之中，引导人们自我宣传、自我教育、自我提高。

34. 求真务实注重实效

爱国主义教育是思想的洗礼、精神的熏陶。要坚持目标导向、问题导向、效果导向，坚持虚功实做、久久为功，在深化、转化上下功夫，在具象化、细微处下功夫，更好地体现时代性、把握规律性、富于创造性。坚持从实际出发，务实节俭开展教育、组织活动，杜绝铺张浪费，不给基层和群众增加负担，坚决反对形式主义、官僚主义。

各地区各部门要根据本纲要制定贯彻落实的具体措施，确保爱国主义教育各项任务要求落到实处。

中国人民解放军和中国人民武装警察部队按照本纲要总的要求，结合部队实际制定具体规划、作出安排部署。

参考文献

［1］李秀梅．新时代爱国主义教育研究［M］．北京：企业管理出版社，2022.

［2］蒋莉，潘清滢．新时代高校爱国主义教育若干问题研究［M］．长春：吉林大学出版社，2022.

［3］邹红，吴绍雄．新时代小学爱国主义教育+生活融合实践研究［M］．重庆：重庆大学出版社，2022.

［4］张五钢，张海社，张雨．光明社科文库：新时代中国特色社会主义思想“五进”研究［M］．北京：光明日报出版社，2022.

［5］李丽作，颜晓峰．中国特色社会主义文化研究丛书弘扬伟大的爱国主义精神［M］．重庆：重庆出版社，2022.

［6］张伟英，王先亮．新时代中国特色社会主义理论与实践研究丛书新时代大学生思想道德修养研究［M］．北京：知识产权出版社，2022.

［7］万生更．新时代爱国主义教育知识［M］．北京：台海出版社，2021.

［8］董仲磊．新时代爱国主义教育融入思政课教学的互动性研究［M］．天津：天津人民出版社，2021.

［9］张智．新时代爱国主义教育十五讲［M］．北京：人民出版社，2021.

［10］张燕辉．幼儿爱国主义教育实践［M］．广州：中山大学出版社有限公司，2021.

[11] 万生更．新时代中小学生爱国主义教育知识读本［M］．西安：西安电子科技大学出版社，2020.

[12] 毕诚．新时代爱国主义教育［M］．北京：东方出版社，2020.

[13] 新时代爱国主义教育主题活动［M］．长沙：湖南人民出版社，2020.08.

[14] 新时代爱国主义教育读本［M］．海口：海南出版社，2020.08.

[15]《新时代爱国主义教育实施纲要》学习读本［M］．北京：人民出版社，2020.

[16] 吴霓．新时代爱国主义教育高中版［M］．北京：人民日报出版社，2020.

[17] 吴霓．新时代爱国主义教育初中版［M］．北京：人民日报出版社，2020.

[18] 吴倩．新时代社会主义核心价值观培育与践行研究［M］．北京：知识产权出版社，2020.

[19] 中共中央国务院著．新时代爱国主义教育实施纲要［M］．北京：人民出版社，2019.

[20] 衣永红，富丽明，王斌．新时代青少年厚植爱国主义情怀读本：故土的情思［M］．沈阳：辽宁人民出版社，2019.

[21] 中共中央宣传部．习近平新时代中国特色社会主义思想学习纲要 2019 版［M］．北京：学习出版社，2019.

[22] 董向前，万海霞．社会主义核心价值观视域下的爱国主义教育研究［M］．长春：东北师范大学出版社，2018.

[23] 张宏卿．迈进新时代开启新征程爱国主义教育学生读本初中版［M］．北京：人民出版社，2018.

[24] 张福俭．爱国奋斗建功立业深入开展“弘扬爱国奋斗精神、建功立业新时代”活动［M］．北京：华文出版社，2018.

[25] 吴凯．新时代爱国主义教育的红色文化视野［J］．中国德育，2022（5）：27-31.

[26] 闰从山．从“四个伟大”探寻新时代爱国主义教育的内涵［J］．西南石油大学学报（社会科学版），2022（5）：65-71.

[27] 葛士华．新时代爱国主义教育的内涵、实施依据及价值意蕴［J］．未来与发展，2022（9）：34-38.

[28] 王先亮．习近平关于新时代爱国主义教育重要论述研究［J］．井冈山大学学报（社会科学版），2022（1）：13-20.

[28] 张晓婧．论新时代爱国主义教育的仪式建构［J］．湖北师范大学学报（哲学社会科学版），2022（1）：106-110.

[30] 冯秀军，唐艳群．新时代爱国主义教育的若干辩证关系论析［J］．思想理论教育导刊，2022（8）：96-101.

[31] 阿依古丽·阿布都热西提，项久雨，牛军政．新时代爱国主义教育的基本内涵、时代价值和践行路径［J］．学校党建与思想教育，2022（16）：22-24.

[32] 薛花．探索新时代爱国主义教育中大学生国家认同的提升路径［J］．思想政治课研究，2022（5）：108-115.

[33] 陈小林．新时代爱国主义教育融入高校思政课教学研究［J］．经济师，2022，（1）：237-238.

[34] 蔡倩，徐牧驰．论新时代爱国主义教育的固本培元［J］．北京教育（高教），2022（10）：31-33.

[35] 王进芬，林意章．先进典型对新时代爱国主义教育的引领作用［J］．长白学刊，2022（3）：26-32.

[36] 赵娜，孔凡哲．新时代爱国主义教育价值性发展的空间分析［J］．教育科学研究，2022（3）：71-77.

[37] 曹清燕，张蓓．新时代爱国主义教育的时空境遇和双重任务［J］．思想理论教育，2022（8）：43-49.

[38] 周芸．新时代爱国主义教育融入高校思政课研究［J］．现代商贸工业，2022，（10）：134-135.

[39] 陈倩．新时代爱国主义教育中仪式礼仪的运用［J］．品位·经

典，2022（11）：61-63.

［40］任玉芳．浅谈新时代爱国主义教育的重要途径［J］．启迪，2022（24）：87-89.

［41］张彬鹏．中华优秀传统文化融入新时代爱国主义教育研究［J］．佳木斯职业学院学报，2022（9）：28-30.

［42］张婷婷．论新时代爱国主义教育聚焦青少年的必要性与实践策略［J］．才智，2022（9）：9-11.

［43］冉亚辉．新时代爱国主义教育基本理论研究——学习习近平总书记爱国主义教育重要论述［J］．贵州社会科学，2022（3）：105-110.

［44］刘志洋．新时代青年爱国主义教育的三维向度［J］．沈阳干部学刊，2022（1）：38-42.

［45］谢江林．新时代加强爱国主义教育的行动指向［J］．四川教育，2022（11）：8-10.

［46］王娟娟，张军鹏．“四史”教育融入新时代青年爱国主义教育研究［J］．文教资料，2022（4）：47-50.

［47］王作军，邓永禄．新时代爱国主义教育的价值意蕴与路径探索——评《请党放心强国有我》［J］．领导科学，2022（8）：155.

［48］张婷婷．论新时代爱国主义教育聚焦青少年的必要性与实践策略［J］．才智，2022（9）：9-11.

［49］张大为．论新时代爱国主义教育如何融入高中政治课堂［J］．中华活页文选（高中版），2022（7）：42-44.

［50］魏世军．新时代高中生爱国主义教育途径研究［J］．甘肃教育，2022（4）：27-29.

［51］翟少荣，王彦．新时代高校爱国主义教育路径探新［J］．学校党建与思想教育，2022（11）：68-70.

［52］刘镇江，王学维，张红艳．新时代先进典型宣传与爱国主义教育［J］．东华理工大学学报（社会科学版），2022（5）：479-485.

［53］杨世娟，邵建军．新时代中职学生爱国主义教育路径研究［J］．

甘肃教育研究，2022（10）：107-109.

［54］宁家锦．新时代青年爱国主义教育途径探索［J］．中国军转民，2022（24）：27-29.

［55］成勇．新时代高校爱国主义教育的实践路径创新［J］．学校党建与思想教育，2022（24）：70-72.

［56］刘长俊．新时代中小学爱国主义教育探究［J］．新智慧，2022（30）：33-34.

［57］王先亮，王瑾瑜．新时代高校爱国主义教育的突出任务及推进策略［J］．老区建设，2022（1）：69-74.

［58］向晶，占玉婷．新时代小学爱国主义教育实践路径研究［J］．基础教育参考，2022（11）：67-71.

［59］马炯．新时代网络爱国主义教育的现实困境与优化路径［J］．赣南师范大学学报，2022（5）：1-6.

［60］陈丽章．新时代高职院校学生爱国主义教育创新研究［J］．经济师，2022（10）：159-160.

［61］彭文照，张道明．新时代中小学爱国主义教育的路径探索［J］．四川教育，2022（28）：27-28.

［62］霍峻慧．新时代爱国主义融入高校思想政治教育的探析［J］．中国航班，2022（28）：197-200.

［63］顾海燕．新时代高职院校加强网络爱国主义教育的思考［J］．泰州职业技术学院学报，2022（5）：4-7.

［64］于欢．新时代高校爱国主义教育话语面临的挑战及对策［J］．北京科技大学学报（社会科学版），2022（2）：154-161.

［65］迟宝策．新时代高校实施爱国主义教育的有效策略研究［J］．辽宁师专学报（社会科学版），2022（3）：89-92.

［66］彭文照，张道明．新时代中小学爱国主义教育的路径探索［J］．四川教育，2022（19）：27-28.

［67］任畅，庄哲明，张佳豫，刘岳．新时代高校爱国主义教育宣传

策略探析［J］. 时代报告，2022（11）：20-22.

［68］钟鸣．新时代大学生党员爱国主义教育的有效路径［J］. 山西财经大学学报，2022（A1）：102-104.

［69］黄森文，陈霄虹，张雪梅．新时代高校爱国主义教育与劳动教育协同育人路径分析［J］. 学园，2022（8）：7-9.

［70］李楠，曹勇．新时代下伟大建党精神融入高校爱国主义教育的价值与途径［J］. 新丝路（中旬），2022（10）：96-98.

［71］金虹．新时代大学生网络爱国主义教育话语体系的研究［J］. 江西电力职业技术学院学报，2022（8）：140-141，144.

［72］姜颖鹏，夏东民．新时代大中小学爱国主义教育一体化理念论析［J］. 江苏理工学院学报，2022（3）：104-109.

［73］曹宁．新时代高校爱国主义教育途径改革的逻辑理路和实践路径［J］. 湖北开放职业学院学报，2022（6）：83-85.

［74］付垚．新时代高职院校学生爱国主义教育挑战与应对研究［J］. 宁波职业技术学院学报，2022（4）：66-70.

［75］祖晨阳．以党史为载体加强新时代青年爱国主义教育的着力点［J］. 学校党建与思想教育，2022（6）：634-637.

［76］张丽君．新时代背景下小学语文爱国主义教育的实现路径探析［J］. 语文课内外，2022（21）：238-240.

［77］崔欣玉．新时代青年爱国主义教育研究——基于马克思的理论转化为物质力量的视角［J］. 重庆科技学院学报（社会科学版），2022（2）：10-16.

［78］郭学芹．新时代爱国主义教育的意蕴与践行［J］. 新教育时代电子杂志（学生版），2021（1）：269.

［79］罗琴．新时代爱国主义教育的多维研究［J］. 海外文摘·学术版，2021（8）：69-70.

［80］程平．新时代爱国主义教育的实践路径［J］. 新课程，2021（18）：3.

[81] 付康．丰富新时代爱国主义教育实践载体的几点思考 [J]．中国校外教育，2021 (6)：68–75.

[82] 李卿，吴现波．新时代爱国主义教育辩证维度探析 [J]．山西高等学校社会科学学报，2021 (8)：50–55.

[83] 孙立东，李贺．新时代爱国主义教育在实践育人中的运用 [J]．高校辅导员，2021 (4)：71–75.

[84] 励杰作．加强新时代爱国主义教育途径探析 [J]．百科论坛电子杂志，2021 (8)：268–269.

[85] 李枫．新时代爱国主义教育对于青年大学生的影响 [J]．中国电气工程学报，2021 (4)：275–276.

[86] 蓝汉林，符灏．新时代爱国主义教育的路径创新 [J]．人民论坛，2021 (8B)：108–109.

[87] 贾文龙，邢军梅，冯玉倩．新时代爱国主义教育研究 [J]．现代职业教育，2021 (35)：1–3.

[88] 李贵，董溪．新时代爱国主义教育的四重维度 [J]．中北大学学报 (社会科学版)，2021 (6)：11–16.

[89] 汪功平，吴学兵．新时代爱国主义教育的时代价值、核心内涵与实践路径 [J]．长春理工大学学报 (社会科学版)，2021 (1)：20–25.

[90] 纪燕，武凌芸．新媒体背景下优化新时代爱国主义教育的路径探索 [J]．大学，2021 (49)：118–120.

[91] 胡华．系统论视域下新时代爱国主义教育的多维分析 [J]．思想理论教育，2021 (2)：55–60.

[92] 刘琪．新时代爱国主义教育主阵地建设面临的挑战与对策 [J]．真情，2021 (10)：177–179.

[93] 王竹梅．新时代爱国主义教育融入高校思想政治教育的策略探究 [J]．大学 (思政教研)，2021 (6)：78–80.

[94] 黄泽钰，吴娟娟．大数据视域下新时代爱国主义教育教学模式的实践研究 [J]．才智，2021 (25)：1–4.

[95] 曹芳．加强新时代爱国主义教育 铸牢中华民族共同体意识［J］．内蒙古宣传思想文化工作，2021（3）：24-25.

[96] 张留芳．基于三全育人的新时代爱国主义教育机制研究［J］．赢未来 2021（10）：145.

[97] 许鑫媛，邓达．新时代爱国主义教育引领少先队组织建设的内涵与路径［J］．新生代，2021（2）：71-75.

[98] 张有斌．“抗疫精神”融入高校新时代爱国主义教育的路径研究［J］．内江科技，2021，（7）：111-112.

[99] 荣开明．辩证认识和处理新时代爱国主义教育中的六个关系［J］．学习月刊，2021（1）：40-44.

[100] 刘新华，王肖东，张秋辉．爱国主义教育的新时代逻辑［J］．河南科技学院学报，2021（8）：7-11.

[101] 亓丹．新时代开展爱国主义教育的思考［J］．现代职业教育，2021（11）：232-233.

[102] 黄玮．新时代高校加强爱国主义教育的意义、挑战与措施［J］．白城师范学院学报，2021（3）：94-99.

[103] 罗小娥．新时代我国爱国主义教育及其机制微探［J］．新一代，2021（3）：217-218.

[104] 李楠．新时代高职学生爱国主义教育研究［J］．花溪，2021，（9）：229.

[105] 肖安俊．新时代青年爱国主义教育：内涵、挑战与对策［J］．才智，2021（11）：38-40.

[106] 蔡薇．新时代加强爱国主义教育的三重维度［J］．山东青年，2021（7）：25.

[107] 梁君．新时代背景下高校开展爱国主义教育的路径探索［J］．新课程研究，2021（26）：41-42.

[108] 杨阳．新时代高校爱国主义教育探究［J］．新丝路，2021（13）：134.

［109］于欢，洪向华．新时代高校爱国主义教育话语新境遇［J］．唯实，2021（10）：65–68.

［110］李芳．新时代高校爱国主义教育实施路径探析［J］．太原城市职业技术学院学报，2021（8）：151–154.

［111］杨泽华．新时代学生爱国主义教育的实施途径［J］．甘肃教育，2021（6）：32–33.

［112］罗小娥．新时代青年爱国主义教育载体探析［J］．中学政治教学参考，2021（47）：5–7.

［113］刘有升，李倩雯．深化新时代爱国主义教育的思考［J］．思想教育研究，2020（10）：138–141.

［114］司明宇．新时代爱国主义教育思想的生成逻辑与实践措施［J］．智库时代，2020（32）：252–253.

［115］蒋雪莲．论新时代爱国主义教育的“情”与“理”［J］．思想教育研究，2020（5）：94–98.

［116］李浩然，张维．新时代爱国主义教育视域中青年文化自信的提升策略［J］．现代交际，2020（9）：53–55.

［117］冯秀军，许创强，王先亮．新时代爱国主义教育的流程优化与创新［J］．中国高等教育，2020（11）：23–25.

［118］赵建华．构建新时代爱国主义教育特色课程体系［J］．江苏教育，2020（82）：32–34.

［119］刘长海，赵枫．新时代爱国主义教育常态开展探论［J］．中小学德育，2020（12）：33–37.

［120］张婷．新时代爱国主义教育长效机制研究［J］．新一代，2020（19）：93，95.

后　记

本书的创作是基于爱国主义教育是历久弥新的永恒主题。面对新时代、新使命、新征程，更要大力弘扬爱国主义精神，更要不断加强爱国主义教育，让爱国主义伟大旗帜始终高高飘扬，为全面建设社会主义现代化国家、夺取新时代中国特色社会主义伟大胜利、实现中华民族伟大复兴的中国梦提供强大的精神动力。

加强爱国主义教育是开展思想政治教育的重点工作，尤其是《新时代爱国主义教育实施纲要》为新时代爱国主义教育实践的开展提供了重要指导。新时代爱国主义教育的实践要从四个方面有序开展工作：用思想引领激发爱国之情，以制度构建保障强国之志，通过以文化人涵养承国之道，开展特色实践砥砺报国之行。新时代的青年也要以实际行动躬身爱国实践，实现从强国志到报国行的转变，为实现中华民族伟大复兴的中国梦贡献力量。希望通过本书的出版，能切实提升弘扬爱国主义教育的内在动力，让爱国主义教育融入生产生活和教育中，凝聚国人的爱国主义精神。

本书在撰写过程中参考了大量的文献资料并借鉴了前人的丰富经验，在此表示感谢。由于笔者水平有限，书中难免存在疏漏与不足之处，希望专家学者以及广大读者批评指正，以使本书更加完善。